卓球アンソロジー　続

田辺武夫

卓球王国

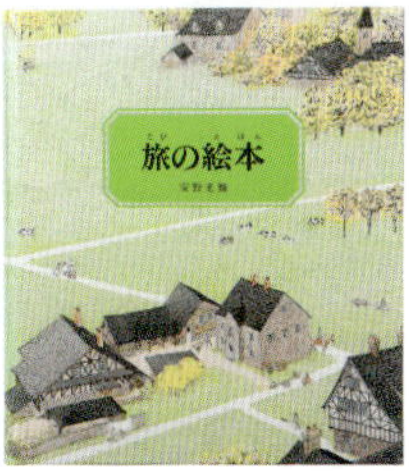

『旅の絵本Ⅰ　中部ヨーロッパ編』安野光雅
福音館書店 刊（p.8）

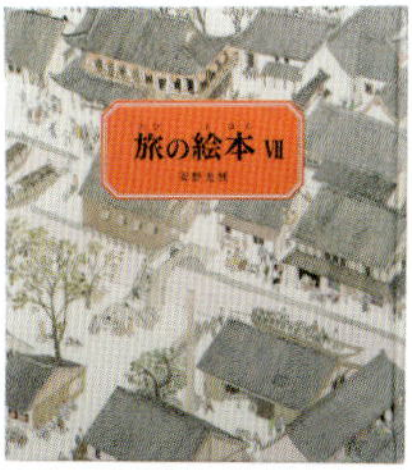

『旅の絵本Ⅶ　中国編』安野光雅
福音館書店 刊（p.10）

青林堂刊『青の時代』新装版　1987年
（p.12）

青林堂刊『ガロ』1981年7月号
（p.12）

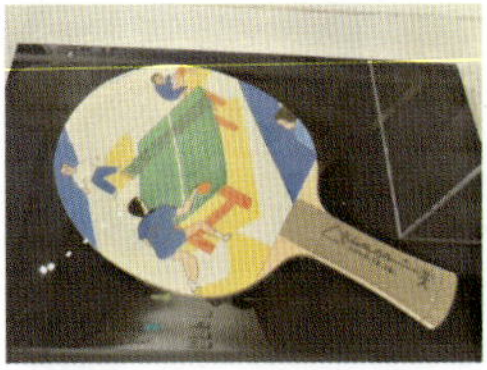

安西水丸の卓球姿
（浅葉克己サイン入りラケット）
山陽堂書店蔵（著者撮影）
（p.12）

青林堂刊『ガロ』1974年11月号所収
「ひきしおの頃」タイトルページ（p.14）

上記4点　安西水丸事務所許諾

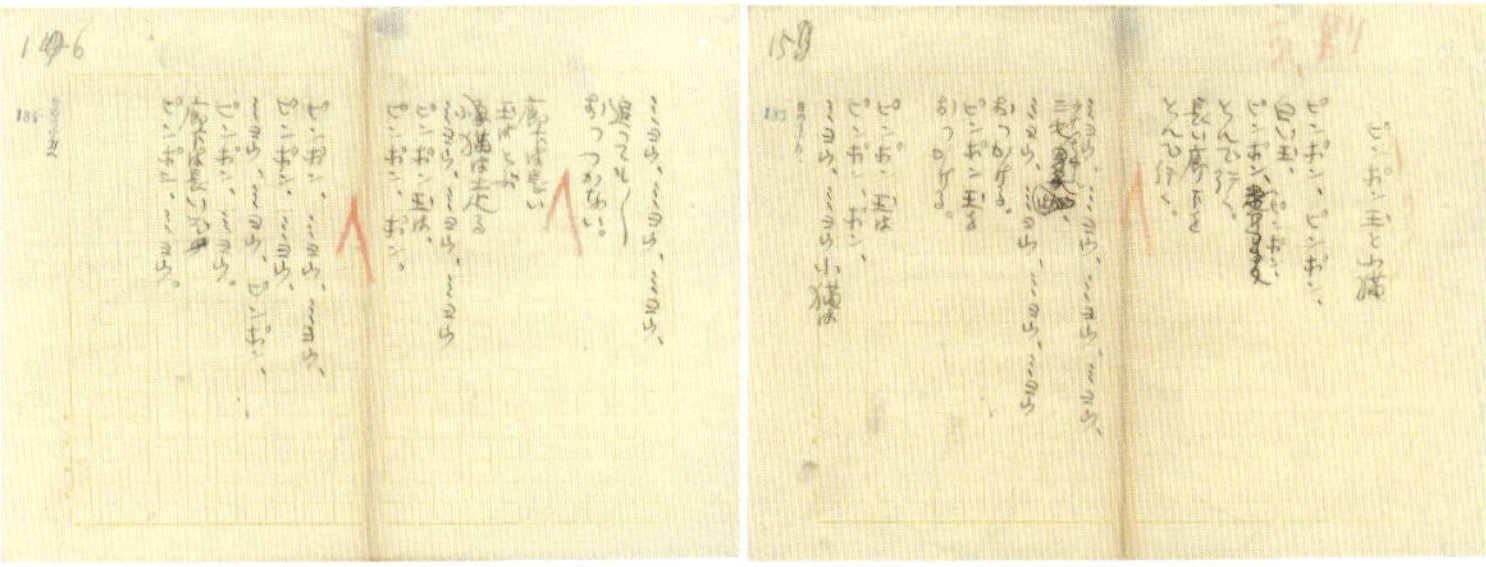

相馬御風自筆原稿「ピンポン玉と小猫」1934年発表
糸魚川歴史民俗資料館蔵（p.20）

ピンポンに興じる菊池寛　1933年頃　文藝春秋社内にて　菊池寛記念館蔵（p.16）

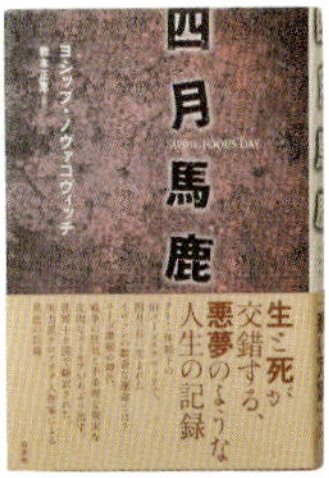

ヨシップ・ノヴァコヴィッチ著
岩本正恵訳
白水社刊『四月馬鹿』2008年
（p.34）

パク・ミンギュ著
斎藤真理子訳
白水社刊『ピンポン』2017年
（p.30）

草野たき著
ポプラ社刊
『リボン』2007年
（p.26）

伊藤亜紗ほか著　晶文社刊
『見えないスポーツ図鑑』
(p.46)

永楽屋　手ぬぐい
「舞妓さんの卓球」
2022年
(p.48)

JIKAN STYLE　手ぬぐい
「鳥獣戯画 卓球」
2019年
(p.48)

富安隼久写真集　MACK刊『TTP』2016年(p.53)

永楽屋　手ぬぐい「さぁ一本!」1931年柄の復刻(p.48)

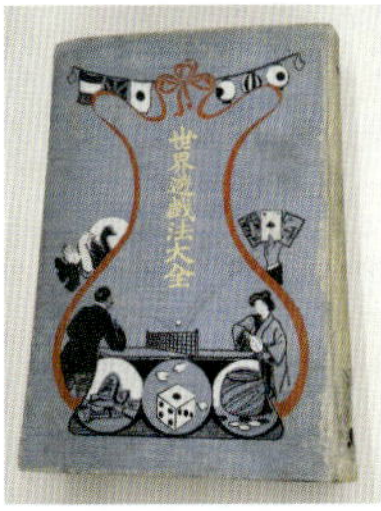

松浦政泰編著　博文館刊
『世界遊戯法大全』1907年
都立中央図書館蔵
（p.103）

小川洋子著　文藝春秋刊
『からだの美』2023年
（p.83）

谷釜尋徳著　吉川弘文館刊
『スポーツの日本史　遊戯・
芸能・武術』2023年（p.62）

横浜 YMCA 卓球部対中華留日乒乓球隊
親善試合　1934年　横浜 YMCA 蔵
（p.128）

『東京農業大学卓球部主将記録簿　第二号
大正十二年――昭和五年』
秋山利恭 記「満鮮遠征ノ記」1925年
東京農業大学図書館 大学史資料室蔵
（p.124）

横浜 YMCA 体育館　1934年
（p.128）

2020年に金沢21世紀美術館で
開催された「de-sport: 芸術による
スポーツの解体と再構築」展で展示された
「ピン＝ポンド・テーブル」
（ガブリエル・オロスコ作　同館蔵）での
プレーの様子（p.57）

Steve Grant著　Lightning Source UK Ltd.刊
『ピンポンの熱狂：1902年のアメリカに吹き荒れた狂気』
2012年（p.92）

題名を物語る画像の数々

PINGPONG COSTUME.

This costume gives the player a decided advantage over her opponent.

Two years later:

"Your man and you are marvellous merry."
-Comedy of Errors.

今孝選手のフォアカット
『日本学生卓球史』（p.149）

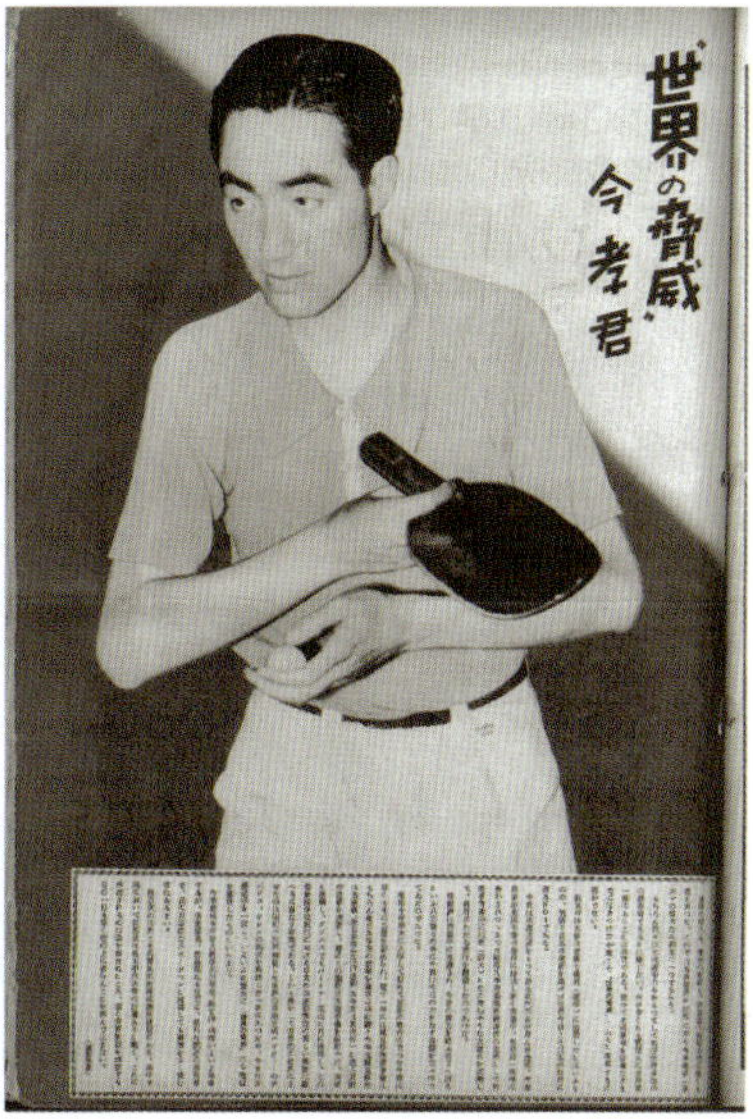

朝日新聞社刊『アサヒスポーツ』
1940年7月第1号所収
「"世界の脅威"今孝君」
（p.149）

高嶋航著　青弓社刊
『軍隊とスポーツの近代』2015年
（p.154）

1938年（出典　海軍兵学校編
『昭和13年海軍兵学校卒業写真帖』
提供　早稲田大学教授高嶋航氏）
（p.161）

卓球をする海軍兵学校の生徒　1940年
（出典　海軍兵学校編
『昭和15年海軍兵学校卒業写真帖』）
（p.161）

木村興治選手　1963年頃／卓球王国提供
（p.186）

台上のバーグマン選手
1956年世界卓球東京大会　日本卓球協会編
『写真で見る日本卓球史』
（p.53、p.183）

林忠明氏と著者　2014年
〈林氏は2017年に98歳で他界〉
（p.194）

プラハからの手紙
今野裕二郎選手（p.198）

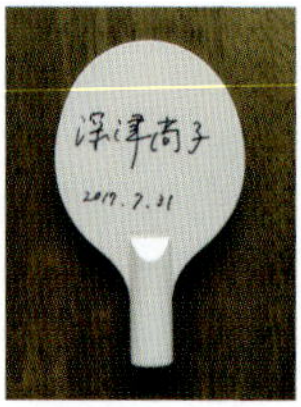

深津尚子氏サイン
2017年
（p.193）

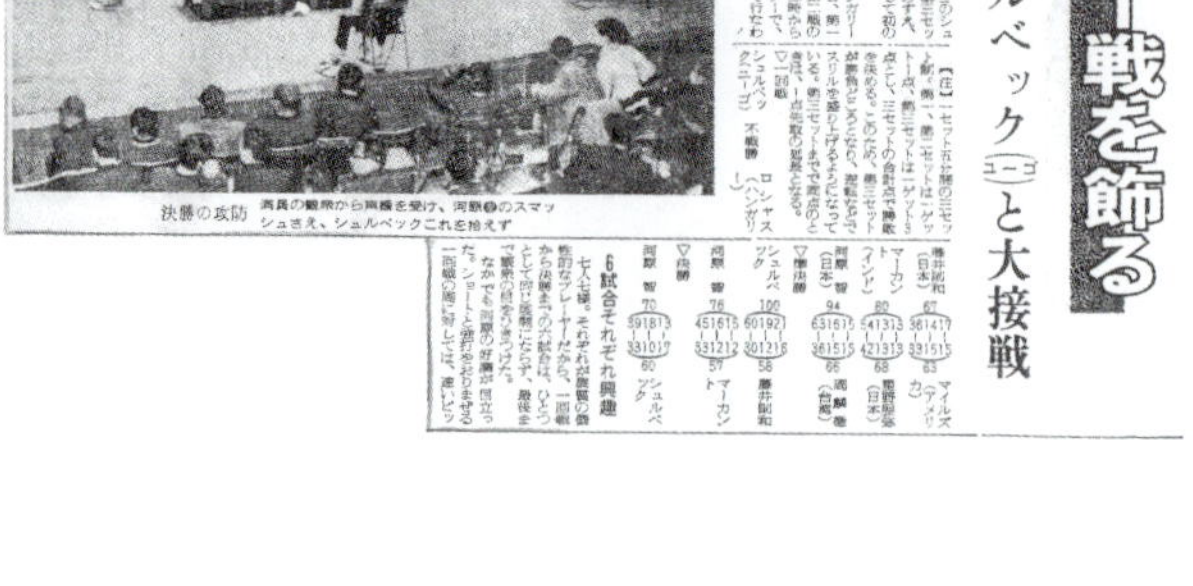

国際オープン卓球

河原、第1戦を飾る
シュルベック（ユーゴ）と大接戦

決勝の攻防　満員の観衆から声援を受け、河原㊧のスマッシュさえ、シュルベックこれを拾えず

河原智選手とシュルベック選手　1969年プロ卓球／後楽園ホールでの第1戦「決勝の攻防　満員の観衆から声援を受け、河原㊧のスマッシュさえ、シュルベックこれを拾えず」1月19日付　読売新聞社提供（p.194）

『卓球アンソロジー 続』目次

第一部　創造に触れて……7

第三部　考察とともに

第一部

創造に触れて

『旅の絵本』 安野光雅 作

画家の安野光雅氏が亡くなった2020年の暮れ、近所の書店に入ると、書棚に厚さ1センチ足らずの本が一筋光っていた。安野光雅『旅の絵本』（福音館書店刊）に引き寄せられた。逝去を受けての平積みはまだなかった。

竹取の翁《おきな》よろしく手に取る。シリーズ第I巻「中部ヨーロッパ編」（初版は1977年）。全編俯瞰図のページを繰ると、輝きのひときわまさる絵に出会った。

〈場面13〉。お城と周辺の建物や人々が描かれている見開きの左下隅に、木々に囲まれて卓球をしている人の姿があった。［口絵参照］

どこの国か。画家自身の解説によると「フランスで出会ったお城」「たぶんロアール川に沿った城」「下から見ながら、上から見た様子を想像して描いているのです」。

そこにさりげなく融け込む卓球シーンは、男女がボールを見つめて打ち合っている。相手を見つめる余裕はなさそうだ。共に足のスタンスが広く、腕も振り上げていて、野外の卓球にしては技量が高い。両者のラケットが高い位置にあるのをリアルに見れば、左側の女性が振り切っているので、右側のペンホルダーらしき男性がこれからカットをするところかもしれない。

クイズ ★ この卓球プレーを周囲で見ている人は何人いるでしょう。

口絵では小さくて数えにくいという人は、絵本を手に取ってほしい。

画家の視点は空の鳥。旅人の好奇心と画力が新鮮な光景を生み、俯瞰の視界が、柔和でおだやかな、うららやかな、おおらかな世界をもたらす。

解説に、初めてのヨーロッパ訪問時の機内での心情が書かれている。高度が下がって「白い道らしきものが見え」ると「あの道はどこへ行くのだろうと想像するだけで、胸がいっぱいになりました」。

未知の土地を訪問する人の津々たる興味に、ガラパゴス島の動物に関する福岡伸一氏の発言を重ねたい。ガラパゴス島では、鳥やカメやイグアナが人間を恐れず、むしろ寄ってくるという。「それは競争、闘争にきゅうきゅうとせずにすむ彼らが本来持っている好奇心なんです」（21年3月13日付朝日新聞）。こんな風に興味を持たれた側は、どうぞゆっくり何でも見てくださいと、土地や心をひらくだろう。

「いつかこの城をさがしてもう一度確かめに行きたいな」と望んだ安野氏の再訪は実現したのだろうか。クイズの卓球シーンに視線を向ける人が私には三人四人見える。城壁から眺める人も数えた。アリーナなら三階席。手前の四人目の視線は微妙だが、白熱のプレーに思わず目を引かれているのではないか。

ボールを一心に見て打つ二人と、それを見る人たち、を見て描いた風の絵、を見る私。城と卓球台のある土地へ、絵本を見る鑑賞者はどのように足を踏み入れるか。その入口は当然、〈場面1〉。

旅の始まりは、一人漕ぎの舟で陸地に近づいている男性の絵。左綴じ（左開き）の本なので舟は右へ進む。この方向は、見慣れた地図では、イギリスから大陸への、ドーバー海峡横断。ロンドンからピンポンが伝播した平和な航路を思う。ノルマンディー上陸作戦ではなく。

旅人は馬で進み、日常の仕事や遊戯や市場の様子、非日常の祝祭やマラソン大会やプロポーズを描く。それらと同じタッチで美術史上の名画を溶け込ませる。ゴッホの「アルルの跳ね橋」、ミレーの「晩鐘」「落穂拾い」など、私にもすぐわかるものがある。わからないものもある。だから卓球シーンも、過去の名画がモデルかもしれないと思ったりする。そんな楽しい想像のきっかけとなった書店での立ち読みは、私にシリーズ全巻を揃えさせた。

第Ⅶ巻は「中国編」。（2009年刊）

この巻だけは右開き。安野氏は神品と言われる張擇端《ちょうたくたん》の水墨画巻「清明上河図《せいめいじょうがず》」に心酔している。それで、右開きの本になっているのだろう。絵巻物の好きな私にしっくりくる。「清明上河図」は東京国立博物館の特別展で見た。都市（今の開封市らしい）の風景・衣食住が5メートルに渡って精密に描かれていた。ずいぶん長い時間並んで待っただけのことはあった。鑑賞する人も描かれている人も、たくさんいた。

私は1990年代に二度、書法史跡を巡る団体旅行で訪中していて、絵本の風物に見覚えがあった。中国編ゆえの楽しい予感もあった。

予感は〈場面9〉で的中。［口絵参照］

京劇「孫悟空」が掛かる舞台の対岸で卓球が光る。一人が台から離れて、見応えのあるラリー。さすが中国。台を取り囲む観客は七人。私は孫悟空が活躍する16世紀の小説『西遊記』に「乒・乓」の文字があることを思い出した。20世紀に新語「乒乓球《ピンパンチュウ》」（卓球）が誕生する。『旅の絵本』に、一衣帯水の「乒・乓」と「乒乓球」。

解説に、卓球台の仕切りは「網ではなく煉瓦《れんが》」「壊れにくくていい」とある。私は煉瓦でできた硯《すずり》「塼硯《せんけん》」を中国の博物館で見たことも思い出した。多様な使途は文化の歴史。書法史の旅に私は筆とラケットを持参した。筆は、西安などで団長の大島宕山先生や現地の著名な書家とともに席上揮毫をするという、厚顔をさらすことに使ったが、ラケットは、揮う機会がなかった。バスの車窓などに屋外での卓球を見かけたものの、書の美をめぐる見学（観光）の旅程が詰まっていた。

『旅の絵本』は観光という言葉を咀嚼するきっかけにもなった。光は美、国光は国の文化である。書店で絵本が光っていたのが肯ける。

安西水丸の卓球

2021年9月、世田谷文学館の「イラストレーター 安西水丸」展に出掛けた。安西水丸（1942〜2014）は私にとって、村上春樹作品の絵、特に『象工場のハッピーエンド』『夜のくもざる』の鮮明な色使いの絵が忘れられない人であった。ところが、私のために大切な仕事をされていたことを、世田文で知ることとなった。［口絵参照］
卓球の絵が展示されている。まず、試合中と思われる、気合の入ったプレーヤーの絵がラケットに描かれていて、その柄《え》には浅葉克己さんのサインが入っている。不思議な作品である。どういう由来があるのだろう。

キャプションが大変役に立った。「安西水丸の卓球姿　山陽堂書店所蔵」「アートディレクター浅葉克己旧蔵の卓球ラケット。卓球雑誌『卓球日本』1982年1・2月号掲載の表紙と同じイラストレーションが、バタフライ製シェークハンドラケットの板面に貼られています」。（後日『卓球日本』を確認した。）「卓球姿」ということは、描かれているプレーヤーが水丸さんか。本格的な姿である。どこで卓球を。

青林堂刊『ガロ』1981年7月号表紙の卓球プレーの原画も展示されている。卓球をしている少年は水丸作品に登場する「小西昇」で、幼少期の水丸さんを投影したキャラクター、と分かってきた。さらに、1987年の青林堂刊、漫画集『青の時代』新装版の表紙。これは小西昇が『ガロ』と同じようにラケットの柄の手前を握って、腕を伸ばしている。『青の時代』が違うところは、ラケットに（緑色の）ラバーが張られていること、少年の腕が上方斜め45度くらいに伸びていること、プレーをしている気配が少ないこと。手前の女性から遠く離れた所で独りラケットを挙げ、ここにいるよ、卓球やってるよ（?）、と控えめにアピールしているように見える。なお、この表紙の絵はこの本が収める漫画作品の一コマとして現れるが、そこでは卓球少年が別のスポーツのラケットを持つ人物に代わっている。残念だった。ところが・・・

世田文行きの二日後、用事の帰りに渋谷ヒカリエの上階に立ち寄ると、全国のフリーペーパーをたくさん並べている一室があって、ぶらり入り、水丸さんが子どものころぜんそくの療養のため千葉県の千倉町（現在の南房総市）に過ごしたことを思い出していると、千葉県のコーナーの前に立っていた。『0470-』50号に出会った。

　そこには南房総の地図が描かれ、右下のほぼ三角形の部分は水色で海。海の中に、緑色のラケットを持った『青の時代』の小西昇がそのままいる。こちらを向いて右手のラケットを45度挙げているので、ラケットが矢印になって千倉町を指しているように見えた。ラケットの柄だけをこのように浅く持つグリップは矢印にふさわしい。

　水丸さんの矢印と言えば、村上春樹氏の言葉を思い出す。仕事で似顔絵を描くが下手であんまり似ない、と水丸さんが言うと、春樹さんは笑いながら「でも、水丸さんには矢印という強い味方があるから」と言ったと、清水書院刊『青山の青空2』の「似顔絵という歩み寄り」で書いている。「うーん、確かに言えるとおもった。ぼくは描いた似顔絵の横にいつも矢印をつけ、その人の名前を書いている。そうしておけば多少似ていなくともわかってもらえるからだった」。そのあと水丸さんは、「詩心を持って見れば似てくる」似顔絵の方が好きだ、と述べる。

　画文集『一本の水平線』（クレヴィス刊）には、「絶景ではなく、車窓の風景のような人間でいたい」「絵というのも、筆の置きどころがあって、つまり描くことのやめ時があって、これはこれで絵にとって大切なことだと思っている」とある。似顔絵もそうなのだろう。車窓の風景に技巧はなく、自然に移ろう。私が水丸さんの絵を見て、余分なものが全くなくすっきりしているところに潔さを感ずるのは、こういう言葉とつながっているのだろう。

　フリーペーパー『0470-』50号には水丸さんの中学の同級生の記事もあった。地元の館山市図書館には水丸さんの、65タイトルに及ぶ本があるという。私としては、何十年も知らなかった水丸さんの卓球作品にこの三日間で2度出会ったからには全ての本を読もうと思って、国会図書館に通った。（全てとはいかなかった。後日買えるものは買った。）

奥村靫正氏（世界卓球大阪大会のポスター「風神雷神」を浅葉克己氏と制作した画家）との画集『にほんのえ』には、コカ・コーラのマークを描いた「ラケット」という作品が載る。用途としては料理を乗せるカッティングボードだろうが、私もページを開いたとたん、（卓球の）ラケットだと思った。『象工場のハッピーエンド』にも載る。CBSソニー出版の『象工場のハッピーエンド』も見ると「スパゲティー工場の秘密」の末尾に、まぎれもない卓球のラケットとボールが一ページを占めている。（この絵は、新潮文庫版にはない）。

卓球少年「のぼる」の初出は1974年11月号の『ガロ』と思われる。漫画「ひきしおの頃」のタイトルページに登場。75年以降の『青の時代』には描かれなくなった鼻が描かれている。腕は振り切った形でフリーハンドも動きがあり、ボールも確かに打たれた感じで飛んでいる。グリップの指がラケット本体に掛かり、プレーヤー感が一番強い絵である。

エピグラフに中原中也の詩。「海にゐるのは、あれは人魚ではないのです。海にゐるのは、あれは浪ばかり」。漫画の内容とタイトルページの卓球との強い関連はよくわからない。作者自身の卓球の経験が創作の時に意識に表れるのであろう。これはこのぐらいしか書けないので、皆さんに作品を読んでもらいたい。そこで、もう少し分かったようなことを書きたい。

『荒れた海辺』の装丁は淡い色の絵。画面の上半分は空と海。小屋数軒を挟んで、手前の下半分は草が右方向になびいている。これを眺めて寝た翌朝、テレビのニュースの画面に海が映った。台風のニュースだった。南房総だと直感した。南房総の様子です、とアナウンサーが言った。直感といっても根拠がはっきりしている。これが「分かったようなこと」――――絵の力。

『荒れた海辺』は自伝的小説である。１９９３年、新潮社刊。中学生の小西昇たち。

じりじりとする暑い日だった。その日、昇たちは波が高いので海に行かなかった。いつもの仲間で利長の家の物置きの軒下で精米所の機械の止るのを待っていた。精米所の機械が止ったら、奥の倉庫でピンポンをして遊ぶつもりだった。精米所の庭には、リヤカーや大八車などが置かれていた。

老婆たちのお経は続いていた。昇たちは少しはなれた位置で保健所員たちの動きを見つめた。やがて死体は白い包帯を巻かれトラックで運ばれていった。

「もどろう」
昇が言った。
「もどってピンポンやろう」
利長が言った。
風波の立つ海沿いの道を歩いた。ギンヤンマが飛んでいる。

海から上がった悲惨な死体の様子と、子供たちによる怖ろしい話が語られる。自伝的小説なので卓球も体験に基づくのだろう。卓球の実際について、青山を仕事場とする仲間であった浅葉克己氏に伺うと、参考にと『AOYAMA-PRESS』２００２年秋号を送ってくださった。その、編集者田嶋氏を含めた鼎談より。

田嶋　相当上手なんですよね？

浅葉　福原愛ちゃんとの卓球の対戦成績は、２勝２敗。今はぜんぜんかなわないけれど（笑）。

安西　僕のまわりでずっと卓球って言ってるのは浅葉さんだけですよ（笑）。

水丸さんも以前は言っていた、と読んだ。

南房総の旅館「千倉館」のご主人、鈴木俊一良《しゅんいちろう》さんが水丸さんの幼なじみだと分かり手紙を差し上げると、電話をくださった。「水丸さん、卓球、やってましたよ」。

ピンポンに興じる菊池寛

この一項は、『卓球王国』２０２０年10月号に書いたもので、冒頭の「今」とはその時のことです。

今、高松市の菊池寛記念館と東京の田端文士村記念館で、表題の写真が見られる［口絵参照］。両館とも文学者のスポーツがテーマ。東京は「田端の大運動会」と題して、芥川龍之介の水着姿や正岡子規の野球ユニフォーム姿も。高松も豊饒な「近代スポーツと文士」展。

私はこれまで多くの卓球文学や文筆家の卓球（芥川対川端康成、大杉栄対吉屋信子、北杜夫、吉本ばなな、酒井順子、アンネ・フランク、ヘンリー・ミラー対ホキ・徳田……）を読んできた。しかし、プレーする日本の作家の写真は初めてである。歴史的感銘を覚えた。

ペンホルダーでバックハンドを振り切った菊池寛。強打かサービスか。キャプションに「撮影年代は未詳だが後ろの広告は昭和8、9年のもの」とある。1933・34年。45歳頃。文藝春秋社内にて。写真を見るや、日本卓球黎明期1910年前後の第一人者、慶應義塾大学の朝比奈正信選手のバックハンドを思った。よく似ている。（『日本学生卓球史』参照）

菊池寛（1888～1948）といえば、文藝春秋社を創立して、戦前から文壇の中心にあり、著名な戯曲や小説を書き、芥川賞・直木賞を創設し、日本文藝家協会会長も務めた大御所である。その芥川龍之介とのエピソードを一つ書けば、関東大震災の時、朝鮮人暴動の流言を信じ込んだ芥川を「嘘だよ、君」と一喝したのが菊池である。それに対して芥川は「僕は善良なる市民である……」と自嘲して書く。（『続澄江堂雑記』より）

林芙美子の随筆「菊池寛氏」（文泉堂出版『林芙美子全集』第10巻）より三箇所引用して、人物像を見る。

ピンポンをされる時の菊池先生は一寸サッソウとしてゐて球は仲々強い。

文藝春秋社へ行くと、まるで大人の幼稚園みたいに誰も彼も呑ん気さうに見える。ピンポン台が社長室の前にあるし、あんなに遊び道具のそろつた雑誌社を他に見たことがない。

先生には長生きをして貰はなければならないと思つた。此様な器の大きい人が出るのはまれなことだからだ。

素晴らしい社長と出版社だ。菊池は勤務時の遊戯禁止令を出すが、それによって最も困ったのは菊池自身だった、という逸話を阿部眞之助が語っている。（1937年刊『現代世相讀本』所収「人間菊池寛」）

次は『菊池寛全集』（全24巻　菊池寛記念館刊　文藝春秋発売）［補巻］（全3巻　武蔵野書房発行）より年代順に三点のみ拾う。

1920年（31歳）「原稿とタラコン湯」より。

遊戯は殆ど何でもやる。野球、庭球、ピンポン、碁、将棋、〈略〉。その中、ピンポンが一番得意かも知れない。将棋は、文壇丈では強い方かも知れないが、普通のレヴェルから云つたら、下手だ。ピンポンは、文壇丈でなく一般的に云つても、相当の腕があると思つて居る。

菊池は戦後、日本将棋連盟から五段を認許され、没後に異例の六段を追贈される。右の文章と写真から考えるに、卓球協会に手抜かりがあったような気がする。

1930年（41歳）「自分と各種ゲーム」より。

ピンポン。むかし、自信があつたが、今はとても下手になつた。手や身体が、きかなくなつてゐる。

写真は、この述懐の数年後。

1938年（49歳）の「ピンポン放談」では、1905年頃の高松中学図書館での小説耽読と野球・テニス・ピンポンへの熱中、東京高等師範学校での1908年（坪井玄道教授帰朝後6年）頃の対抗試合出場、関東関西の技法の違い、などが語られる。以下、その後を引用する。

ピンポンは非常に心理的な運動である。といふのは、寸秒を争ふ様な早い動作の間に、常に適確な判断―視神経と運動神経―を必要とするから、あがつたり、一寸でも心の動揺なぞがあると、覿面に影響して失策をするものだ。〈略〉。最もデリケートな近代人の競技であると思ふ。

最近は「息が切れて」「観戦を主としてゐる」と結ぶ。ピンポンへの熱情は冷めない。私から個人的に名誉八段を差し上げたい。

かつてオリンピックには「芸術競技」があり（1912〜48年）、建築、彫刻、絵画、文学、音楽の五部門で、スポーツを題材とした作品の採点が行われた。菊池は（返上された）1940年東京大会の文学部門審査員となる予定でオリンピック専門委員会懇談会に出席していた、と菊池寛記念館から教示を受けた。（2010年刊　大西良生 編著『菊池寛研究資料』参照）

前号※（2020年9月号）では1925年に大学生がラケットを手に海外遠征したことを書いた。

1943年には神宮外苑競技場で、銃を肩に担いだ出陣学徒の壮行会が盛大に催される。1964年東京五輪の、文学者による記録が講談社文芸文庫『東京オリンピック』で読める。のんきさが好感の名文から、社会や歴史を踏まえた逸文まで。来年に延期された東京オリパラはだれが何を書くのだろう。スポーツそのものの醍醐味と渡り合う表現も期待する。

〈注※本書では、第二部の「海外初遠征」の項に再構成。〉

童謡「ピンポン玉と小猫」 相馬御風《そうまぎょふう》 作

相馬御風（1883〜1950）は早稲田大学校歌「都の西北」を1907年に作詞した後、日本大学ほか約二百曲の校歌をはじめ、生涯で五百を超える歌曲の作詞をした詩人である。

御風の活動は多岐にわたり、早大講師、編集者、文芸評論家、歌人、俳人、そして、禅僧良寛を世に知らしめた研究者である。島村抱月と共同作詞した歌謡「カチューシャの唄」は一世を風靡し、童謡詩人としても、人口に膾炙した「春よ来い　早く来い　あるきはじめた　みいちゃんが　赤いはなおの　じょじょはいて　おんもへ出たいと　待っている」などで名高い文人である。

その相馬御風が「ピンポン玉と小猫」と題する童謡を書いていた。詩句は出版物によって異同があるが、ここでは、糸魚川歴史民俗資料館（相馬御風記念館）所蔵の自筆原稿を書写する。閲覧・掲載が許された。［口絵参照］

ピンポン、ピンポン、
白い玉、
ピンポン、ピンポン、
とんで行く。
長い廊下を
とんで行く。

ミヨウ、ミヨウ、ミヨウ、ミヨウ、
三毛ちゃんは、
ミヨウ、ミヨウ、ミヨウ、ミヨウ
おっかける。
ピンポン玉を
おっかける。

ピンポン玉は
ピンポン、ポン、
ミヨウ、ミヨウ小猫は
ミヨウ、ミヨウ、ミヨウ、

追ってもく
おっつかない。

廊下は長い
玉はとぶ
小猫は走る
ミヨウ、ミヨウ、ミヨウ
ピンポン玉は、
ピンポン、ポン。

ピンポン、ミヨウ、ミヨウ、
ピンポン、ミヨウ、
ミヨウ、ミヨウ、ピンポン、
ピンポン、ミヨウ。
廊下は長いぞ
ピンポン、ミヨウ。

作品発表は1934年（競技卓球の歴史を繙けば、国内初の国際試合を行う、ハンガリーのサバドス、ケレン両選手の来日まで、あと四年という年）。制作年と作曲は未詳。曲はなくても自然に口ずさめるが、どなたかに曲をつけていただきたい。御風が糸魚川に帰居するのは1916年。ピンポン玉との出会いは東京時代か帰郷後か、普及の面で興味のあるところである。

この童謡は現代の競技スポーツとしての卓球の激しいイメージと隔たりがあることは言うまでもないが、「ピンポン玉を　おっかける」のは選手の実践でもある。猫の敏捷な動きが卓球選手のフットワークの形容に使われることも珍しくない。詩人の心は「長い廊下を　とんで行く」ピンポン玉と同じように、はずんでいる。それが手に取るようにわかり、読者も童心に返る。

卓上を往復するボールではなく一方通行のボールである。しかし、小猫とボールの往き来が見える。ピンポン玉が先行して、小猫が「追っても追っても　おっつかない」が、最終連ではオノマトペが混ざり合って、追いついたようにも見える。接触して戯れているように聞こえる。それでも「廊下は長いぞ」。いつまでもラリーの音が響いている。

御風は童謡「石投げ」では「石投げた　ポトリと沈んだ」「ドブンと沈んだ」と書き、「なくしたボール」では「ボールはころげて　川の中　見る間に流れて　いきました」「夕ぐれさびしい　橋の上　わたしは泣きたく　なりました」と、内向して、しんみりした句を連ねている（厚生閣刊『相馬御風随筆全集』第七巻）。これら運動遊戯関連の作品と並べてみるとなお「ピンポン玉と小猫」の、手放しの明るさ、屈託のなさが際立つ。傑出した詩人が感じたリズム感とワクワク感は、卓球選手一般の原点に通底する。

この詩は、西洋から渡ったピンポンが、日本の遊びとして競技スポーツとして浸透してゆく時代のひとこまを、楽しい着想と朗らかな音感で掬い取った絶品である。

（『卓球王国』2020年11月号　初出）

『汀子句集』 稲畑汀子 著

新樹社刊（現ウエップ／三樹書房）

避暑の娘に馬よボートよピンポンよ

あれもこれも遊ばせたい親心。たたみかける言葉が楽しさを作り出す。音の数も手伝って、シメはピンポン。オノマトペゆえの心の弾みが聞こえて、余韻となる。「避暑の」「娘《こ》に」だからどのスポーツも無理はさせない。林を抜ける風が、湖を渡る風が、涼やかに感じられる時間。

汀子氏は1931年生まれ。「花鳥風詠」「客観写生」こそ俳句であるとの理念を基に祖父高浜虚子が育てた「ホトトギス」を主宰することになる。『汀子句集』は第一句集。序文は父、高浜年尾。冒頭の句は1952年詠。2年後に次の二句が並ぶ。

毛虫這ふピンポン台に負けてをり
何かして見たくピンポン避暑の午後

1980年代にNHKの放送で面白いことが起こった。仕掛けたのは汀子氏である。

初夏のある日、アナウンサーが「すがすがしい好いお天気になりました。これまではさわやかな、といっていたのですが、さわやかは秋の季語だと指摘を受けましたので、これからはすがすがしいと表現することにします」という意味の発言をした（稲畑汀子著・海竜社刊『女の心だより』で確認）。反論も挙がり、いわゆる「さわやか談義」が沸騰する。私は、あくまでも季節を表現する場合ということに納得して、汀子派。教員時代、国語の授業で教材にした。その恩義があって、汀子さんが2022年2月に亡くなられたとき、追悼の句を詠んだ。汀子さんゆかりの新聞社の読者川柳欄に投稿したが、掲載はかなわなかった。今度は書留にして、確実に届くようにしたい。「さわやかな季節は秋よと汀子さん」にしたか、「さわやかは秋の季語よと汀子さん」を送ったか。判定は、なされたのだろうか。

冒頭のピンポンの句の季語は避暑とボート。馬も洗ったり冷やしたりすれば夏の季語になる。季節を問わず、天候を選ばず、「今日は卓球日和だ」と言って毎日のようにラケットを持って出かける人がいる現状では、ピンポン・卓球は季語になれない。ということは一年中、俳句に詠み込める。汀子さんは、長く朝日俳壇の選者を務めた。複数の人が選者となる。2019年の稲畑選・年間俳壇賞は大阪市の友井正明さんの句だった。私は大いに喜んだ。がんとの闘病の中で生まれた句で今は順調に快復、という作者の言葉と顔写真が新聞に載った。良いことが重なった。といっても、友人ではない。

私は友井さんの2015年の句を、承諾を得て前著に載せている。これも稲畑選だった。年間賞と健康回復の二つのお祝いになるとは思えないが、ここに再録させていただく。「ホトトギス」の継承者と、市井の傑出した俳人の名句が、拙稿の首尾を飾ってくれる。

ピンポンの音の消したる春の雪

追記

友井正明さんが２０２２年12月に亡くなられたことを、「ホトトギス」主宰の稲畑廣太郎氏からいただいたメールで知った。八年前、拙著を喜んでくださった。今回は、師と言ってもいいと思われる汀子さんの句とともに引かせていただいたので、また届けたかった。汀子さんを追うように同じ年に他界されるとは。合掌。

『リボン』 草野たき 著

ポプラ社 ２００７年 刊

中学三年生の卓球部員、松野亜樹が主人公の小説。読者が中学生高校生の場合、自分の日常に起こっていること、起こりそうなことが書かれ、時に、起こったらいいな、起こったらどうしよう、と思うような等身大の物語である。展開にテンポがあり、亜樹に関わる登場人物の幼さと成熟が混合されて、私のような年齢の者も物語に吸い込まれてしまう。

私がこの作品に出会ったのは上野の国立国会図書館・国際子ども図書館に立ち寄った時である。その日の目的とは別に、偶々、特別展で子どものスポーツ本がたくさん展示されていたうちの一冊である。卓球本は他にも展示されていたが、それらはみな読んでいた。特別展のおかげで興味深い中学生を知ることができた。ここに物語の内容を詳しく書くことは、読書の楽しみを奪うことになるので、読書への誘導・案内にとどめたい。

亜樹が二年生の3月から始まる。卓球部では卒業式に部の一人一人の卒業生に色紙を渡し、制服のリボンをもらうという儀式的な振る舞いがある。女子部員が入部する動機には、純粋に卓球が好きで上達して試合に勝ちたいという人と、(「卓球部にいるというだけで、男子と仲がいいと思われる」)卓球部に入れば部活の帰りに野球部やサッカー部の男子と仲良くなって「彼氏」ができるからという人の、2種類がある。その二つの達成度で先輩の人気が決まる。送る亜樹の学年は、部長の提案で、だれがだれに色紙を渡してリボンをもらうか事前に決めることになった。その決め方は・・・。

三年生になり、クラス替え。

教室ではすでに、女の子たちの小さなグループが、はっきりし始めている。その小さなグループの入り口に、じわじわとカギがかかり始めている。いったんカギがかかった入り口は、そうかんたんには開けられない。

グループを気にせず、本を読んでいる級友がいる。「主人公がわたしたちと同じ、中学三年生」の『海辺のカフカ』とか江國香織の『つめたいよるに』、よしもとばななの『キッチン』とか佐藤多佳子の『黄色い目の魚』など。亜樹も勧められて読む。この静かな藤本さんは・・・。

6月。一年の時からダブルスを組んできた美佳に呼ばれて「とつぜん」ダブルス解消を告げられる。その場に新パートナーもいて「わたしと美佳なら……県大会に行ける」と言われる。

7月。最後の試合にシングルスで出る。その後、美佳には「うらみ」から、「廊下ですれちがっても気づかないふりをしていた。亜樹はそんな自分をしょぼいなと思」う。（そして1月に・・・。）
夏休み前の終業式の日の放課後、だれもいない体育館に行く。そこに幼馴染でバスケ部の佐々木君が、体育館への引退の挨拶に来る。バスケ部は終業式で県大会出場の表彰があったが佐々木はメンバーに入っていなかった。晴れやかな気持ちで体育館にあいさつに来たわけではない。それでも、ゆっくり頭を下げて大声で「ありがとうございました！」と叫んだ。

佐々木はなかなか頭をあげなかった。そしてとつぜん、ボソリといった。
「□□じゃなかったよな」
亜樹は、どきんとした。

クイズ★　右の空欄には何が入るでしょう。両者に共通する気持ちです。

私は若い時にこの言葉を持っていなかったので、驚いた。今の若者が描かれていると思った。この後、三者面談から高校受験準備が始まる。

人とうまくやろうと思ったら、自分の意見なんかひっこめてしまったほうがいい。亜樹はあいかわらずそういう発想しかできない自分に、あらためてガッカリした。

「高校は準備期間」という言葉を巡る思索。「おとなになってからの時間のほうが長い」とはどういう意味なのか。亜樹の、優等生だった姉が高校で豹変する。母がデザイナーになることをあきらめた理由が語られる。「自分の気持ちを注意深く見ててあげる」こと、「人を好きになる」という感情、「いつも本当の気持ちをいわせてくれる」人、などが物語に顔を出す。二人の「おば」が中学生の姪を揺さぶったり手を差しのべたり。「うらぎり者」が・・・。そして、亜樹の卒業式に起ることは・・・。

亜樹の卓球を引いて読書案内を終わる。

最初はかんたんなラリーさえ、途中で集中力がとぎれて、すぐに身体がとまってしまった。身体の微妙な動きやラケットの角度で打つボールの変化をつけるなんて、一生できそうになかったけれど、それがある日、とつぜんできるようになったときは、魔法だと思った。試合で長いラリーがつづいたときの緊張感と、スマッシュがきまったときの快感を味わったら、そのあとはどんなにつらい練習でもちっとも辛いと思わなくなった。それどころか練習をつめばつむほど、身体が機敏にうごくようになっていくことに快感を覚えて、ハードな練習ほど亜樹は燃えた。

クイズの答え「無駄」。

小説の初出は、進研ゼミ（ベネッセコーポレーション）中三受験講座「中3チャレンジ組」2003年3月号〜2004年3月号。加筆修正。

韓国の小説『ピンポン』 パク・ミンギュ 著 斎藤真理子 訳

（2017年 白水社刊 韓国では2006年に発表）

韓流ブームは今、文学に来ている。

高校生の卓球指導で私は、ボールの回転と軌跡に注意を向けるための説明をした後、「今の説明は地球上に限って有効。昔、木星で卓球をした時はこの理論が通用しなかった」と冗談を言ったことがある。

この宇宙感覚を装った私のひとひらの冗言を一過性にはさせないとでも言うような、気宇壮大なフィクションが韓国の著名な作家によって創り出された。文字どおり、天外から来たような奇想が展開する。人類の歴史の明暗と現在を浮き彫りにするために。

ハレー彗星が来て（地球に衝突して）くれるのを待つ人たちがいる。ボウリングのボールが地球に変わり、それが毀れて、持ち主が罪滅ぼしのように卓球をする「ピンポンマン」の挿話がある。今や、卓球が残っているのは地球だけ。放射線が降り注ぐ挿話がある。退屈じゃないのは卓球だけ。悪行と善行。多数と少数。生きている理由がわからないまま生きていられることに疑問を持つ主人公。

主人公「僕」は「釘」と呼ばれている中学生。「釘」と「モアイ」は殴られるのが「日課」。凄絶ないじめを、冷酷非情で邪悪な「チス」と五人の手下（と無関心の大多数）から受けている。二人の間に会話はほとんどない。チスの懐柔策なのか、優しいことばを掛けられると、「熱いものがこみあげてくる」。主人公と呼ぶには抵抗があるくらい、理性的な主体性を失っている場面が続く。小説で語られることで、語ることで、主人公となる。チスたちを「犬と人間の雑種の赤ん坊たち」と認識する。「人類の本音がわからない」。そして、「意味のある関係を拒む」。そうやって生き（残っ）ている。

「原っぱのど真ん中に」「どういうわけだか」卓球台が置かれている。僕とモアイが偶然見つけて打ち合う。そこには、人類が生きるこの世界とは別のもうひとつの世界「卓球界」が出現する。

卓球用品店を探し当てると、店主はフランス出身のセクラテン。卓球界の「進行者」で、卓球は「原始宇宙の生成原理」だと言う。「自分のラケットを持つということは」「初めて自分の意見を持つってこと」。

　原っぱでラケットを持ったときとは何か違う感じが——指先、手首、ひじ、肩からやがて全身へと、順に点灯していった。店の売り場の蛍光灯より確実に明るく、隅っこのハロゲンランプよりも静かであたたかい感じ。ひょっとして太陽のすごく細かいかけらじゃないかって思えてきそうなほどだった。

ポン《ピン》。ピン　ポン。世界が再び動きはじめたのは、僕らがラリーを始めてからだった。最初は無言で——そして、やがて動作に慣れてくるとあるときから会話が始まった。それは奇妙な体験だった、球を打ち返した瞬間に言葉が出て、球がネットを越えた瞬間に言葉が終わる。それは一小節一小節正確なテンポを刻み、だからまるで歌をやりとりしているような気分だった。

ほのかな希望が感じられる描写を二箇所引用したが、作品の主流は「スポーツも暴行もかけ値なく正直でラッキーと叫ぶような運の良いことが起きるわけがなかった」のほうにある。世界はジュースSスコア、とも。虐殺と救済。スターリン、ヒトラー、ポル・ポト、ガンジー、マザー・テレサ、ダライ・ラマ……。

地球に向かって来たものはハレー彗星ではなかった。…………。その中で、世界から排除された者代表の僕とモアイは、人類代表と卓球の試合をする。勝利者は人類世界の存滅を決める権利を得る。人類代表は「ワン・リーチンとかティモ・ボルクラスの選手」。勝てるわけがないと二人は思うが、人類界の偉人の中から助っ人を頼めるルールがある。二人が選んだ偉人二人は……、……。そして相手の人類側代表は……、……。

勝者はどちらか。敗因は何か。勝者は人類世界をどうするか。——ラストシーンの展開に興味が募る。

本のカバー（裏）に「脳内スマッシュの炸裂」とある。烈しくはじけた果実のような豊饒な語り、のひとつひとつの分析と統合を示すことは私の手に余る。印象の特に強いところを粗い点描のように書き抜くことで、紹介文とした。

作中にある韓国のことわざ「昼の話は鳥が聞き、夜の話はネズミが聞く」は、壁に耳あり障子に目ありの類、という解説がついているので、話が洩れることへの怖れ、注意喚起の意味合いだろうが、私は、話を聞いてくれる人がいる、思わぬところで意思が通じている、という意味に転じさせて小説を読んでいた記憶がある。どうしてそんな読み方をしていたのか、それが今は気に掛かっている。

本書の著者と訳者は今、韓国の文学と邦訳を牽引しているお二人である。斎藤真理子氏はエッセー執筆や勉強会・読書会の講師などで忙しさの増している中、手紙のやり取りを時々させていただいている。畏れ多いことである。イースト・プレス刊『韓国文学の中心にあるもの』は朝鮮戦争を要として取り上げ、特に評価が高い。

（『卓球王国』２０２０年７月号初出　補筆）

２０２４年のノーベル文学賞を韓国のハン・ガン氏が受賞したが、その邦訳の多くを斎藤真理子氏がしている。授賞理由の「歴史的トラウマ」「命のはかなさ」はパク・ミンギュ氏の『ピンポン』にも通ずるように思えた。

『四月馬鹿』　ヨシップ・ノヴァコヴィッチ 著　岩本正恵 訳　白水社 刊

［再録］2016年8月刊行の『卓球アンソロジー』（近代文藝社）に収めた際、プロ卓球オープン選手権の記述に誤りがあり、18年3月の第二刷で修正しました。初版をお持ちの方のために修正版を掲載します。なお数字表記は、今回の拙著の方針に合わせて、算用数字に直した所があります。

悲惨この上ない卓球シーンが発表された。2004年。（邦訳・08年）

「二十対十九」ブルノが言った。

「いや、二十対二十だ！」ネナドが叫んだ。

「さっき、二十対十八だっただろう？　おれがトップスピンのバックハンドを打って、おまえが返せなかったんだ」

「それはその前だ。記憶力があやしくなってるんじゃないか？」

「おまえには最初からないだろう？　だから当てずっぽうを言うんだ」

「じゃあ、そのポイントもう一回勝負しようぜ」

「ほら、認めた。でも、おれ、気分いいんだ。チェスで大勝ちしたし」

「新ルールでやろうぜ。十一点先取制だ。十一点まではおれが勝ってた。おまえのプレーはまったく退屈だから、二十一点までおれの集中力が持たなかったのさ。ほら、おまえ、旧ルールのボールを使ってるだろ。おれは慣れてないんだ。知ってるか？　今のボールは大きいんだ。直径で二ミリな」

「ふん、言いわけするなよ！　スポーツマンらしく、負けを認めたらどうだ」

イヴァンが棺のなかでぎょっとした――もちろん、精神的にであって、身体的には動けなかった。ぼくが死んだというのに、弟は気分上々だと！

クロアチア生まれでアメリカ在住の作家、ヨシップ・ノヴァコヴィッチ氏が英語で書いた小説『四月馬鹿』の一節である。

この上ない悲惨とは、試合の敗者がまとうものを言ったのではない。人（死者）が疎外されている状況のことである。卓球で遊んでいるブルノは主人公イヴァンの弟。ネナドは友人。二人は幼じみ。そして「イヴァンは棺のなか」。

人の死は他者だけが確認できるものであろうが、小説は「ぼくが死んだというのに」と、死を一人称で書く自由がある。ただ、この小説の「ぼくの死」を読者の私は受け入れない。イヴァンはこのあと、墓に埋められた棺の中から抜け出すことになる。生き返ったとか幽霊だとか読むこともできるかもしれないが、イヴァンの死はやぶ医者の「死亡診断書」と妻の狼狽（による勘違い）によって、他者に決められたにすぎない、と私は読んだ。「ぼくが死んだ」の「死んだ」をではなく、そう意識する「ぼく」の生存を受け入れて小説を読み続けた。「死んだ」は周囲の認識をイヴァンが引きとっているだけである。イヴァンは「もう二度と動きたくないが、それでも生きたい、死んでいるのでも、生きているのでもない状態になりたい」と願った。

イヴァンは、ユーゴスラビア連邦人民共和国成立の三年後、1948年4月1日にクロアチアで生まれ、思想・政治・時代の波に翻弄されて波瀾万丈の、いや、悪夢のような理不尽な生を送る。

少年時代、チトー大統領への誠意を込めた手紙を学校で書くが、先生に皮肉と誤解されて叱られる。（この手紙の「誠意」に作者の批判精神が見える。）大学時代、医師資格の取得直前に、友人の政治的悪ふざけに関わって警察に誤解され、強制労働収容所送りとなる。（友人の行為はすべてが悪ふざけではない。）内戦に参加し、敵を抹殺しなければ抹殺される、と人を殺す。自らも負傷。さまざまな内臓疾患、精神疾患に罹る。結婚生活にも内戦の暗い影が尾を引き、新たな悲劇を生む。「彼が経験してきたのは、つまらない不安と虚栄心だけだった」。

大海の荒波に浮かぶ一枚の木の葉。私は同情の目で読む。（権力者を信じ）誤解され勘違いされ、疎外された人生。かけがえのない一生が軽んじられ、ないがしろにされた。私は受身のことばで認識する。「死」も他者の勘違いだった。棺の横で球技に興じる人物たちの描写は、イヴァンの生涯の、象徴的とも言える、ありふれた場面のひとつにすぎない。死は他者のみが知るのだから、その扱いも他者次第。人の一生は他者の思わくによって決まる、とイヴァンの生涯が告げているかのようである。

「五十歳になった」（1998年）「トゥジマン大統領が死んだ」（2000年12月）のあとしばらくして、冒頭の引用場面となる。40ミリボール、十一点制の新ルールに触れていることからも、イヴァンの「死」は2001年（以降）に設定されていることになる。

それにしても、新ルールまで知っているというのに、スポーツマンシップのなさがすさまじい。

試合は「相手を尊重して、すべてを客観的に見通す」ことが大事、と41年サラエボ生まれのサッカーの名将、イビチャ・オシム氏も言っているではないか。（新潮社刊『日本人よ！』）

ユーゴといえば、卓球の国民的英雄シュルベック選手（１９４６年生まれ）を思い出す。69年、プロ卓球オープン選手権。東京体育館での最終戦を高校二年の私はテレビで観て感激した。シュルベック選手を決勝で打ち破った河原智選手の連続スマッシュが今も甦る。時間制合計得点制で第三ゲームは1ゲット3点。この決勝は両者同時にマッチポイント、の興奮。日本中が熱狂していると思った。

前年の68年にチトー大統領が来日している。社会主義国からの最初の国賓である。両国間の文化協定が結ばれた。

小説に日本は登場しない。唯一、イヴァンと妻セルマのベッドの枕元で「日本製の目覚まし時計が、一分たつごとにかすかな音をたて」ている。ユーゴは今、クロアチア、ボスニア・ヘルツェゴビナ、セルビア、コソボなどの諸国に分かれた。日本国の時の刻み方との違いは「訳者あとがき」の簡潔な歴史記述に教えられる。

２００８年8月、北京五輪卓球男子単でクロアチアのプリモラッツ選手がベスト8に入った。１９６９年生まれの彼は88年ソウル五輪で、ユーゴ代表としてセルビア人のルプレスク選手とダブルスを組み銀メダルに輝いたが、その後クロアチアとセルビアの民族紛争のためペア解消。練習場を求め歩く状況となる。六大会連続出場の五輪で、以後メダルは得ていない。8月23日付朝日新聞によるとプリモラッツ選手は「昔の相棒と一緒ならもっとチャンスはあったんだろうけど。政治には逆らえない」と語った。オシム氏は前掲書で、スポーツに対する政治・経済の優位と、メディアの情報操作で国民が「狂い出」し戦争が始まったことを述べている。

北京五輪開会式で、ボスニア・ヘルツェゴビナの入場のときNHKテレビは「スポーツを通じた和解の試み」と言った。和解の実現を望む。選手の、過酷な環境での向上心の継続に敬意を表しつつ。

引用した卓球シーンの直前は次の通り。

ブルノとネナドは青ざめた遺体を見つめ、あくびをすると、隣の部屋に行ってチェスをした。セルマは彼らに通夜用のトルココーヒーとパイを出した。コーヒーの誘うようなこうばしい香りに、イヴァンはひと口欲しくなった。飲みたくてたまらなかったが、願いはかなわず、それでも、その狂おしい欲求がかなわなかったおかげで、意識がいくらかはっきりした。チェスを指すふたりは、駒を内側が空洞になっているチェス盤に打ちつけ、イヴァンの棺と体はその音に共鳴し、まるで彼自身も空洞であるかのようだった。チェスをするふたりはリビングルームに戻り、棺をダイニングテーブルから下ろし——卓球台だ——窓際の二脚の椅子の上に置いた。ブルノとネナドは二時間ほど卓球をして、ときどきボールが棺のなかに落ち、イヴァンの鼻や耳たぶに当たった。痛かったが、彼にはどうすることもできなかった。

ほら、イヴァンは死んでなんかいません。「空洞」が胸をうつ。とは言え、私のように同情的に読まずに、笑いながら読みたくなったら、それもいいと思う。誇張表現の作品として、超現実の人生として……。それでも、背景の現実が消えることはない。

この状況で二時間も遊ぶとは、旧ユーゴ時代から人気の、本当に楽しいスポーツなのだ、卓球は。
——このくらいの結論を表明してみせなければ、この小説の紹介文として、立つ瀬がない。

（季刊『卓球人』２００９年3月第38号・6月第39号　初出）

追記

１９６５年にユーゴスラビアのリュブリアナで世界卓球選手権大会が開かれている。女子シングルスで中国の林慧卿を破って優勝した大学三年生の深津尚子選手（ファンだった私は当時のブロマイドを持っている）が、リュブリアナの町の印象を「世界選手権に参加して」に記している（66年刊『慶應義塾大学卓球部史』所収）。「洗練された」「雪のアルプスを背景にしたきれいな町」の「いたる所にチトー大統領の写真が飾って」あることについて述べる一節だが、右の小説の時間と重なると思うと、その短い記述が時代を見せて重く迫ってくる。

クリスティアーノ・ロナウドの卓球

ＦＩＦＡ（国際サッカー連盟）の年間最優秀選手とバロンドールに何度も選ばれているポルトガル代表ＦＷのクリスティアーノ・ロナウド選手は、卓球が大好きだ。好きなだけではなく強い。強いだけでなく、卓球をサッカーに生かしていると言う。マンチェスター・ユナイテッドのチームメイトだったリオ・ファーディナンドに卓球で負けた時、いとこに卓球台を買いに行かせて二週間みっちり練習し、皆の前でファーディナンドを倒した、と同僚が語っている。スポーツマンのご多分に漏れず、負けず嫌いである。

以下、四冊の本より引用する。

『クリスティアーノ・ロナウド　ゴールへの渇望』

（ルーカ・カイオーリ：著　タカ大丸：訳　２０１３年　実業之日本社）

クリスティアーノが「情熱」を燃やすもの。フットボール 卓球 陸上競技 テニス 水泳 音楽……

卓球が二番目に置かれるのは実態に合っている。

さて、ロナウドのトレードマークと言えば、つま先で蹴るフリーキック。

『最強　クリスティアーノ・ロナウド読本』

（C・ロナウド：述　安藤正純：訳　２００９年　東邦出版）

フリーキックのときはゴールネットのどちら側を狙うかだけを考えている。～中略～

あの無回転フリーキックは、スポルティング・リスボンのユース時代に卓球から学んだんだ。コーチのレオネル・ポンテスに俺はよく、「ボス、見てよ。ラケットでこんな風に打つとボールがこんな風に飛ぶんだ」と説明したもんだ。たしか13か14歳くらいだったな。当時は誰も卓球で俺に勝てる者はいなかった。サッカーも同じように、どんな風にボールを打てばどの方向に飛ぶかを正確にわかっているんだ。

名手がプレーの秘訣を言葉で表すと、このようになる。スポーツ選手の鍛錬はこの境地を目指している。次の本はもう少し分析的だ。

『クリスティアーノ・ロナウドの「心と体をどう磨く？」』

（ルイス・ミゲル・ペレイラ、ファン・イグナシオ・ガジャルド：著

タカ大丸：訳　２０１５年　三五館〈現在は扶桑社刊〉）

フットボールに重要なことはすべて卓球が教えてくれる。

クリスティアーノ・ロナウドの自宅には卓球セットがある。幼い頃からの趣味であり、彼は卓球の達人でもある。～中略～　クリスティアーノなら、このスポーツでも一番になれただろう。じつは卓球の名選手になる条件には、名フットボーラーになるために必要な条件と重なるところが多々あるのだ。

卓球に必要な才能とはどのようなものか。体育学で学位を取得したジョルジュ・リナレスとジュスト・ゴメスに説明を求めた。～中略～「選手はコンマ数秒のうちにボールを分析し、次の動きを決めて正しい反応をしなければなりません。それにはコーディネーション、反応速度、動作速度、瞬発力、筋肉の耐久力が求められます」

こういった特徴をクリスティアーノ・ロナウドに見て取ることは決して難しいことではない。同じく卓球選手の能力を研究しているメキシコ人のホルヘ・ルイス・エルナンデスによると、卓球とフットボールの間にはだれにも否定しようがない類似点が多々みられるという。「卓球には認知機能が必要となる。技術・戦術・心理などの幅広い要素が求められるからだ。つまり卓球選手はつねに特別な新情報を入手したうえで肉体的訓練を重ねることが必要となる」

卓球選手の活動は「コーディネーション強化、非常に速いペース、加速・瞬発力、プレーエリア全体に広がる攻撃に対する高い集中力などが組み合わさった複雑な能力」によって行われるという。こう並べていくと、卓球がクリスティアーノに大きな贈り物をしてフットボールに寄与していることは間違いなさそうだ。

この本を読むと、卓球選手がどういう練習をすればいいのか示唆を与えられる。再確認もできる。サッカー観戦への興味が弥増す。

『MOMENTS――クリスティアーノ・ロナウド自伝』（西竹徹：訳　２００８年　講談社）

スポルティングの卓球監督からプロにならないかと何度も誘われたというエピソードが書かれている。「右手でも左手でもプレーできる」稀有な人材を卓球界は逃すことになるのだが。

そしてこの本には、ロナウドの卓球をする姿がカラー写真で収められている。レベルの高さがわかる写真である。

（『卓球王国』２０２０年６月号　初出）

追記

２０２２年のW杯カタール大会では、日本のＤＦ板倉滉選手が気分転換に卓球をやっていると報道された。「僕、結構強くて……二人で熱くなりながら」よく対戦していた選手がいるという。誰だろう。いずれロナウドを交えて決戦をしてほしい。審判に呼ばれれば出掛ける用意はある。

『つるとはな』第４号　（株）つるとはな 刊

雑誌、２０１６年12月刊。「ピンポンのない人生なんて」という目次の一例が新聞広告に載っているのを見て本屋に走ると、表紙の写真の緑がいい感じだったので購入した。

開いてびっくり、「平野美宇　自分で考えてがんばるんだ！」のページもあった。6ページにわたり、平野選手の、試合場では撮れないであろうカラー写真が6枚。記事の量より多くを占めている。ユニフォームと卓球台と防球フェンスの青系に、ラバー片面と床の赤が少し加わり、そこに選手自身がなじんで、みごとに主役を張る。背景も申し分ない。〈写真・久家靖秀〉

そう気づいて他のページを繰ると、人も風景も家具も料理も畑の野菜も器具も仕事場も遊び場も、この一葉こそが撮られるべくして撮られたと思わずにはいられない写真ばかり。そういう素晴らしい雑誌なのだ。雑とは、色が混ざったものを表す語である。雑誌とは『つるとはな』のためにある言葉か。

平野選手の写真と並走するインタビュー記事も明るい。リオオリンピックのリザーブ選手の経験について聞かれ、サポートとしての役目を果たし、選手の気持ちにもなれた、プライドが高すぎる性格を直したい、と前向きの発言。「いろいろな人と普通にしゃべれる世界チャンピオンを間近に見て、そういう人に私もなりたいと思いました」。W杯アメリカ大会で日本人初のシングルス優勝の年。記事は練習場の壁の張り紙で締める。「負けたら終わりではない。やめたら終わりだ」。

「ピンポンのない人生なんて」は12ページに渡る。これも記事の引用をさせていただく。〈文・山崎陽子　写真・高橋ヨーコ〉

「脳の機能をアップし、老化防止も？　発祥の国、イギリスではピンポンの効能が注目されています」と始まる。

ロンドンの北東の静かな町のジョイス夫妻の家では、ガレージが卓球場。6年前のクリスマスに娘たちが卓球台をプレゼントしてくれた。近所の子供たちが遊びに来たり、井戸端会議の場所になったりの、ほのぼの和やかな〝ジョイス卓球場〟。「ピンポンはただのスポーツじゃない。いろんな人とつながれる、ソーシャルなアクティビティなの」。

ロンドンの中心部に2つのピンポンバー&レストランを有する「バウンス」は曜日によっては3ヶ月後まで予約がいっぱい。日本の研究者の論文を参考に、認知症の症状改善のためのセラピーが研究されている。論文は『リハビリテーションにおける卓球療法の効果 中枢神経疾患患者に対する理学療法への試みとして』（森照明、佐藤智彦、佐藤眞一著　１９９８年）である。これを基に、卓球実践上の具体的な方法が書かれている。

ロンドン北部のエンフィールドには、イギリスでも数少ない卓球専門クラブの一つ「エレンボロテーブルテニスクラブ」がある。ここにも様々な人が集まる。その一人、元公務員が言う。

ほかのスポーツが長く続けられたのも、12歳から続けていたピンポンのおかげ。細かな動きや瞬時の判断などは、42歳までやっていたサッカーのレフェリーでも役に立ちました。

明日もし死ぬことになったら、今日までピンポンができたことを神に感謝するよ。

「人生の先輩に聞く」をコンセプトにした雑誌の面目躍如。すがすがしい、魅力あふれる写真の数々が掲載されている。

『卓球王国』のライバル誌かと見紛う、素晴らしい雑誌だった。

『見えないスポーツ図鑑』 伊藤亜紗 渡邊淳司 林阿希子 著

晶文社 刊

卓球を「見るスポーツ」としても評価した記事を書いたのは、第一回世界選手権が終わった翌日、1926年12月13日のザ・タイムズ紙だった。「世界中で行われているあらゆるスポーツの最高のものは、万難を排してでも見る価値がある。近代卓球もまた、同様である」。(藤井基男著・卓球王国刊『卓球 知識の泉』)

『見えないスポーツ図鑑』は、これまでに出会ったことのない珍しいスポーツ本である。10種目のスポーツが「翻訳」されている。

第4章「卓球を翻訳する」では、一人が鍋蓋(落し蓋)を片手に持って胸の前に立て、二人がスリッパで蓋の縁を叩いたりこすったりする。何をしているのか。日用品を使って、卓球の競技者の身体感覚を共有できるかどうかの実験である。卓球をテレビなどで見る人が増えてきたが、息つく間もないラリーの応酬の速さにだけ目がいって、何が起こっているのかわからないという人が多い。そこで、視覚だけではない、聴覚と触覚で知ってもらおうというわけである。そこから、卓球とはどんなスポーツかを探っていく。試合の「観戦」から「感戦」へ。研究のきっかけは、視覚障害者とスポーツを観戦する方法を探ることだった。言葉で説明できなかった卓球の打球感の変化が、触覚で伝わる。

実験には吉田和人氏(日本卓球協会スポーツ医・科学委員会委員長)も参加。卓球プレーのわからなさのポイントである回転についてのレクチャーがあり、手に持つものはペットボトルがいいかゴムホースでどうかと試行錯誤の実験を続けて、鍋蓋に到達した。研究員たちは「持ち手が不安定だから、打たれたらけっこう〝動く〟のも面白い」「回転も強弱もよくわかりますね」「打たれた時に、〝飛ばされるかも〟という不安定な感じが面白いですね」という体感の表明。

相手選手の予備動作からボールの軌跡までの視覚情報、打球音の聴覚情報、自分のラケットに当たった時の触覚情報。これらは選手に必要なものだというところに読者は戻る。吉田氏は研究員たちの他の言葉も受けて言う。

なるほど。「見る」スポーツとしての卓球は、観戦者が抱く「これからどうなるのか？」という感覚を、もっと引き出せるとさらに面白くなるのかもしれませんね。この落し蓋（鍋蓋）は、卓球の世界に〝巻き込まれ〟て、そこで何か対応しなければならない、という状況になっていますから。

観戦者が深いレベルで競技者の感覚に近づくということか。

ところで、他の「翻訳」されたスポーツ9種目は、ラグビー、アーチェリー、体操、テニス、セーリング、フェンシング、柔道、サッカー、野球である。本書の最後に「〝翻訳〟から考える競技の再分類」という項がある。各競技の性質ではなく、今回の翻訳結果からの分類である。

「連続反応系」「ターン交代系」「決め打ち系」の3分類のうち「ターン交代系」に、テニス、卓球、体操が入る。なぜ体操か、他の2分類にはどの種目が入るか。クイズにするには詳しい説明が必要であるが、これで本書の紹介を終わる。書店に行ってもらいたい。

著者の肩書。伊藤氏は美学者、東京工業大学（現・東京科学大学）科学技術創成研究員未来の人類研究センター　リベラルアーツ研究教育院准教授。渡邊氏はNTTコミュニケーション科学基礎研究所上席特別研究員。林氏はNTTサービスエボリューション研究所2020エポックメイキングプロジェクト主任研究員。なお、伊藤氏は本書刊行と同じ2020年10月に、講談社選書メチエから『手の倫理』を出版して、「ふれる」と「さわる」の感覚の違いなどの触覚をモデルとした、他者との関わり方を論じている。また、文藝春秋刊『体はゆく』では、VR空間でのスローモーションによる卓球の練習も示しているという。

卓球手ぬぐい

江戸時代初期創業の京都の老舗手ぬぐい専門店「永楽屋」が、たまたま見ていたテレビで放送された。会社・工場を訪ねる番組だった。卓球を描いた手ぬぐいが二種類、ちらっと映った。永楽屋代表の十四世細辻伊兵衛氏は元卓球選手で、卓球台を使った「スマッシュアート」なるものの実演も見せた。これはもう手に入れなければならない。注文するとすぐに届いた。美しい絵柄の手ぬぐいで手をぬぐうのがもったいなくて、壁に張って眺めている。1931年「舞妓さんのスポーツシリーズ・さぁ一本！」の復刻［口絵参照］。中村貞以画伯の名画「待つ宵」（1933年）を思い出す。

もう一種は「舞妓さんの卓球」。２０２２年制作。［表紙カバー・口絵参照］

さらに一点、手ぬぐい専門店「kenema」の「鳥獣戯画 卓球」。２０１９年制作。京都高山寺の12世紀の『鳥獣戯画』が私は大好きで、東博の二度の展覧会で鑑賞した。立ち止まれない、歩きながらの（あるいは動く歩道に乗っての）鑑賞だったが、巻物の終わるところで拍手をしないではいられなかった。舞台芸術や席上揮毫や映画のように演者が見えているわけではないのに拍手をするなんて初めての経験だった。手ぬぐいでは、その兎や蛙たちがラケットを持って、足を踏ん張っていろいろな形で卓球をしているのである。ダブルスもあれば、座頭市のようなバックハンドもある。ボールの軌跡が線であらわされているのは、原画で蛙が口から吐いている気の線を思わせる。［口絵参照］

『鳥獣戯画』は漫画の祖とも言われる。ロシアでは今、日本の現代の漫画だけでなく『鳥獣戯画』など絵巻物も人気だそうである。このような文化・歴史に心を引かれる両国の人々は平和を目指す力になれるはずだと思う。戦争を止める力。戦争をしない力。

映画『ミックス。』脚本・古沢良太《こざわりょうた》　監督・石川淳一　２０１７年公開

人は、思わず夢中になってしまうことがある。思わず、と言っても意識の奥には理由がはっきり

あるだろう。思わず、人に惹かれたりする。一方、それ自体の魅力を知る前に、別の理由でそれに取り組み始めることもある。この映画の登場人物たちのように。

卓球場に足を踏み入れると何かが動き始める。卓球クラブに人が集まると何かが変わり始める。何かが覆る。映画『ミックス。』は、あっという間の二時間だった。引き込まれた。

以下、私の感想を記して、映画をまだ観ていない人への案内と、観た人への問いかけとしたい。前号の、素晴らしい写真集に搦め手から入ったような戯れの要素を封じて、今回は実直に。※

主人公、元天才少女の多満子〈新垣結衣〉が失恋して会社を辞める。自分の黒歴史と言っている卓球に対する思いは変わるか。元プロボクサーの萩原〈瑛太〉が卓球を始める理由は何か。継続する理由は……。二人はそれぞれがどん底の状況のときに最悪の出会い方をする。萩原は電車内で制服の女子中学生たちに近寄り、ジロジロ見る。その行動の真意を観客は後に知る。

農家の中年夫婦が卓球を始める。そのきっかけは何か。卓球は二人の仕事とどう関わるのか。若いセレブ妻が卓球を再開する。夫に変化はあるか。

不登校の若者が卓球チームという居場所を見つけて、対人関係に変化が生まれる。関わりを離れた孤独は、ときに人間の深奥を見せ、ときに憎悪を醸成すると言われるが、引きこもる若者が外に開かれて変わるのは良いことだと思う。

中華料理店を営む中国人二人にも、主人公たちとの卓球を通じて気持ちの転機が訪れる。多満子の父親の「借金」発言も含みがあり、動く。

卓球選手として活躍した男性が女性に転換するが、卓球への情熱は変わらない。これは大きな変化と不変化。生意気な小学生ペアの鼻が折れることもある。フラワー卓球クラブには、萩原から離れていた妻子も来る。何かが変わる予感が満ちる……。

「チョレイ」という掛け声は、脚本に書かれたときはまだ一般には知られていなかったが、現実の世界卓球での日本選手の掛け声がテレビ放送で広く知られるところとなり、うれしい誤算だったとの制作者のことばがある。卓球の社会的受容も変化し続けている。

この映画は、卓球の試合のように変化の連続である。「その球技は、人生におけるいくつかの真理を教えてくれる」とナレーションが入ったとき、私は卓球の多彩な技術（回転・スピード・落点・タイミング）と臨機応変の戦術、それを支える体力・気力・知力を人生に結び付けて分析しようとして、やめた。それは、クラブ内外の関わりを含めた総合的なひろがりの中で教えられるもののことであろうし、上質の軽快なロマンティックコメディを私は充分に楽しんでいたのだから。

暇を持て余した元ヤンキーのセレブ妻が、自己決定の生き方を呼び覚まして（？）卓球を再開する。試合を見た夫の前で、たぎる思いを抑えて、夫の理解の裁定を待つ。その控え目な、けなげな〈広末涼子〉の立ち姿に、私は釘付けになった。そのあと、じわりと泣いた。

一番楽しかったのは、稚気あふれる水のシーン。萩原をいびる職場の冷たい人間関係を解き放つ、暖かい雪解け水。

多満子は、萩原と一緒に元カレ・卓球王子の猛練習を垣間見て、スポーツマンの健全な精神を取り戻す。前向きで明るい、再生の場面。スポーツ映画の深みが増す。元カレは、ただの憎まれ役ではなかった……。

萩原が多満子の足の手当てをする姿は、元ボクサーという背景を私に印象づけた。球技と違って相手の身体を互いに打撃しあってきた、そして手当てのスキルを身につけたボクサーが、多満子の身体の不調を気遣う、静けさ。二人の情の交流が聞こえた。

電車内でのシャドーボクシングの構えも、筋書き上、見落とせない。レストランで多満子の元カレに言うセリフにジーンと来る。あたたかいストレートパンチが胸に迫った。友情、球情、恋情。二人の恋についてはここに書かない。〈瑛太〉の絶妙な間合いのセリフをひとつだけ。

「好きになっちゃったのかもな……〈間〉……（略）」

俳優の瑛太氏は2020年1月、本名の「永山瑛太」に改名。ここでは映画公開当時の名前で示した。この映画の脚本をアレンジして小説化した山本幸久・著『ミックス。』は、新たな内容を加えて、映画とは少し趣きの異なる作品として楽しめる。

（『卓球王国』2021年1月号　初出）

追記

古沢良太氏はテレビドラマの脚本でも活躍され、私は2023年NHK大河ドラマ『どうする家康』を毎週心待ちにした。注※「前号」とあるが本書では掲載順を逆にして次の項に置いた。

富安隼久《とみやすはやひさ》写真集『TTP』

『卓球王国』２０２０年８月号の『浅葉克己のひとりピンポン外交』で知った写真集。居ても立ってもいられず購入した。ＭＡＣＫ刊。

ＴＴＰとは卓球台を表すドイツ語（Tischtennisplatte）で、富安氏がライプツィヒの学生寮の窓から、公園の隅に置かれた卓球台を五年（２０１２～16年）にわたり、定点観測した結果の写真集である。卓球人として感想を書いてみたい。

卓球をしない卓球台（に集う人々）の写真ばかりである。表紙は、閑かな、穏やかな休息の雰囲気。しかし、ページを繰っていくと、静穏と受けとめていた空気が不穏なものに変わっていくのを感じた。だれも卓球をしていないからだ。

卓球台に寝ている。たくさんの人が台に座っている。荷物置き場にしている。靴のままネットをまたいで歩いている（この動作が許されるのは１９５６年の世界選手権で富田芳雄選手の絶妙のストップを懸命に取りに行って勢い余って台に乗ったバーグマン選手だけだ[1]）。そして、だれもいない卓球台。

絵画で椅子が一脚描かれたら、そこに座るべき人を喪失した表現となる。ゴッホの『ゴーギャンの椅子』のように。日本で人の不在を悲しむ心は俳句を生む。

人去って椅子揺れ残る晩夏光

鷲尾きくえ・句。『ＴＴＰ』は卓球プレーヤー不在の表現。

＊

写真集の発端は狐との遭遇と言う。狐に導かれて卓球台と出会う。

私は、ウサギに導かれて穴に飛び込んだ少女の物語『不思議の国のアリス』を読み返した。「テーブルはずいぶん大きいものでしたが、みんなは一つのすみっこにかたまってすわっていました[2]」。この文を私は読み違えた。テーブルの上のすみっこにすわっている、と。写真集のせいである。

しかしこの不思議な物語のおかげで思考が転回する。卓球をするために不可欠の用具を一つだけ挙げるとしたら何か。それはボールでもラケットでもなく卓球台だ。台がなければ卓球はできない。台があればボールの往来が見える。卓球人の広い心と想像力が甦った。

アリスのウサギはチョッキを着て時計を持ち、物語の世界に誘うが、狐は現実の動物だった。にもかかわらず写真集にも物語が見えてきた。一枚一枚の背景を仲間と語り合う楽しみが生まれた。

私に天啓が訪れた。

日本画で、垣根や建物を描いて人物を描かない「留守絵」は、鑑賞者に人物を描かせる。美しい衣の袖が衣桁《いこう》に掛かっている様を描く「誰《た》が袖図屏風《そでずびょうぶ》」もそれを着る人を一人ひとりに想像させる。さらに私は、歌舞伎の「人形ぶり」を思う。役者が人形のように表情を抑え、恋人への熱情、あふれる思いを逆説的に表現する。『ＴＴＰ』は卓球プレーへの熱情を抑えた写真集。だから私はボールのない台にラリーが見え過ぎる眼を持った。

因みに、文楽人形遣いの名手、桐竹勘十郎氏は卓球が好きで、コロナ禍の休暇中に自ら台を作り、夫婦で上達したそうである。

安寧を（写っているものを見る勇気を）得ると、一枚一枚の物語の他に、並ぶ順番の関係性、つながりに興味が沸いた。これも物語。

表紙をめくると、台の上で腹這いになる人。リラックス感を表紙から承けている。以下、卓球プレーと違う寛ぎの空気が続く。私は、シルヴァスタインの『おおきな木』を想起した。少年の望みに何でも応じる木の寛大さ、喜びを。

台の下で雨宿り。木漏れ日を映す台。鳥が降り立つ。夜陰。雪化粧。春の花。人が変り季節が移る。

これは日本古来の「連句」だ。最初の五七五（発句）が詠まれると別の人が七七の句を付け、また別の人が五七五で応じ、七七、五七五とはこんでいく。独吟もある。

私も練達の指導者（捌《さば》き）のもとで三十六句の歌仙を巻く会に遊んだことがあったが、前句の意を汲んで連想を働かせ、別世界の句を作っていくところが難しく、楽しかった。鑑賞者であり表現者。ここに試合の流れを見て戦術を学ぶ自由も卓球人にある。相手と自分。

『ＴＴＰ』の構成の変化に編集の妙を見つけて語り合う楽しさ。卓球プレーも脳裏に宿る。

私は自分の想像力に肉付けをするために、この卓球台で打ちたいと思った。

しかし最後（挙句《あげく》〈3〉）の百十枚目の写真を見てドイツ行きをやめた。代わりに金沢21世紀美術館でプレーすることにした。

（『卓球王国』２０２０年12月号　初出）

注〈1〉口絵参照
〈2〉ルイス・キャロル 作　脇明子 訳　岩波少年文庫より
〈3〉連句の最後の句

「ピン=ポンド・テーブル」 ガブリエル・オロスコ 制作

メキシコ出身の現代美術作家、Gabriel Orozco氏が制作した《Ping-Pond Table》で卓球をするため、2020年9月、所蔵館である金沢21世紀美術館を訪れた。東京駅から乗った北陸新幹線は、未曽有のコロナ禍ゆえ、乗客がまばらだった。

卓球ができるのは、コロナ禍で三か月に短縮された特別展期間のうち、第2・第4土曜日のみ。1回20分ずつ、四人で遊べる。（制作者は八人でもプレーできると言っている。）私は前日の午後、下見に行った。エッセー連載中の『卓球王国』に体験を書く予定と伝えると、この日は取材として迎えられた。広報室長はじめ職員が開館中の会場に案内してくれて、写真撮影も許可された。規則によりボールを打つことはできなかった。

翌朝、開館前に美術館入口に並んだ。一日10回なので四十人しか体験できない。私より早く一家族が来ていた。ご夫婦に子供二人の四人だから、私は後ろに並ぶ人とまず仲良くした方がいいかとも思ったが、上の子が活発な小学生の男の子なので、動きにつられて言葉を交わすようになった。そのうち、列ができた。

《スイミング・プール》

と言っても、列の目的は当美術館常設の人気作品、レアンドロ・エルリッッヒ制作《スイミング・プール》の「内部」に入ることだった。開館前に入口係員からまずそちらへと、私も促された。前日の下見の際、館内に長い列があって、一時間待ちと聞こえていた。私の目的は違う、と思った。

五人目に入館すると、後ろの人は皆プールに急いだ。四人家族と私は卓球の受付簿に名前を書いた。そして卓球プレーの時間まではと、プールの「内部」（底）に行った。目的ではなかったが今なら待たずに入れると聞いて、それならばと人気に足を引かれた。現実のプールは知っているから、その底に着衣のまま立つ体験は想像の範囲内のはずだった。しかし不思議な感覚を得ることになった。（H280・W402・D697cm）

天井の「プールサイド」には、下にいる私（たち）を見る人（たち）がいる。珍しいプールの「内部」にいる私は、天井の外に揺れて輝く太陽光と人を見ている。私の横にいる人は何を見ているか。上下の私たちが作品の一部になっていることに気づいた。作品が作品を見ているのか。人と人の間に何かが起こっているのか、人とモノの間なのか、この分類は無意味なのか。この感覚は何だ。

奇妙な感覚が思案をどこか別のところに運ぶのかはわからないが、プール体験の最中は、開館前から気に掛かっていたこと――私は誰と卓球をやることになるのかという難問――が気にならなくなり、たやすく解決するような気分にさえなっていた。珍しい感覚に気を取られていただけなのだろう。気分は予感に成長し、その予感は的中する。的中というほどのものではない。

《ピン=ポンド・テーブル》

変形卓球台《ピン=ポンド・テーブル》の制作は1998年。高さ76・7cm、幅424・5×424・5cm。四つ葉のクローバーのような形と色で、葉の部分がプレーイングサーフィス。ただ、四つ葉の中央に正方形の水槽（池pond）があり、蓮の葉と花が顔を出している。（観葉植物好きの人には、葉の中央に水が溜まっているという点で、ネオレゲリア・チキータリンダの様な卓球台、と言えば良いか。）ネットはない。ネットは、あったとしても四つ葉風の形状によって機能しないし、

各コートの距離感がもたらす打球時の心理と、後述するそもそものプレーヤー心理によって、不要である。［口絵参照で説明落着］

四人家族の三人と私がプレーすることになった。お母さんは写真撮影をするつもりで来ていて、私のために身を引いたのではないと言う。私は後ろの人たちとプレーすることも容易にできる（難問ではなかった）のだから言葉通り受け取った。私の左側にお父さん、正面に男の子、右側に女の子。借りたラケットを手にみんなスタンバイ。最初のサーバーは卓球人である私だと使命感を強く感じて打った。

ところが正面のコートに届かなかった。ゴルフでいう、池ポチャ。蓮の池に浮かぶ白い小舟、などと優雅に眺める余裕はなかった。使命感より打球感を強く感じて打つべきだった。自領コートに弾ませたボールはあと一歩、向こう岸手前で頓挫。グリーンが遠かった。距離を考えればドライブの掛け合い練習のときのように直接打ち込むべきだった。決められたルールは何一つない。どのコートに打ってもよい。

係員が新たにボールを手渡ししてくれる。マルチボールシステムだ。私は一流選手のような気分になり、気を取り直すことができた。正面に送ると小学生の男の子はなかなか上手だった。お父さんも敏捷な動きで、ボールが今どこにあるかを注視しながら打つ準備をしていることが分かった。右側の女児は幼くてまだ打ち返せない。空振りが続くと、コートを離れてしまった。それを横目で見た私はあることを思いついた。

今度ボールが来たら、空席となった右側のコートに山なりに送って、そこへ走り、自分が連続で打とうと考えて、実行した。ところが私は三回連続で打つことになる。

クイズ★　私はどうして三回連続で打つことになったのでしょう。

さて、《ピン＝ポンド・テーブル》の卓球では、だれでも初めての状況に置かれることになる。それは池ポチャの可能性であり、クイズの答えも一つの（稀有な）要素と言える。基本的な状況としては、三人の相手が打ち返し易いように、弱い回転とゆるやかなスピードのボールを、できるだけ安定したリズムで送ろう、と自分に言い聞かせる心境になるということである。相手が打ち損じたら自分の責任だとまで思う心境は普通の卓球練習では生まれない。顔の向きと送球方向が違うような技はもちろん使う気にはならない。ネットがないからといって、ゼロバウンド打法も発想しない。強烈なカットもカーブロングも封印。ここでは、相手という言葉もふさわしくないのだろう。とにかく続けることが目的になる。競技としての卓球を経験してきた私の感想である。

違う次元のプレーとして、このテーブルで日本代表級選手四人による高速ラリーを見てみたい希望はある（四人の息を合わせるのは難しいぞ）。いや、それは場違い、筋違い、お門違いだ。トップ選手なら、ここは勝利を競うことに疲れてしまったときのリハビリ卓球に向いている。幾何学的図形構造ではあるものの、蓮池とクローバー風コートは室内に作られた自然の一部のようだ。そして台が設置された会場自体が広々として、周囲の白壁にはオロスコ氏の写真作品が展示されていて、華やかである。その環境がプレーヤーを朗らかにする。傍らを通る人たちの視線による少しの緊張感は、日常から離れさせてくれる役割で、心地よい。

言葉にすること

最初のサービスミス、池ポチャのボールを「優雅に眺める余裕はなかった」のに「蓮の池に浮かぶ白い小舟」という言葉が書けたのは、右の環境によるのだろう。いつ浮かんだのかわからない（舟ではなく言葉の方です。言葉の海を渡るには舟が必要のようですが）。クローバーとボールだから、白い小舟より白い小花、シロツメクサの花が咲いた、の思いが先に浮かんでいたかもしれないが、見立てに飛躍がなく、花では浮動のイメージが薄い。蓮池なのだから、クロード・モネの名画に迷い込んでいると楽しむこともできたなあ。

前段落には卓球人として池ポチャの無念を引きずっていることが見え隠れする。〈水面にピンポン玉〉という珍しい光景を見た瞬間は、さらに別のイメージがあったような気もする。思い出せないでいたが、２０１５年にオロスコ展を開催した東京都現代美術館が監修してフィルムアート社が発行した『ガブリエル・オロスコ　内なる複数のサイクル』を後日手に入れると、興味深い作品と論考に出会えた。（私はこの展覧会を見逃していた。）

戸外の市場のいくつかのテーブルにオレンジだけが一個ずつ置かれた光景を撮った写真作品《クレイジーな観光客》について、西川美穂子氏は梶井基次郎の小説『檸檬』を引き合いに出し、「青年は、ふと手の中にあるレモンが放つ鮮やかな色と清涼な香りに気づく。そして、実態あるもののそのすがすがしさに打たれ、マチスやピカソなど、積み重ねた美術書の上にそっとレモンを置く」「本の上にレモンを置くという一つの行為、ものの配置を組み替えるというちょっとしたいたずらが、世界を一変させる想像に結びつくエピソードである」と説く。同じく写真作品の《レモン・ゲーム》はチェス盤のマスに、切り分けたレモンが載っている。《水の上のボール》のボールはピンポン玉に見える。池ポチャのボールは私の仕業だ。実は無念さはすぐに消えて、「実態あるもののそのすがすがしさに打たれ」ていたような気がしてきた。みごとな作品の現場で感じたのはそのようなものだったかもしれない。

ルールは何一つない、と私は書いた。作者オロスコ氏は「子どもの頃、ゲームを作って遊んでいたのですが、自分で作るゲームが一番気に入っていました。どこかで覚えてきたゲームを違うところでアレンジするんです」と語り、具体的なスポーツに言及する。自分の絵画を「僕が独自のルールで思いついたゲーム」とも語っている（前掲書）。私の池ポチャのあと、しばらくして今度は私の近くに池ポチャしたボールを私が（まじめな習慣で）拾い上げて打とうとしたとき、係員に制止された。濡れたボールを作品に打ち付けるわけにはいかないのだと思った。係員のルール。だからマルチボールシステム。ということは、私に向けて打たれたボールが台を外れて床に弾んだものをテニスのように打ち返してラリーを長く続けようとしたプレーも、マナー違反だったかもしれない。（係員の制止は、水面の変化した新しい景色を味わうための演出か、と今では考えている。）とにかく楽しかった。

ここでクイズのヒント。私の第2打は正面のお父さんに向けて打った。（その他のヒントはすでに書いてある。）

蹴鞠

複数のプレーヤーの一員として力を合わせてラリーを続けようとした体験は、同じ目的を持つ蹴《け》鞠《まり》を思い起こさせた。日本の古代から、貴族を中心に流行したスポーツである。

遊びとして、社交として、文化生活の楽しみ・嗜みとして、格調高い芸能として、天覧の蹴鞠の会も頻繁に催された。鎌倉時代の後鳥羽上皇は優れた鞠足《まりあし》（プレーヤー）としても特に有名である。

私は、かつて監督として参加した全国大会の卓球会場で偶々、天皇、東宮、東宮妃と計四度接する機会があり、一度は私の前でプレーもされ、いろいろ質問されることにもなんとか答えたのであるが、こういう方々は卓球への関心の中で、文化としてのスポーツをどう捉えるのだろうかと考えた。文化としてのスポーツとは、人の精神的生活にかかわる部分におけるスポーツの意義というような意味合いである。

以下は、谷釜尋徳著、吉川弘文館刊『スポーツの日本史　遊戯・芸能・武術』より引用させていただく。「（鎌倉幕府二代将軍）頼家が参加した蹴鞠の会で九五〇回という大記録が打ち立てられた」と伝わるが、「鞠の上がった回数だけを問題にするのではなく、精神文化の側面も強調された」。「家元は蹴鞠が上達するための合理的な方法論も提供している」。そして、次の叙述は読者を歴史の現場に誘い込んで目撃者にしてくれるような実況的逸文である。

中世の蹴鞠には掛け声もあった。仲間内の意思疎通がなければ、鞠を蹴る準備が整わずにミスキックが発生したり、鞠が鞠足の間に落ちる〝お見合い〟も起こってしまう。一人が連続して鞠を扱うのは三回のキックである。中世の蹴鞠では、ボールを受け取る時（一回目のキック）は「オウ」、自分で鞠を蹴り上げる時（二回目のキック）は「アリ」、次の鞠足に送球する時（三回目のキック）は「ヤ」と声を掛けた（渡辺融「公家鞠の成立」）。鞠足たちは、声の連携によってミスを減らそうとしたのである。

蹴鞠の基本的な競技空間は四本の懸《かかり》の木を結んだ内側だったが、そこから鞠が飛び出せば、場外まで追いかけて蹴り上げるエキサイティングな場面も生じる。中世には、こうした不測の事態に対応する動き方も用意されていた。ミスキックや、鞠が懸の木に触れて思わぬ落ち方をした場合を想定した仲間内のフォーメーションである。これを「縮開《つめびらき》」と呼んだ。

私は《ピン＝ポンド・テーブル》で（三種類の）掛け声こそ挙げなかったが、右の二項は「三回」「不測の事態に対応」により、私にとって最も重要な引用となった。クイズの答えを明かすときが来た。私の第2打は池をぎりぎり超えてエッジボールとなり、大きく跳ね返って来たのである。不測の事態。ふだんの卓球で、相手が打ったエッジのボールを返球したことはあるが今回のような返球はもちろん初めての経験だった。自分のコートに戻ってきたボールをどこに向けて打ったのか、記憶がない。そのあとも続いた記憶はある。

実は故意にエッジをねらったのだろう、と思う向きがあるだろうか。残念ながらその企画の創造性と実践の技量は私にない。（もし第2打が2ミリ先へ飛んでいたら上空に上がって、高飛び込み選手のような池ポチャとなり、逆に2ミリ手前に当たっていたら、競泳選手のように池に直行だったであろう。今思うに、〈2022年サッカーW杯の〉三笘の1ミリならぬ、田辺の2ミリである。2という倍数に己をわきまえた謙虚さが見える。）

私は自分一人のプレーだけを記したが、八人の鞠足の「縮開《つめびらき》」を詳《つまび》らかにしたい人はぜひ『スポーツの日本史　遊戯・芸能・武術』を手に取ってほしい。図解が載っている。

芸術的視点からのスポーツ

ところで、金沢21世紀美術館の特別展のタイトルは「de-sport: 芸術によるスポーツの解体と再構築」だった。その概要をパンフレットから写す。

スポーツは、その起源をたどれば、「日常の労働から離れた遊び」を意味し、音楽や演劇、絵画、舞踏などの芸術も含むものでした。磨き上げられた身体と技巧を誇示し、勝敗を競うことをエンターテインメントとして商品化する現代のスポーツに対して、本展は、その起源に立ち返り、芸術の視点から、遊戯、身体、国家、戦争、非言語コミュニケーションといった今日の諸問題などを映し出す社会的構造物としてスポーツを再考します。

美術館がスポーツ再考を標榜するとは、新鮮で心強い。私の《ピン＝ポンド・テーブル》体験はまんまとこれにはまっていた。体験を言葉にしようという私の行為は再考・再構築に適っているだろうか。未経験の人を誘う行為ではある。

会場には9か国9作家の作品が展示されていた。「スポーツを遊びの領域へ再び戻す芸術家たちの試み」である。どれも驚くばかりで私には説明できない。一つだけ、ザ・ユージーン・スタジオ制作《Mr.tagi's room and dream #four-handed》について、やはり美術館の案内書を引いて紹介したい。この作品は「6面の映像インスタレーション」で「架空のスポーツ史家、Mr.Tagiによる新しいスポーツを記録したフェイクドキュメンタリーであり、作家はジャズを演奏しながらチェスをするという、新しいスポーツを生み出している」。

チェスとスポーツが並べば、卓球人は荻村伊智朗の名言を思い出す。「卓球競技は、チェスをしながら百メートルダッシュを繰り返すようなスポーツ」とも「卓球は、100メートルを全力疾走しながらチェスをしているような競技」とも伝わる言葉。（私は前者を拙著『卓球アンソロジー』に引用した。卓球誌に載ったものを写した記憶があるが、今その卓球誌が見つからない。後者の表現を見聞きすることが多くなった。）

「チェス」ではなく「ブリッジ」と表現しているのが原出典であろう。１９８８年５月の『ＴＳＰトピックス』のインタビュー記事（聞き手・今野昇氏）と、同年のソウルオリンピックでの発言を記した、１９９３年刊、岩波ジュニア新書『スポーツが世界をつなぐ』（荻村伊智朗著）がある。ソウルオリンピック会場での、イギリスのアン王女との会話が披露されている後者から引く。

「卓球というのは一〇〇メートル競走をしながらブリッジをするみたいなものです。たいへんなアスレチックな能力と、そして同時進行形で、最高の知的能力を要求されるスポーツですよ」と解説しました。すると、アン王女は、

「それでは、わたくしの卓球のレベルは、五〇メートル競走をしながらポーカーをするみたいなものですね」

といったのです。なかなかユーモアがありますね。

王女の自己評価のユーモアは、ポーカーよりブリッジの方が知的能力を要求されると示していることになる。そのブリッジが日本ではなじみが薄いのでチェスが登場したのであろう。

荻村は比喩としてチェスを使った。ザ・ユージーン・スタジオは「架空の史家」「フェイク」によって、インスタレーションで実際にジャズ演奏とチェスを見せた。卓球から発想した荻村のチェスが芸術作品を招いたかのようである。

旅時間に戻る。帰路、北陸新幹線が金沢駅を出発したとき、私が座る車両の乗客は私ひとりだった。高速で走る列車の、人間のいない、空漠たる車内は不気味だった。パンデミックとは人が近くにいなくなること。世の中が一変した。車内の沈黙の光景に意識を吸い込まれそうになって、ピンポン玉が二つ、天井と床を往復する動きがほのかに見えた、ような気がした。（これは帰宅後、何に起因する像かはっきりしたが、車中ではただ不分明だった。）この車中では強い意識をもって、別のことに思いを巡らせたほうが良いと思った。（その意識的な思考のうち、三つについて帰宅後まとめてみた。）

今日の卓球はみんなでマスクを掛けて、かろうじてできた。今はタクシーに乗るにもマスクは必須である。かつては逆に、マスクをした女性を乗車拒否するタクシー運転手がいた。１９８０年前後の口裂け女の流行（口コミのデマ）によって世の中の一部が変容した時代。

私の出身小学校、川崎市立井田小学校の校歌（小林純一作詞・１９５９年制定）は「大川崎の空おおう　煙も遠いこのあたり」と始まる。中原区の井田は臨海工業地帯を覆う煤煙から離れている良い所だ、という意味に受け取る児童が今少なからずいると知って驚く。そんな意味を詞に込める校歌があるだろうか。工業地帯のある川崎区にもたくさんの人が住んでいる。煙は経済発展の象徴であった。60年代の川崎を舞台にした映画に、主人公がコンビナートの煙突の火を見て恋人に「きれいな火だね」と語るシーンがあった。校歌は、川崎市の繁栄の核を担う川崎区の煙から歌い出したのである。ＳＤＧｓという開発目標の概念はまだなかった。ぜんそく患者が多発するようになって国の公害対策基本法が制定されるのが１９６７年。煙の価値が一変した。カナリアも炭鉱でのようには力を発揮できない世界。川上弘美氏の1993年のデビュー作「神様」は、「わたし」が「くまにさそわれて散歩に出る」話である。別れるとき、くまに「抱擁を交わしていただけますか」と言われる。「草上の昼食」という小説では、やはりくまと「クローバがいちめんに繁っている」草原を散歩している（中公文庫『神様』所収）。そして川上氏は、東日本大震災が起こった2011年3月の末に「神様2011」を書く。くまと散歩中、土壌除染のために防護服や防塵マスクを身に着けて作業している人たちを見たりしながら、累積被曝量などの話をする。別れるとき、「たぶん体表の放射線量はいくらか高いだろう」くまに「抱擁を交わしていただけますか」と言われる。（講談社刊『神様2011』）

人間の目に見える景色より、見えないものが、根本から変質しているのだと思った。

自宅ではさらに、福島在住の詩人、和合亮一氏の『詩の礫《つぶて》』（徳間書店刊）も読み返した。ツイッター（現・X）投稿が2011年6月に緊急出版された本。「放射能が降っています。静かな夜です」「ここまで私たちを痛めつける意味はあるのでしょうか」「この震災は何を私たちに教えたいのか。教えたいものなぞ無いのなら、なおさら何を信じれば良いのか」。

本には出版後の和合氏の講演会で語られた言葉がメモしてあった。《和合さん、『詩のはりつけ』すばらしいですね、と言われたことがあります》。聴衆はまず笑った。私も。確かに礫《つぶて》と磔《はりつけ》は似た字であるが、本の内容を考えると、読み間違えを笑うことに安住できず、苦しくなった。詩人はこういう発信もする。

以上、不気味なピンポン玉の運動から逃れようと意識したはずなのに、結局離れることはできなかった。のちに、四つ目も加わって。

手紙

卓球をご一緒した家族にお礼の手紙を書いた。返信に、男の子が直後の月曜日に小学校の卓球クラブに入ったと書かれていて私は大喜びした。お父さんは活躍中の現役のプロスポーツ選手だった。筋骨の外観や動きの良さなどが腑に落ちた。お母さんからの洒落た卓球グッズが同封されていて、すぐに身に着けた。プレーの写真もいただき、『卓球王国』の速報記事に使わせていただいた。女の子はボールが当たらなかったけれど楽しかったと言っている、とは書いてなかった。まずはお兄ちゃんに小学校のクラブを楽しんでもらいたい。小確幸をたくさん届けてくれた手紙だった。卓球をしているときも確かな幸せを感じていたことが甦った。四つ葉のクローバーは幸福のしるしだった。

再考・再構築へ

スポーツの再考・再構築のために、他の変形卓球台のことを考えた。かつて日本で円卓に十文字のネットを張った卓球台が作られたことがある。2015年にはシンガポールのリー・ウェン作《Ping-Pong Go Round》が発表された。円卓の中央に空間がある缶詰パイナップル型で、中央空間にもプレーヤーがいる。この形の円卓は国際会議でおなじみのアイコン。平和を目指す。浅葉克己氏の近年の銀座での展覧会では身体障害者が体感している卓球台の広さを体感できる変形卓球台で実際にプレーさせていただいた。東京都大田区の新田神社境内に置かれている浅葉作品の石の卓球台で遊んだこともある。卓球の再考が少しできた。

次は、今回のオロスコ体験からの連想のようなものである。

東京都現代美術館の西川美穂子氏が『檸檬』の解説で「ピカソ」の名を挙げていたが、私は最近、箱根彫刻の森美術館の『ピカソ展』で特に印象に残る作品と出会った。１９５８年作、銀製の食器。高さ20cm、幅57×47cm。高坏の形で上部周囲は四つの丸み。オロスコ卓球台を思い出さずにはいられない。作品名も《クローバー》。

もう一点は１９６３年頃の作品《風景》。タテ・ヨコ15cmほどの陶片である。キャプションに「焼成時に破損した欠片を、海辺の古城に見立てたような作品。表側は窓から見た海の様子が描かれ、裏側には外から見た窓が描かれている」とある。失敗した陶器のかけらで別の素晴らしいものができたことに惹かれた。裏側もじっくり見た。ピカソの言葉を借りれば「芸術家とは・・あらゆるところからやってくる感動を受け入れる容器のようなものだ」ということだろう。（オロスコ氏もカップ麺〈どん兵衛〉を作品にしたときなどに、同じようなことを語っている。）人が作品を作っているのではなく、土や火が生んでいるということか。べき論の固定観念から新しいものは生まれない。私は、卓球試合の臨機応変の戦術変更が頭を駆け巡り、失敗などと引きずってはいけないのだと思った。だから、こちら側からもあちら側（相手側）からも見る目を失ってはいけないと、ピカソの陶片のおもてうら両面をじっくり楽しむことができた。

そして、１９０５年制作のブロンズ彫刻《アルルカン》も同じような制作過程の作品であった。「詩人の肖像を作っていたが手を加えていくうちに変わってしまい最後に道化師の帽子をかぶせた」。のちに私は高階秀爾氏の著述にピカソの言葉を読んだ。「絵画は私よりも強い。それが自分の思い通りのことを私にさせるのだ」。そうだったのか。「それ」は絵画、卓球。創造と破壊の繰り返し。――以上の三段落は卓球再考というより、現行の卓球競技と芸術を共振させようとしたにすぎないか。

オロスコ体験のまとめ

オロスコ体験を収拾しなければいけない。作者の講演をユーチューブで見聞きできたので、その掉尾を写したい。〈東京都現代美術館開館20周年記念事業　ガブリエル・オロスコによる講演会〉の邦訳字幕。

この作品の場合、中心に池があり、プレイすることができます。ほんの少し浮遊感が増し、浮世にいるような感覚を覚えます。池から何かが始まるような気もします。球が水面を打つたびに、がっかりするのですが、一方でそれが楽しみでもあります。詩的な失敗の瞬間と言ってもいい。蛙が古池に飛び込むような感じです。

皆さんがここにコインを投げ入れてくれることを期待しています。展覧会の終わりには、いくらかお金がたまっていることでしょう。50円入れるとご利益がありますよ。たった今から、この伝統を根づかせるつもりです。そうすれば使った予算をいくらか回収できますから。来てくださってありがとう。

遊び心が伝わる面白い話である。「池から何かが始まる」。その通りだった。やはり私は作者に絡めとられていた。私が池ポチャにこだわったことは作者の制作意図から離れていなかったようである。

２０２４年全日本決勝

少しだけ自信を得て、拙稿の終わらせ方が見えた。２０２４年1月28日に東京体育館で行われた全日本卓球男子単決勝、張本智和対戸上隼輔に触れたい。

私は観覧席にいて、決勝直後に、これまで経験したことのない空気を感じた。相手のマッチポイントを8回凌いでフルゲームで勝った瞬間、勝者張本君の、動く目的を失った身体と、それによる呆然とした表情が見えた。敗れた戸上君との、慰めでない、お互いを讃える、同志の、抱擁。続く優勝インタビューは、勝つために使っていた頭の高速回転を、観客に対して試合や心境を言葉で開くための頭の回転に切り替えて、みごとな応答だった。「今日は勝ったけれど」に実感がこもり、オリンピック予選等の熾烈な勝負が続いてきたことを、観客も重く再認識できた。すべてに感激した。そして私はそれに加えてさらに、もう一つ新しいことが起こる、できる雰囲気を感じていた。

それは優勝インタビューの場所に、張本君が戸上君を呼び込むこと、招き入れること。


2021年4月にテレビ東京で森薗政崇選手と及川瑞基選手（勝者）が、その年の全日本決勝の公開「感想戦」を行なった。画期的なことだと思う。私は初めてだった。場面場面の戦術や心理を具体的に語るトップ選手同志の振り返りは興味津々で、人柄までわかり、深掘りを満喫した。森薗選手は感想戦が普通に行われる将棋を趣味とし、卓球も対戦相手との感想戦は両者を成長させる、と言っている。状況によって指し手を変えるのが将棋。

2021年11月6日号の講談社刊『週刊現代』は〈異色スペシャル対談　水谷隼×羽生善治　打ち返す力〉を組んだ。中学時代に少しだけ卓球をやったという永世七冠羽生氏。小学校低学年のときに祖父に将棋を教えてもらったという水谷氏。二人がスーツ姿で卓球をしている写真の、羽生氏のバックハンドを打つ構えの見事なバランス。振り切った写真もあり、それは見事な空振り。

対談では、羽生氏が将棋の「一手違い」に卓球との共通点を挙げながら卓球の高速の応酬について訊き、また、戦術や用具が変遷する頻度を訊くなど、主に羽生氏が質問し水谷氏が答える展開が多かった。「相手のやりたいことを察知して、それを封じる」「選択肢が多いから有利、というわけではない」——この二つはどちらが発言者であってもいいような気がした。他にも興味深い発言が続出する。まさに、スペシャル対談である。

クイズ★　実際には右の二つはそれぞれどちらの発言だったでしょう。

作家の小川洋子氏は藤井聡太氏との対談を経てのエッセーで、将棋の対戦者を「盤上を共に旅する相手」と書いた。そうでなければ「至高の棋譜は残せない」と。（２０２３年６月６日付朝日新聞）。

張本君の優勝インタビューの応答内容が、二人で話せる雰囲気を醸しだしていた。勝利者だけの独り舞台で終わってほしくない期待。戸上君と二人で話したら卓球の価値がさらに上がると思う。スポーツ文化が根付くと思う。死力を尽くして観客を異世界に運んでくれた二人が、相乗効果によって、何を言葉にするか、見せるか。前代未聞のことが現前するだろう。一流アスリートのみができることである。独り沈思するよりも両者により良い前途が見えてくるように、ぜひ期待したい。ファンとしては、おすそ分けが欲しい。どうしたらその場が実現できるか。（やりたくない選手がいるのも知っている。）競技卓球の再構築が始まる。

同じことを感じていたと言う人がいて、意気投合した。

『週刊現代』のクイズの答えは、どちらも羽生氏。

ピンポン玉を動かすもの

本稿は他稿に増して、私の頭の中の不分明なメモのカタログをそのまま紙上に散らしてしまうだけのもので、思考が何かを生むかどうかわからない。メモを残すために書く。

小説「中年のひとり者ブルームフェルト」

コロナ下でのオロスコ卓球体験を書いた別稿「ピン＝ポンド・テーブル」の北陸新幹線の車内の二つのピンポン玉は、岩波文庫、池内紀・編訳『カフカ短編集』に収められている小説「中年のひとり者ブルームフェルト」（1915年）に書かれていたものだった、に違いない。

「自分の部屋で変な物音がしているのに気がついた」「まったく魔法じみている。青い模様入りの小さな白いセルロイドのボールが二つ、かわるがわる上がったり下がったりしているのだ」とあり、後半では二人の「助手」が遊びまわる。〈ピンポン玉〉という語は小説本文ではなく池内氏の解説にあった。「二人はまさしく二つのピンポン玉のように区別がつかない」。この小説の描写がどういう経路で新幹線の車内に幻像として現れたのかはっきりしない。人をいらだたせる動きであると感じた。精密に造られた車両の中で精密機械が作動しているイメージか、疲労をもたらすだけの無意味な運動のイメージか。「区別がつかない」とは、自分の中の明らかでない相反するもののことか。その交差が規則的に継続するなんて、いやになってしまう。カフカは、自分の内部の「凍結した海を砕」こうとしているのかもしれない。

よくわからないままメモを書き始めてしまったが、先日、村上春樹ライブラリーの企画展〈「変身」するカフカ〉に出掛けて、そこに並べられた『変身』の様々な邦訳（の冒頭）を読み比べると、実はグレゴール・ザムザが何に変身したのかがはっきりわからないということがわかった。今、私のメモ書きを勇気づけてくれる。さらにカフカの書いた断片も知った。「生きることは、たえずわき道にそれていくことだ。本当はどこに向かうはずだったのか、振り返ってみることさえ許されない」。そうだそうだ。私のメモもそうだ。次元が違うか。

パンデミックがカフカのピンポン玉を、私に呼び寄せたのだ。私が車内で幻像のようなものを想起する入口の戸は閉《た》てられない。次の件も私の連想にすぎないだろう。

演劇『4時48分サイコシス』

ピンポン玉が卓球台の上でいくつも上下に弾んでいる演劇の場面（の記録映像）を坪内博士記念演劇博物館で偶然見かけた。イギリス生まれの劇作家サラ・ケインの『4時48分サイコシス』だった。1999年作。

後日、谷岡健彦訳の戯曲を読むと、詩の断片のような短い言葉がちりばめられているだけで、俳優の人数も性別も演出の指示もない。ということは私が偶然見かけたシーンも演出家の創造になる。改めて映像全編の鑑賞を予約した。2009年上演、長島確・訳、飴屋法水・演出。

鬱々とした重い辛さが寄せてくる二時間の舞台だった。それもそのはず、戯曲執筆中のインタビューで劇作家は「現実と夢想との区別が失われた世界、自己と他者とを区別できなくなってしまった精神病患者の世界を描く」と述べている。

舞台にはスポーツ用具がいろいろ置かれているが、人はそれらでスポーツを楽しもうとはしない。バスケットボールのリングは手の届くところにあり、平均台の上を進むのは人ではなくバレーボール。卓球台の上で上下しているピンポン玉と、台上にいる人間とは没交渉に見える。インタビューでの作者の「区別」云々の発言に、カフカのピンポン玉とのつながりが少し感じられるが、私に印象的な共通点はどちらもボールだけで動いていて、人との接触がないという点だった。（歓迎されない心象風景と言うべきか。）そういう風にスポーツ用具を使って戯曲の世界を表現したと思われる。

セリフも対話ではなく独白である。たくさんの、さまざまな人格の独白に聞こえる。舞台全体に観客席のような椅子がひな壇になって、実際の観客席と向かい合っている。舞台上の椅子は透明なビニールで覆われている。両者の間（つまり舞台の手前）には、両者の交流を遮るような水がたっぷり蓄えられている。その水の深さがラストシーンに現れた。

私が戯曲を読んだ『舞台芸術』08に収められている谷岡健彦氏の「訳者解題」の言葉を借りると、「光を思い出せ光を信じよ」と繰り返し書いた作者は脱稿後、「この世界から出て行ってしま」った。

（飴屋法水氏は劇作家、演出家。『ブルーシート』で岸田国士戯曲賞。２０２４年の小説『たんぱく質』について、小澤英実氏が朝日新聞書評欄で「本書は「小説」だけれども、散文詩のようでも哲学的思索のようでもある。実感として一番近いのは「生きもの」だ。ことばにずっしりとした質量や温度や湿度がある」と書いている。私にはまだ作品情報にすぎないが、右の舞台演出のあとで、気に掛かっている。）

＊

右の二作品には、スポーツの明るさ・朗らかさに反する、張り詰めた苦痛や不吉を感じさせるピンポン玉の繰り返しの運動と音が使われているように思う。国立科学博物館にあるフーコーの振り子は、地球の自転による運動だと説明されても私には理解できないのだが、横への静かな動きだからしばらくは見ていられる。縦の往復の連続は耐えられないという個人的感覚がある。音について言えば、人の間を行き交うことのないピンポン玉は、ラケットの音がしないので、明るい「ピン・ポン」ではなくなってしまう。

ただ、表現者たちによる、ピンポン玉の作品への抜擢は、卓球競技の性質の一面とも無縁ではないだろう。繊細さ、木目細かさ、あるいは過敏なまでの感覚が必要とされる卓球の一面。——あるプロフェッショナルの卓球選手はラバーを張り替えて二日目が最も調子が出ると言い、別の選手は三日目と言う。水谷隼氏は、ミリ単位で卓球台の内側に球をコントロールしようとすると言い、ラバーの重さに0.5グラム誤差があるだけで調子が狂うと言う。

坂口安吾が「桜の花の下から人間を取り去ると怖ろしい景色になります」と『桜の森の満開の下』で書いてその秘密を探り、人の悲しみ、孤独、無限の冷たい虚空、にたどり着いていた。右の二作品（カフカ、ケイン）にラケットを持った人間がいない状況を、桜の下に重ねると、日常性を離れた運動を取り入れた二作に、人間の本質があぶり出されてくるような気もする。野田秀樹氏の『贋作『桜の森の満開の下』の舞台にはこの世のものとは思われない美しさが見られた。怖かった。満開の桜とピンポン玉を並べてどうする。

次の映画はどうだろう。

映画『さがす』

文学・音楽・映画好きの友人からの卓球情報で、片山慎三監督、佐藤二朗主演（当て書き）の映画『さがす』を観た。２０２２年公開。

あっという間の二時間。面白かった。安楽死や殺人が軸の映画なので面白いという感想は変かもしれない。娘、殺人犯、父親と、視点人物が変わる三部構成一つとっても翻弄されるような面白さで、その他の内容も整理して書くのは至難の業である。コロナ禍の下、２０２１年の撮影。大阪の西成地区の空気感を求めたという。

右の二作と同じく、絞り切った内容のみ書く。卓球場（ピンポンクラブ）を経営していた父。「卓球いこか」「またこんど」などのセリフ。題名『さがす』について監督は、「MISSING」か「SEARCH」か、娘は親をさがし、父は生き方をさがし、連続殺人犯はターゲットをさがし・・・・・と多様さをほのめかす。そして観客は・・・。

私は、卓球台を使った悲惨なシーンには目を背け、ボールが踏みつぶされることの象徴性を考える余裕もなかった。陰惨な内容の怖いサスペンス映画だ。ラスト数分間の父娘の卓球のラリーはCGながら注視した。耳を開いた。娘の倫理観からの行動を父も受け入れているようだ。具体的な内容をここに書くべきではないだろう。

父親の仕事は卓球場経営でなければならなかった。卓球場ならではの備品、卓球台とラケットとボールは物語の伏線であり、それらが使われたラストシーンのラリーによって、娘の厳しく切迫した気持ちが父親に流れたように感じられた。人物が絶望せず、何かを得て新しくなるような気配がした。「誰も発砲することを考えもしないのであれば、弾を装填したライフルを舞台上に置いてはいけない」というチェーホフのテクニック・ルールが守られている、と言いたくなった。拙稿の単純なモチーフとして。

卓球人としてCG映像に違和感があった。振りの速さとボールの速さが合っていない、弾み方が不自然、父が時々〈突然・無造作に〉娘のバックにボールを送り、それを事も無げに娘が打ち返す、など。そういうぎくしゃくした感じを観客に与えつつ、長く続くラリーだった。

私は学生時代に一年上のSさんと達成した3000本ラリーを思い出した。緩い打球で回転と落点をできるだけ一定にした、ノーミスの往復回数だけが目的の単純なラリーだった。映画のCGのラリーにミスの心配はなかったが、右に書いたように、実は単純なラリーではなかった。私は違和感より、反復の中のずれか、ゆがみを感じるべきだったのだろう。ネットもたるんでいた。ボールが消えた。これはコミュニケーションが消えたことなのか、ボールがなくても通じるようになったことなのか。正気と狂気の入り混じったドラマの帰着点のシーンは、滑らかなだけのラリーで納めることはできないのだ。

ティファニー ブルーの卓球ラケット

メモのカタログと書いて始めた本稿の締めは、これしかないだろう。有名ブランドのカタログ。月刊『カーサ ブルータス』2019年11月号に、ティファニー&カンパニーの〈180年間、世界を魅了するティファニー ブルーの秘密〉と銘打った商品広告が載った。

〈……ティファニー ラブテディベア 53000円〉
〈ティファニー イースト ウェスト ミニウォッチ 435000円〉
〈レザー アンド ウォルナッツ テーブルテニスパドル 2個、ボールセット 93000円〉・・・・・

卓球ラケットのティファニー ブルーはラバーの部分である。人の手に握られるラケットとボールがセットになっているからこそ〈洗練とラグジュアリーが一目で伝わる〉〈世界で最もアイコニックなブランドカラー〉が似合う。

1セット93000円。まずは数セット買って、仲間でラリーをしよう。ティファニー ブルーの卓球台もあるかな。……………………

まだ買っていない。売り切れてしまったら、きっぱりあきらめるつもりである。〈2024年〉

『哲学の門前』 吉川浩満 著

紀伊國屋書店 刊

現代を耕す気鋭の文筆家の、2022年刊行の著作である。専門家なら入門書を書くが、哲学愛好家だから門前書を書いた、とある。

著者は高校時代を故郷の鳥取県で過ごし、卓球部員として「日々練習に明け暮れていた」。時にはチームメートとブラックバスフィッシングの遊びに出掛けたと第2章は始まり、チームメートの一人、東京の大学を出て巨大鉄鉱石運搬船の乗組員になったMちゃんの、独特のコミュニケーションの感性について述べる。そのあとも章を追って「卓球ひと筋」「卓球に没頭」「卓球一直線」の文字が現れ、私の様な卓球人読者を引っ張る。「大学で突如として読書の楽しさに目覚め」る。

今、吉川氏は四つの仕事をしている。文筆業、編集者、大学の非常勤講師、中高一貫校での卓球コーチ。他にいろいろな仕事を経験するが、そこでも卓球関係者からの声が働く。2009年のITTF荻村杯で、アメリカ選手のベンチコーチに入った写真も本書に載っている。ソウルに出張した際、取材先の書店主が「卓球の生徒のひとりにそっくりで、お話を聞くあいだ何度も何度も、そのことを考えてしまった」とあるから、卓球指導も力が入っている様子。

2019年の「勤労日記」が抄録されている。

三月九日(土)

午前九時から卓球コーチ。朝からしんどいが、生徒たちは春休みなのでしかたがない。東京・世田谷にある中高一貫女子校の卓球部である。近年は卓球人気で部員数が多く、全体で五〇人を超える。なお、諸事情により練習場所は体育館ではない。校舎内の比較的広いコンコースを「占有」して練習している。大変な環境であり、端的にいってカオスだが、生徒たちはそれなりに熱心にやっている。

何ということのない記述と見るか、同業者はこれだけでも自分の活動に重ねて、思うところ多し、か。朝からしんどい、中高一貫、人気、諸事情、環境、カオス、それなりに熱心……。文筆とのバランス、両立が楽しい、と言う。

日記では五月十四日の記述が特に印象深い。奥本大三郎氏と池澤夏樹氏のトークイベントの話で、まず、あるある、なのだ。そして思考を揺さぶられる。その場にいた者にしかわからないこと（いてもわからないかもしれないこと）を、本書を読んでいるだけの読者に、手に取らせてくれる。ここには書かない。

大学外の朝日カルチャー新宿でも「非哲学者による非哲学者のための（非）哲学の講義」を行ったりするという。三つ目のカッコをつけた（非）に興味がわく。もうずいぶん前になるが、私は朝日カルチャー横浜で野矢茂樹氏のウィトゲンシュタイン入門の連続授業を受けた。何か月にもわたって毎週の90分が楽しく、あっという間に過ぎた。今では頭のどこに残っているかわからない。そんな私に、今度は門前だから知恵が身に付いても付かなくても大丈夫だ。門前なら逃げるのが容易である。経を読む小僧なら墓所へも逃げやすいし、市場の近くにも学校の近くにも、自由に三回は遷れる。まずは皆さん、書店へ。

唯我独尊の豪快さんにも世捨て人にもなりたくない、という著者の主要な関心は、「哲学の素人たる私が実際にどのような時や場所で哲学書や哲学的問題と出会ったり付き合ったりしたのかを描くこと」にあった。「なにがなんだかわからなくなり、根本的にものを考え直さなければならなくなる状況」を「哲学のはじまり」と想定する。「従来の自分と訣別する」ことを目ざす。「カフカの〈掟の門前の男〉の苦悩」より「〈門前の小僧〉の気楽さ」をもって学ぶ。

難しくなってきたなと思うと、「かの名医ブラック・ジャックは、自分の体にメスを入れて自分を治療するという荒業を、私の知るかぎり少なくとも四回成功させています」と身近？な話題になり、加藤典洋著『敗戦後論』や崔洋一監督の映画『月はどっちに出ている』が出てくると、あ、読んだ、観た、とうわべの反応ができる。『人間の解剖はサルの解剖のための鍵である』という吉川氏の著書が気に掛かる。「君と世界の戦いでは、世界に支援せよ」という、フランツ・カフカのアフォリズムにも吸い寄せられる。これは、世界卓球で中国にもスウェーデンにも韓国にも負けていいということではない（念のため）。まずは書店へ。

私が吉川氏を意識したのは、東浩紀氏のあの〈ゲンロンカフェ〉の中で、注目する本のリストに拙著『卓球アンソロジー』を挙げてくれたのを知った時である。（それなら本稿冒頭の一句は我田引水かと言われるだろうか。いやいや、耕せない荒れ地の例である。）東氏の講義に二回ほど参加して感じたものからすると、拙著のリストアップは何かの間違いだと思った。

卓球人学者の活躍が頼もしい。先年、世田谷区卓球大会（かつて北杜夫さんが参加した大会ではなかったか）の会場に足を運んだ。吉川氏には会えなかったが、代わりに、別の出会いを得て帰宅した。卓球会場には何でも埋まっている。吉川さんとはそれ以来、ときどき文通をさせていただいている。もったいないことである。

『からだの美』　小川洋子 著

本稿において、『からだの美』からの引用部分は書体を変え、かつ、カギカッコ・段落ち・前後の空行を用いて、わかりやすくしました。

２０２１年の年明けに宮川禮子さんから、『文藝春秋』２月号に卓球選手のことが書かれています、未読なら送ります、と手紙を戴いた。宮川さんにはこのようなことで三十年近くお世話になっている。世界ベテラン大会単優勝をはじめとする戦績や、書籍『切手でつなぐ卓球の輪』の監修など輝かしい活動をされている卓球人。

私は書店に走り、月刊『文藝春秋』を手に取った。小川洋子氏の連載エッセー「からだの美」の第六回に「卓球」を確認し、石川佳純選手のプレー写真を一瞥して、購入した。あの小川洋子さんが卓球選手を書いていると知って、心がざわついた。怖くて読めなかった。キラキラまばゆいざわつき。

あの小川洋子、と書くのは、数々の傑作や内外の受賞歴を持つ著名な作家ということより、一点ずばり、川端康成の、稲子という卓球少女が主人公の小説『たんぽぽ』に端を発した作品を２０１４年に書いて、私を驚かせ喜ばせていたからである。小川洋子、クラフト・エヴィング商會著、筑摩書房刊『注文の多い注文書』の中の「人体欠視症治療薬」である。

１９７２年の新潮社刊『たんぽぽ』では、高校の卓球部員だった稲子が「試合で打ちあひのさなか、突如球が見えなくな」り、後年、恋人の体が見えなくなる。それが「人体欠視症」。稲子は主人公ながら思い出として語られるのみで、いかにも川端流。一般的に言う「登場」はしない。読者にとって欠視か（私の旧著で紹介した）。

２０１４年の「人体欠視症治療薬」でピンポンに直接触れているのは、クラフト・エヴィング商會が書く「納品書」の部分である。

初期症状は「白くて小さな丸いもの」が見えなくなり、これはあらゆる「欠視症」に共通していることです。たとえば、いまここにピンポン球がありますが（写真 a）、このようなものがまったく目に映らなくなります。

この文章と同じページに載る（写真 a）を見ると・・・・・・。ちくま文庫で確かめてほしい。クラフト・エヴィング商會は以前、『卓球台の上で書かれた5つの詩片』という架空の本について「〈卓球詩人〉を名乗るピング氏とポング氏は、21世紀最新型の吟遊詩人である」などと紹介している。２０００年に筑摩書房が刊行した『らくだこぶ書房—21世紀古書目録』の一項目として載る（これも旧著で紹介した）。『注文の多い注文書』も同じように手の込んだ構成で、「注文書」「納品書」「受領書」という実務を思わせる文書のやり取りが現実感を演出している。

そんな経緯があって、（卓球少女稲子が取り付いた）小川氏が今回「からだの美」で、文学者による卓球表現の最高傑作を書いているに違いないと確信を持ち、畏れて読めないのである。そのためらいに付き合っていただくことにする。

地元の図書館で『文藝春秋』のバックナンバーにあたり、猶予期間として、第一回から読むことにしたのである。第六回までの題名を、伏せ字（空欄）も使い列挙する。空欄には主にからだの部

位を表す言葉が入る。（◯は漢字）

クイズ　★　次の空欄には何が入るでしょう。

一．外野手の肩　　二、ミュージカル俳優の声　　三、棋士の◯◯
四、ゴリラの◯◯　　五、バレリーナの◯◯　　六、卓球選手の◯◯

第一回から、観察力、想像力（創造力）、描写力に圧倒された。からだをふつうに目で見るだけでは見えない美、本人たちも気づいていない美が現れているのである。そして競技や芸や動物の本質が浮き彫りになる。スポーツ選手が多い。各回のモデルが写真に撮られている。外野手はイチロー、ミュージカル俳優は福井晶一、棋士は羽生善治、ゴリラはモモタロウ？　バレリーナはロパートキナ。結局、私の猶予期間、心の準備期間にはならなかった。まだ見ぬ卓球の新光がすでに乱反射しているかのように各回がすべてまぶしい。題名にまず目が開かれる。

ここで、クイズの答えを考えてもらいたい。卓球選手の◯◯だけでも。

と言いつつ、後日掲載された第七回以降、最終回までの題名も、空欄付きで記すことにする。その直後に答えを書くのでご注意を。（◇は仮名）

七、フィギュアスケーターの◯　　八、ハダカデバネズミの◯◯
九、力士の◇◇◇◇◇　　十、シロナガスクジラの◯

十一、文楽人形遣いの○　　十二、ボート選手の○◇◇
十三、ハードル選手の○の○　　十四、レース編みをする人の○○
十五、カタツムリの○　　十六、赤ん坊の○◇◇◇◇

掲載の順番にこだわりを持つ人がいるだろうか。卓球選手がゴリラの後なんて、とか。ゴリラの章を読めばそれは消える。ハダカデバネズミよりは先で良かった、とか。私は教員時代、現代文の自主教材で岡ノ谷一夫氏の文章を読んで楽しんだ経験があるのでハダカデバネズミには親近感や恩義がある。と言っても、ハダカデバネズミの写真のモデルは誰だ、と言われると特定できない。カタツムリにも同じことが言える。シロナガスクジラは巨大だが、やはり個体の識別はできない。そして、最後は真打、と考えれば、赤ん坊で文句はないだろう。（この最終章に「順番は大切だ」という一文がある。ただし「宇宙の摂理」という意味で。）私のこの段落の存在意義は、クイズの答えの位置を問題から少しでも遠ざけようとしていることにあることは言うまでもない。カタツムリは蝸牛と書く。掲載順の一番は何々でなければならないなどという争いは、それこそ蝸牛角上《かぎゅうかくじょう》の争いだ。もういいだろう。

三、中指　四、背中　五、爪先　七、首　八、皮膚　九、ふくらはぎ　十、骨
十一、腕　十二、太もも　十三、足（の）裏　十四、指先　十五、殻　十六、握りこぶし

＊

第六回「卓球選手の視線」は川端康成の小説『たんぽぽ』から書き起こされる。キター。もう、読むしかない。

小川氏は、ボールが見えなくなった稲子の試合中の様子を簡潔に説明し、作者川端が写った写真に見える独特な目の表情に触れて、「自分の心の内を、視線によって察知される恐れにひるむことなく、ただひたすら対象を観察し続ける能力」について考察する。そこに、凝視する作家川端康成、が現れる。

続いて小川氏は、水谷隼著、卓球王国刊『卓球王　水谷隼　終わりなき戦略』から「究極の対人競技」「相手の表情も指の動きもすべてが見える」を引用して、「つまりは、こちらも相手に心理を盗まれていることになる」と読み解く。そして、卓球台の広さ（狭さ）に言及し、ボールのスピード、回転、軌道、戦術など「全く想像を超えた世界」に光を当てる。また、「サーブの構え」や「レシーブの体勢」を「整える」ときの「仕草や表情に、なぜか惹きつけられる」と書き、石川選手の写真について は「黒い瞳はただ静けさだけをたたえている」というところまでつらぬき見る。

私のこういう説明ではどうにもならない。文章を丸ごと読んでいただきたい。

各段落の第一文から、迷いのない潔い表現。段落が移っていく繋がりの新鮮さ。同じ所にとどまらず卓球が深く掘られて行き、文に彫られてゆく。音読したくなる。何回もした。

　石川選手の視線にとらえられたら、ボールでさえ神々しく光って見える。考えてみればこの激しいスポーツで使われるにしては、卓球のボールはあまりにか弱すぎないだろうか。〈略〉視線の過酷な肉弾戦を、たった一個のボールが受け止めているのかと思うと、〈略〉

〈略〉の部分を本書で読んでほしい。ボールが主役になっている。「か弱すぎ」るボールが。（確かに卓球のボールは小さくて軽い。だから、卓球が生まれたイギリスのエリザベス2世女王が王冠の重さを軽減するために上部の球状の部分をピンポン玉に差し替えたという伝説を、私はすんなり受け入れている。）

私たちは観戦するときもプレーするときも、ボールを目で追う。しかし私は、主役と捉えたことはない。観戦では時折、片方の選手だけを見続けることもするが、ゲームを楽しむにはボールを追うのが常道だ。それでも、「ボールが受け止めている」なんて感じたことはなかった。

その次の段落は「しかし」と始まり「選手の全身から発せられるエネルギーを、小さな球体で丸ごと受けとめ、視線がぶつかり合う火花の中を突き進んでゆく」と結ぶ。もうただのボールではない。セルロイドでもプラスチックでもない。宇宙を行く、輝く星である。練習中にボールが割れることがあっても踏みつぶしてはいけない。どこかに飾っておこう。スターダストとして。

＊

テレビ放送で卓球の試合を見た人からよく質問される事柄がある。たまたま映像を見た人からも、プレーをする愛好家からも、どうして、どこに来るかわからないあんなに速いボールを打ち返せるのですか、と。私だって知りたい。森のコウモリのように超音波のドップラー効果を利用して一瞬で「外敵の接近」を察知するんですよ、なんて答えたら私は鳥からも獣からも、まじめな卓球人からも、仲間外れにされてしまうだろう。

そこで、一流選手は飛んで来る所がわかるんです、という答え方をする。そのあと、男子トップクラスのスマッシュスピードは時速120km（秒速30m）だから、コートの端から端までは0・1秒で到達する、半分のスピードの秒速15mでも、判断が0．01秒遅れるだけで15cm食い込まれる、と数字を挙げて回答から少し逃げる。テニスでは相手のインパクト前に打球方向を判断する、1秒間の回転数は、野球の投手のボールが40回転で卓球は130回転、とも伝える。動体視力については、シドニーオリンピック以来今に至るまで、卓球選手が抜群であることが実証され続けている。（以上の数字等は、石垣尚男著、講談社刊『一流選手になるためのスポーツビジョントレーニング』を基にしている。）卓球も相手の打球前に、からだの動きを瞬間視して判断する要素が多い、とか、打法上まずバックハンドの構えで待つことが多い、とか言えば答えに近づくか。回転については、2007年にNHKのハイスピードカメラが、元全日本チャンピオン渋谷浩氏の137回転しているカットボールを捉えている、と付け加えたりする。また、森照明氏の医学的知見も披露する。猛特訓の末に反射的な動きができるようになる。これは意思が関与するもので、無条件で働く脊髄反射ではない。同じ神経回路を繰り返し使うことで神経回路の伝達効率が高まる、と。理屈が少しわかって、さあどうするか。

水谷隼選手が、件の質問の答えとなる体力・技術・戦術を充分蓄えていながら、ビジュアルスノウという目の病気によって引退したのは本当に残念だった。

＊

私は2001年に『卓球王国』別冊写真集を見ての感動を書いた。その文章に通ずると思えてならない表現を「卓球選手の視線」の中に見つけて、天にも昇る気持ちになった。

「『TABLE TENNIS FASCINATION』讃」より拙文を引く。「私の目を最も強く射たのは、サービスシーンを集めた珠玉の十数葉である。これほど激しい眼差しでサービスを出していたとは、うかつにも今まで気がつかなかった。ボールだけを凝視している眼ではない。ここから始まるファンタスティックなプレーを脳裏に描き、それを創造する力が自分に備わっていることを確信した気魄が、この眼差しを生んでいるのである」。さて、どこが小川氏に通ずるのか。通ずるところなどないだろうと疑う人も、「卓球選手の視線」にあたってほしい。

各回の写真のモデルを追記して読書にいざなう。この方がまともな誘導だ。高橋大輔、初代貴ノ花、三世桐竹勘十郎、劉翔。報道によれば、勘十郎氏はコロナ禍の家居の際、自らの手で卓球台を作って練習し、ご夫婦ともに上達したそうである。勘十郎氏の腕は文楽人形を遣い人形拵えをし、卓球台もこしらえ、ボールを打つ。人間国宝に認定されたのは社会のあるべき筋道であった。

＊

川端康成は小説で、凝視すると消えてしまうボールに深入りした。小川洋子氏は「（一流選手の）視線が特別なのは、本当は見えないはずのものを、見ているからなのだ」とエッセー「卓球選手の視線」で応じたのだ。「一流の卓球選手の表情は、プロ棋士のそれとよく似ている」と見定め、「無心」についても洞察している。読んでほしい。

視線については、田畑書店刊『小川洋子のつくり方』に、ゴリラの専門家、霊長類学者の山際壽一氏の言葉を引いた小川氏の講演が収録されている。「人間ほど白目と黒目がくっきり分かれている動物って珍しいそうですね。コントラストがはっきりしているので、目に表情が出やすい。それを相手に悟られやすいということだそうです」。

小川著『まぶた』という短編小説集（新潮文庫）を手に取った。書名が「視線」の縁語に思われたので。表題作には美しい形のまぶたを持った二人の女性（一人は語り手）と、目の病気でまぶたを切り取ってしまったハムスターの視線が描かれていた。
別の一編「バックストローク」は、背泳ぎの日本代表選手となる弟の美しい泳ぎ方に見入る姉が語り手。「腰がぶれずに水面を滑り、足首は柔らかくしなり、腕は正確に水をつかんだ」。しかし、その腕に（からだの異変としては極限の）異変が起こる。その腕をも姉はいとおしく身に寄せようとするができない。母の熱狂的な偏愛が重く、対象の美が好意的・肯定的に明るく描かれたエッセーにはない闇が隙間に立ち現れる。（著者による朗読の録画を村上春樹ライブラリーで見聞きすることができた。）

エッセー「卓球選手の視線」を読むと、プレーの楽しさが何倍にも増幅する。奥深く重層的になる。読んでプレーすると、自分でもメモ帳に何か書きたくなる。卓球の三楽――読む、打つ、書く、である。（三つめは「勝つ」だと言う人がいる。なかなかそううまくはいかない。一つ目も違うという人がいる。たしかに、打つ、一楽でも足りる。）
書くために打つのではない。より良く打ち、卓球を知り、より楽しむために、書くのである。画家が、ものを見るために絵を描くように。

〈２０２３年に単行本『からだの美』が文藝春秋から刊行された。〉

『ピンポンの熱狂：1902年のアメリカに吹き荒れた狂気』

スティーブ・グラント 著

Steve Grant著　2012年・Lightning Source UK Ltd.刊『PING PONG FEVER：The madness that swept 1902 America』（ピンポンの熱狂：1902年のアメリカに吹き荒れた狂気）より、クイズを出題したい。和訳は書名を含めて、辞書と首っ引きの、あるいは辞書に首ったけの、拙訳。友人の英語力にも頼った。（丸ごとの和訳本をどなたか刊行してほしい、と著者も言っている。拙稿への著作の引用も写真の掲載も快諾された。）

1902年2月12日付『パンチ』（イギリスの週刊風刺漫画雑誌）の絵が165ページに載っている。その絵を下に示す。キャプションは読み易くなるよう、その下に打ち直した。

FEBRUARY 12, 1902.] PUNCH, OR THE LONDON CHARIVARI. 125

"MY DEAR, WHATEVER MADE YOU PUT ON THAT OLD-FASHIONED 'KATE GREENAWAY' FROCK TO-NIGHT? NOBODY WEARS A SASH UNDER HER ARMS NOWADAYS."
"OH, BUT I'M GOING OUT TO A PING-PONG TOURNAMENT, AND IT'S IN THE OFFICIAL RULES THAT IF YOU DON'T 'SERVE BELOW THE WAIST' YOU'LL BE DISQUALIFIED!"

"My dear, whatever made you put on that old- fashioned 'Kate Greenaway' frock tonight?
Nobody wears a sash under her arms nowadays."
"Oh ,but I'm going out to a ping-pong tournament, and it's in the official rules that if you don't serve below the waist you'll be disqualified!"

クイズ出題に続き参考の訳と答えを記す。

クイズ★　キャプションを読むと、左側の女性が流行遅れのワンピースを着ていることがわかるが、なぜそのような服を着ているのでしょう。

キャプションの和訳を試みる。「〈親愛なる〉あなた、あなたは一体なんでそんなオールドファッション〈ケイト・グリーナウェイ〉のワンピースを今夜着ているの？　このごろは誰も脇の下の飾り帯など着けないわ」「あら、でも私はピンポン試合に出掛けるのよ。それでその試合は公式ルールなの。もしあなたが腰より下でサーブをしなければ、失格させられるわ」。どうであろうか。私の用意した答えは、ウエストの位置をはっきりさせて試合をフェアに行うため、ではなく、ウエストを高く見せるために〈ケイト・グリーナウェイのオールドファッションで装い〉脇の下に飾り帯を着けて、サービスを高い位置から打てるようにして、自分を有利にするため。

ニューヨーク在住の著者グラント氏にメールで質《ただ》したところ同意された。本書により、当時のサービスルールが現在と違うことがわかる。そのサービスについての解説を、拙訳で引く。

サーブはテーブルの自コートに当ててはいけなくて、確実に直接、相手コートに着地させなければいけない。しかし、ピンポンプレーヤーがオーバーヘッドスマッシュを〈サーブで〉もし許されたら、レシーバーが返球できるのは稀である。だからサーブは厳密に下手《したて》で、そしてテーブルエンドの外から打たれなければならない。しばしばルールは、ラケットがサーバーのウエストラインより下で打たなければならないと付け加えた。あるカナディアントーナメントではサービスの打点はテーブルの上方5インチ以内の高さでなければならないと付け加えている。こうして、とても背が高いプレーヤーの有利さを制限している。

テニスと違って、普通は相手のサービスボックスに打ち入れる必要はなく、相手のテーブルのどこに打ち入れてもよい。（初期のルールは、最初のサーブはまず右サイドから対角線的に相手の右サイドに打つこと、そして、左サイドから対角線的に相手の左サイドに打つことを決めている。）そして、これもまたテニスと違って、いつも一回だけのサーブが許されていて、一回の失敗で失点となる。

右の引用の前半に、サービスの打点の高さを規定する二つの方法が書かれている。プレーヤーの体（腰）で規定するか、公平な客観的数字を使うか。

バドミントン競技では今も当然、サービスの打点の高さ制限は重要である。「サーバーのウエスト（肋骨の一番下）より下」だったルールが、2019年4月から「コート面から1・15m以下」となった。試合でのフォルトの判定には装置が使われることもある。車椅子の場合は「サーバーの脇の下より下」。

卓球のサービスは自コートにバウンドさせる方向になって、打点の高さ制限はなくなった。

ケイト・グリーナウェイ（１８４６～１９０１）は絵本作家で、ヴィクトリア朝のチルドレンアートの女王と言われ、描いたドレスが現実のファッションに影響を与えた人。何枚かのイラストを見ると確かに、ハイウエストのデザインも特徴のようである。

それを引き合いに出して描かれた『パンチ』の絵は手が込んでいる。ピンポンフィーバーの渦中、ひねりのきいた風刺画のモデルとなった女性プレーヤーが実際にいたとしてもおかしくない。

因みに、由緒あるケイト・グリーナウェイ賞（推薦）を安野光雅氏が『ＡＢＣの本』で受賞している（現在、賞の名称はカーネギー画家賞に変更）。安野氏は『旅の絵本』シリーズに卓球シーンを二つ描いている。百年を隔てて、二人は卓球でもつながる。

1904年の〈デイリー・ミラー〉

日露戦争中。**2月11日付**。（イギリスの主要な日刊新聞、デイリー・ミラー紙はこの時期、３ヶ月ほど紙名を『The Daily ILLUSTRATED Mirror』としている。）

この日の１面は「**RUSSIA LOSES TWO SHIPS OF WAR**」の見出しと、沈没するロシア船の大きなイラストが、紙面いっぱいに載る。それは次の7面の記事につながっている。友人に和訳してもらった。

BREAKFAST TABLE TALK.

After the torpedoing at Port Arthur the Russians threw a lot of lumber,including ping-pong tables overboard. Apparently the ping-pong nets were up, all taut and ready; it was only the torpedo nets that had been forgotten.

アーサー港における魚雷戦でロシアはピンポンテーブルを含む多くの板材、家具などを船外に放り出した。明らかにピンポンネットはしっかりと張られていて、今すぐにピンポンができるくらいだった。ロシアが忘れたのは、魚雷防御ネットだった。

朝食時のちょっとした面白い小話、に仕立てられているようである。大衆紙の面目躍如か。私は昔の日露戦争の話を使って、戦争の現場でも熱中するほど卓球が流行っていたと、軽口をたたこうと思っていた。卓球の普及については誤りではないので今書いてしまったが、この原文をＧＡＬＥ社の「デイリー　ミラー　デジタル　アーカイブ」で見つけた頃、ロシアのウクライナ侵攻があって、昔話の気楽さは捨てなければならなくなった。

第二部

歴史に添って

〈私家版 日本卓球史〉

日本の初めての「ピンポン」

1901年3月28日、ロンドン留学中の夏目漱石は日記に書いた。

夜ロバート嬢トピンポンノ遊戯ヲナス

これがおそらく、現存する日本人最古のピンポンの記録である。私はこの日を〈ピンポン記念日〉と定めた。漱石**34**歳。百年後に公開された国勢調査によればロバート嬢は同じ下宿人の**Isabel Roberts** **18**歳、と思われる。

また、音楽家の山田耕筰は同じ頃の日本でのピンポンの体験を、自伝に書いている。月日に諸説あり。

以下、引用のうち4点はサービスに特化する。前項に因むクイズを出題するためである。（本文引用の漢字は新字体、ルビは原典にある旧仮名も、新仮名遣いにすることを基本とする。）

1902年　10月25日刊『體育《たいいく》』に、ピンポン用具の広告やプレーの紹介。
11月5日刊『新小説』に、島村抱月著・滞欧文談「ピンポン」。
11月21日刊『ピンポン』（伊東卓夫著）に、ルール、グリップ、技術などの解説。

11月25日刊『體育』に、「新輸入の遊戯「ピンポン」Ping-Pong」という紹介文。

「サーブ」は卓の後からして、必ず下手打（Underhand strike）を用ゐる事、即《すなわ》ち「ラツケツト」の面が拳《こぶし》から以下にある様にして「サーブ」（Service）すること。

クイズ　★　次の空欄◯◯《□□□□》に入る言葉は何か、当時の英国紳士を知る日本人になったつもりで考えてください。◯◯は漢字2字。ルビの□□□□は仮名4字（ヒント：3字では正解としない）。

1903年2月刊『中學世界』に呑洋軒著「卓上テニス〔*口絵参照〕Table Tennis（OR Ping-Pong）」〈*も題に含まれる〉。

サービングとは毎回勝負の始めに於《おい》てコートの一方の隅より相手の相対《あいたい》せる隅の方にあるサービング、コートに球を送るを云《い》ひ、

英国倫敦府《ろんどんふ》カベンヂツシ卓上テニス倶楽部の規定によれば初めサービングの球を打ち送《お》くるに当り、必ずラツ《ママ》ケトを◯◯《□□□□》の下縁《したへり》より上に揚《あ》ぐべからず、

4月刊『日本之體育』の「室内体育器械」の項。

5月刊『新撰遊戯法』の「高等遊戯」の項。

此ノ遊戯ハ、室内ニテ行フ高尚且《か》ツ優美ナル競技ニシテ簡単ニ施行スルヲ得《う》ルモノナリ。

「サーヴァー」ノ姿勢ハ「テーブル」ヨリ一二尺離レタル所ニ位置ヲ占メ、「テーブル」ヨリ高カラザル処《ところ》、即チ腰部ノ辺ニテ球ヲ一度《ひとた》ビ空中ニ放チ「ラッケット」ヲ以《もっ》テ打チ送ルナリ。

1903年11月刊『ピンポン演技法』（鳥飼英次郎 著　小川尚栄堂 発行）

序「ピンポンの沿革」（後半）〈引用文の漢字は新体字に、ルビは現代仮名遣いにした。ルビは引用者がつけたものもある。〉

蓋斯道《けだしどう》の大家坪井玄道先生は、先年体育観察の為《た》めに欧洲諸邦に留学を命ぜられ、事終えて帰朝せらるゝに際し、この具数個を齎《もたら》して、親《した》しく同志に、その技を伝習せられしより、その教《おしえ》を受けたる者、或《あるい》は任地に趨《おもむ》き、或は郷に帰り、個人として、果又《はたまた》団体として、其の技を演ぜしより、茲《ここ》に今日の如き流行の期運《きうん》に際したり。然《しか》のみならず、今回第五回勧業博覧会の大阪に開かるゝや、日本体育会は之《これ》を機として、普《あまね》く体育の忽諸《こっしょ》にすべからざるを知らしめん為《た》め、これ等の具を参考館に陳列し、併《あわ》せて実地に其の技を演ぜしより、大《おおい》に衆庶《しゅうしょ》の注意を惹起《じゃっき》して、茲に初めて、ピンポンなる好遊戯の存《そん》するあるを知らしめしと共に、益々この遊戯の価値をも、世に知らしめたり。されば体育用具中、この具を購求《こうきゅう》する者最《もっと》も多く、今尚《なお》続々有志の購求に追はるゝの好況なりと聞く。又以て、如何《いか》にピンポンなる遊戯が、体育として、又遊戯として、世人に歓迎せらるゝかを察するに足るべし。

坪井玄道の帰朝（1902年）と、第五回内国勧業博覧会における日本体育会によるピンポン実技（1903年）を、同時代の資料『ピンポン演技法』に確かめることができた。体育用具の中でピンポン用具が最もよく売れているという。「忽諸」とは、軽んずること。文意は、体育を軽んじてはいけないことを知らせるため、用具を参考館に陳列し、実際にピンポンの実技を見せて……。

1904年　『日本学生卓球史』（鈴木一 編著　1996年刊）

東京神田の青年会館にコートが備え付けられた。また、美術学校（現東京藝術大学）に運動部として、ピンポン部が作られた。大学卓球部の第一号である。部ではないが、愛好者によるクラブは続々生まれる。なかでも名を馳せたのは早稲田大学、慶應義塾大学、明治大学、東洋協会（現拓殖大学）、東京外語大学、真宗大学、東京高等農学校（現東京農業大学）の大学勢。中等学校としては、暁星、横浜商業。クラブとしては惟一クラブ、丹渓クラブがあった。

1905年8月10日『風俗畫報《がほう》』に海辺のピンポンの記事が載る。

1906年12月刊『集會餘興《しゅうかいよきょう》　遊藝博士《ゆうげいはかせ》』すみれ小史 著　大学館 刊

> 『サーバー』の態度ですが、彼れが一番初めに球を投げます時は屹度《きっと》テーブルの後《うしろ》の方に一歩片足を退《の》けまして、打ち送るものです、それから球を持《もっ》て居《い》る左の手は成るべくテーブルのふちに触れない様にするのが肝要です、サーバーが初めに投球する時分には、右の前臂《ぜんぴ》を後《うしろ》の下方から前《ぜん》上方に振り出しますけれど、水平上にふり出してはなりません、よくサーバーが投球するのに相手の要意《ようい》が出来ないうちにやるのがありますが、この場合ではノーカント(Nocount)で得点の中には這入《はい》らないのです。已《すで》にといた通りピンポンはどんな時でも板土《テーブル》にはいらなければ、打ちかへすことが出来ないものです、云ひかへれば、つゞいてピンポンと云ふ音がしなければ得点することが出来ません。

饒舌に語っているためか、文体のためか、ルールというより行われている実態とマナーを記しているように感ずる。最後の「つゞいてピンポン」とは、打球音と着卓音のことか、打球音と打球音のことか。いずれにしてもこの辺りはクイズのヒントになっていない。クイズの答えは、胴衣。振り仮名は、次の項の最後に。

こう見てくると、テニスから出発したテーブルテニスのサービスを、自領コートにバウンドさせるようにしていくことは画期的なことであった。次項の書物ではすでにそうなっている。フォルト1本で失点、と変えていくことも緊張感を生む良い改変だった。徐々に、であるようだ。

〈以上のいくつかの詳細は、拙著『卓球アンソロジー』を参照されたい。〉

『世界遊戯法大全』　松浦政泰 編著

博文館 刊

1907年12月刊［口絵参照］

七〇二、ピンポン（卓上テニス）Table Tennis,or Ping Pong　ピンポンとは、ピンポンと音がするので、此名《このな》を得たのであるが、これは近年英国で工夫せられて、欧米の遊戯界で昨今日の出の勢《いきおい》である。本式は長さ九尺幅五尺（若《も》くは長さ七尺幅四尺）、高さ二尺半の卓子《テーブル》の上に、高さ五寸六分（又は五寸）の亀甲紗製《きっこうしゃせい》の網《あみ》を張り、杓子様《しゃくしよう》の木製ラッケットで、セルロイド製の小球を庭球《テニス》のやうに打合ふのであるが、本物の卓子は十円以上もして、仲々高価である。そこでツレヴアー・ホワイト氏は手製の廉価な作り方を工夫して、先年貴女家庭雑誌《レディースホームジョナル》に公《おおや》けにせられた。結局板の切端《きれはし》を並べて面を造り、其下《そのした》に桟《さん》を打つて、桟と桟との間に脚を嵌《は》めるので、遊ばない時には、面と脚とを離して仕舞うことの出来る装置なのだ。ラッケットは大形の杓子を代用してもよく、網《ネット》も亀甲紗を買へば直《すぐ》出来、セルロイドの球は大抵の玩具屋に売つて居《い》る、然《しか》し東京では去《さる》廿八年頃から大《おほひ》に流行を始めたが為《た》め、此頃では何処《どこ》の小間物店《こまものみせ》にでもピンポンの道具を売つて居《お》り、ラッケットと網《ネット》と球《たま》とで七八十銭で買ふことは出来る。始めの打《うち》込《こみ》（サーブ）は、必《かな》らず一旦球が味方の卓面即《たくめんすなわ》ち網《あみ》の前面を打ち、跳《とび》返つて網《あみ》を越え、敵の卓面に入るやうにし、敵も亦其球《またそのたま》が卓面に触れたる後、之《これ》を敵の方に打ち入《い》るゝので、若《も》し触れない前に打てば一点を失ひ、又触れてから打っても、己《お》のが卓面に落すか卓子の外に落す時は、一点を失ふのである。点数はサーブの方を前に、受方《うけかた》の方を後にして、数字でいふので、即ち甲サーブをするとして始めに一点を失ふと「ゼロ・ワン」（零《れい》と一）と数へ、次に甲が勝つと両方が一点宛《いってんずつ》だから「ワン・オール」（両方一点）と言ひ……

省略した後半には、四点で「ゲーム」といって一勝負となる、とか、「ヂユース」「ヴアンテージ・イン」「ヴアンテージ・アウト」「ヴアンテージ・オール」などが説明されている。（インターネットでも読める。）引用した前半には、用具の手に入れ方まで書かれている。「サーブ」は自領コートに弾ませる、となっている。

編著者は英文学者で日本女子大学教授などを務めた。日本の古書や外国の書籍も渉猟して、実際に遊ぶ時に困らないように配慮して書いたことが序文でわかる。遊びの中で子供がいろいろな能力を身につけること、室内遊びが家族のだんらんや社交の場での人間関係を深める上で欠かせないこと、などに早くから注目していたようだ。本書は室内遊戯に絞っていて、戸外遊戯等は後日の続編を期している。室内スポーツと言えるものは、ピンポン（卓上テニス）のほか「球突きBilliards」などがある。「室内テニス」「室内フートボール」もあるが団扇を使うもので、名称から想像するスポーツとは違う。

847種目の世界の遊戯が約六五〇ページで説明されている。5行程度で説明されている種目も多いが、ピンポンは27行と特別に紙幅を割いている。世界の古くからの遊戯が並ぶ中、出来立ての新しいピンポンには丁寧な説明が必要だったのであろう。ピンポンを書かずにこの書名は許されないと、大流行に押されて書き込んだのかもしれない。表紙の絵を見ると、いくつかの種目が描かれているが、847種目の代表は何といってもピンポンということがわかる。
実はこの『世界遊戯法大全』の完本が国会図書館になかった。表紙がなく、本文の一部にも欠損があった。1984年に刊行された復刻本で確認できたが、オリジナルの表紙が見たかった。南関東唯一の所蔵館、都立中央図書館で手に取ることができた。勘が当たって、表紙の色遣いが違っていた。復刻本でも同じデザインで目を引かれていたが、原本はより時代を感じさせて、心がほぐれる表紙である。［口絵参照］
この稀覯本を開いて驚いた。「寄贈者　坪内雄藏氏　昭和四年一一月一五日　坪内博士記念演劇博物館」のシールが張ってあり、博物館の蔵書印も捺されている。坪内逍遥である。どのような経緯で本がここにやってきたのだろう。今、演劇博物館には所蔵されていない。遊戯の変遷とともに、百年前の人と本の動きに思いを馳せた。

さて、内容上の課題がある。「東京では去《さる》廿八年頃から大《おほひ》に流行」について。
東京で明治28（1895）年頃から流行していただろうか。これまで見てきた資料からは考えられない。（もし流行していたら、漱石も松山中学に赴任する前あたりに、ラケットを持っていただろう。）1887（明治20）年のピンポンについては前著で書いた通りはっきりしない。例えば『日本スポーツ百年の歩み』（1967年　日本体育学会体育史専門分科会 編著　ベースボール・マガジン社 刊）は「明治20年ごろ、開港地で外人のやっているのを見てピンポンを始めるものがあったといわれる」という書き方で、資料は示されていない。今問題にしている1895年の「東京では」「大に流行」も資料が見当たらない。「去廿八年頃」は「去卅八年頃」（明治38年）の誤植ではないかとも考えた。執筆時期の2年前。確かに流行していた。ただ、「去」はいいけれど「頃」と言うには近すぎるか。著者は毛筆で原稿を書いたようなので、毛先の揺れという私的な憶測に希望が膨れ、原稿が見られればと、復刻本の監修・解説をされた同志社女子大学教授だった秦芳江さんに手紙を送ると、いろいろな事情で原資料が確認できないとの、丁寧な返書をくださった。

この「明治28年（1895年）」説は戦後の新聞等でも卓球の普及の記事で散見される。それらの記事は『世界遊戯法大全』に依っているのではないだろうか。一次資料が見つかると卓球史が変わる。

＊

〔前項のクイズの答え〕1903年『中學世界』の「胴衣」のルビは「ちょっき」である。本来の旧仮名遣いならば「ちよつき」であるが、ベストは求めていない。

新聞に見る初めての「ピンポン」

さて、新聞ではいつが最初か。

大阪朝日新聞を調査すると、右に記した、公の場で初めてピンポンプレーが披露されたと伝わる、大阪での第五回内国勧業博覧会（政府主催　外国も14か国参加　万博的行事）の記事があった。

1903年3月11日〈大阪朝日新聞〉●体育会場の概観

卓子《テーブル》テニスと云へるものあり。

1903年4月5日〈大阪朝日新聞〉

ピンポンは（略）台の中央に網を張り、二人相対《あいむか》うて小球を杓子《しゃくし》のやうなものにて打合せ、二十迄を一ゲームとして勝敗を争ふもの、盤に落つる時ピン打つ時にポンと音のするので、ピンポンと云ふのださうだ。

説明が初々しい。日本体育会が様々な運動器具を用意して、だれでも使えるようにしたことの評価も書かれている。

4月9日付にピンポンの演技予定が載るが、その期日に実践の記事はない。（美満津商店が会場内に「ピンポン遊戯室」を設けて模範試合をやらせたのが評判になった、と後に井坂信太郎《いさかのぶたろう》が伝えたのは、この演技のことか。この点については後述する。）

1905年11月12日〈東京朝日新聞〉●無言《むげん》の教育（遊戯の趣味）

教育に御熱心なお方は、方々の運動会へ、お子達をお伴《つ》れになつた方が、団子坂の菊見や公園歩きよりも、お子に満足を与へるかと存じます。又十五、六から十七、八にかけての青年を取扱ひなさる上でも、遊戯に嗜好がある者は、之《これ》を程よく利用しまして、ピンポンに、テニスに、クリッケットに、ベースボールに、それぞれの物を買ふてやれば、一方で学問を奨励する手段にもなるし、又一方で、ブラブラ外出することを防ぐことにもなります。

現在ではスポーツに分類されるものが、遊戯と呼ばれている。「スポーツ」はもと、気晴らしの遊戯の意。1900年発表の押川春浪の小説『海底軍艦』も「野球《ベースボール》」を「遊戯《スポルト》」と書く（39年の版では「遊戯《スポーツ》」）。遊戯の範疇は広い。

記者は子どもの自然な興味・趣味に寄り添う。小学校の「運動場公開」を有名無実にしないようにとも提言している。現在の学校施設開放がすでにあったのだ。遊戯をもって「無言の教訓」を施そうと述べ、「子供が自分の知らない事や妙な遊戯をすると云《い》つて、直《す》ぐ生意気と叱るやうではいけません」と結ぶ。いつの時代にもある葛藤。後述する1906年の読売新聞の川柳欄には「老教師いつも遊戯に閉口《へいこう》し」が載る。

引き合いに出されている団子坂の菊人形の興行は最盛期だった。文学好きは、漱石の小説『三四郎』の名場面や正岡子規の俳句を思い出す人もあろう。そういう時代のピンポンである。

次はボート競漕会の記事。

1906年4月14日　〈東京朝日新聞〉●外国語学校端艇《ボート》競漕会

昨十三日午前九時より隅田川上流に於て……文芸部は白、ピンポン、テニスの二部は赤、柔道撃剣の二部は青にて何れも手拭にて目隠しをなし……

現在の国立東京外国語大学のボート部を中心とした競漕会で、部対抗としてピンポン・テニス・柔道・撃剣・講演・文芸の各部が参加したり、帝国大学（東大）など他校を招いたりして行ったという記事。部対抗は目隠し競漕なので滑稽だったと報じる一方で、優勝旗を争う別のレースでは、その記録と「名誉ある選手」の名を記していて、内容が多岐にわたる競漕会だったことがわかる。「午後六時三十分散会」とあるので、丸一日楽しんだ様子。日本のスポーツ（遊戯）のあけぼのが垣間見えて、読者それぞれの想像が広がる。

春のうららの墨堤《ぼくてい》の賑《にぎ》わいに、ピンポン部の面々がいた。

1906年5月13日　〈東京朝日新聞〉●戸外運動の不振

一時は運動熱が盛んで、女学生にもテニス倶楽部さえ設立されたが、前年秋より次第に衰微して、運動具商が嘆いている、と状況を伝えた後、室内運動のピンポン用具が売れているという記事。

只僅《ただわず》かにピンポンの昨年に比して幾分捌《さば》け方宜《よろ》しきを見れば室内運動に心移りしものなるべし。

次に読売新聞を繰ると、最古の「ピンポン」は読者投稿の川柳欄にあるようだ。手探りでの発掘を紹介する。

1906年7月4・18・20・22・23日〈読売新聞〉●川柳欄　お題「遊戯」

ピンポンが花を倒して座敷がへ
子に引《ひか》れ髯《ひげ》がピンポンやつて居《お》り
ラケツトで受損《うけそく》なつて目廻《めがまわ》り
新婚の夫婦座敷でピンポンし
ピンポンのコートはいつも雨戸也《なり》
ピンポンの玉に花瓶《かびん》の花が散《ちり》

第一句、ピンポン玉が活け花を？　二、子どもも大人も。三、テニスかも。四、見たの？　本人作？　五、不規則バウンドも楽しい。六、玉によって。玉の上に？　きれい、というより叱られる。

川柳という文芸は庶民の日常生活を映し出す。「遊戯」に詠まれた運動系は「ベースマン手持無《てもちぶ》沙汰《さた》にミツト打《うち》」などのベースボールほか前出以外も、角力《すもう》、玉突《たまつき》、弓、ボート、竹馬、綱曳《つなひき》、川泳ぎ……と多種多様。それらの中で、ピンポンの普及ぶりがうかがえる。

最後に、拙稿の首尾と川柳の軽みを意識しつつ、第五句の雨戸の卓球台を敷衍する。

卓球のプレーは変幻自在を旨とするが、卓球台も融通無碍である。雨戸の利用とは逆に、近年は卓球台が選挙の開票作業に使われ、被災地の体育館では間仕切りや掲示板として活用され、国民が皆、本来の使用を心待ちにする。

文学作品で言えば、川端康成は処女作『ちよ』に、大阪の中学校寄宿舎の「和楽室」にある「ピンポンの机の上で」借金証文を書く場面があり（1916年頃の話）、長編の絶筆となった68年の『たんぽぽ』はピンポン競技そのものを重要なモチーフにしている。

現在活躍中の川上弘美氏も、作業用としての卓球台を書いた三年後に、楽しい卓球シーンを名作『真鶴』に描いて、文豪への道を歩んでいる。


（『卓球王国』2020年8月号初出　加筆再構成）

新聞等に見る初期の試合

●『運動講座合本（第三巻）』（1928年　アルス刊）所収の松井禮七著「卓球」より

第五回内国勧業博覧会（**1903年**）が大阪に開かれたとき、体育部に設置された「ピンポン」遊戯室に於て行つた東京選手の模範試合が公にされた。之れがわが国最初の卓球競技でそれ迄は全然遊戯視して居つた関西「ピンポン」界に対して一大刺戟を与へたものであつた。之れが動機となつて東西とも「ピンポン」熱が高まり、明治三十九年（**1906年**）には大阪青年会主催のもとに一般同好者を集めた個人優勝試合が開催され、同時に東京に於て芝三田のユニテリアン教会内にあつた惟一《いいつ》クラブが主催となつて、第一回ピンポン大会を開き続いて四十年（**1907年**）正月第二回のピンポン大会を開いた。卓球界の先駆者たる慶應の朝比奈兄弟、美校の大串氏などの活躍したのも此の時代であつた。

「遊戯」という語のニュアンスが見える。（太字の西暦は引用者が便宜のため加えた。以下の本文の太字処理も引用者による。）

●『神奈川県卓球協会90年史』（鈴木一　編著　2014年刊）より

1904年　日本にピンポン等が導入されて2年後、横浜商業が東京の青年会館で行われた学生の大会に出場している。

04・05年　日露戦争

●『日本学生卓球史』（鈴木一　編著　1996年刊）より

1906年　東京は三田のユニテリアン教会内で惟一クラブ主催の大会。大阪は、土佐堀青年会館主催でトーナメントが開かれた。

1907年2月2日〈萬朝報〉●惟一倶楽部ピンポン部大会

去月三十日午後一時より芝三田四国町ゆにてりあん協会※内惟一倶楽部の発起を以て第二回ピンポン大会は催され会するもの帝大六名、慶應十名、倶楽部員十四名、計三十名に達し頗る盛況を極めたり、第一回相対勝負、第二回紅白勝負、第三回三人抜を終り、第四回選手競技にうつり、……

※米国ユニテリアン協会が三田にユニテリアン教会を設立した。

1907年4月8日〈萬朝報〉●惟一倶楽部ピンポン大会

明日午前九時より芝三田四国町惟一館に於て第三回春季大会を開催す当日は帝大、早大、慶應等の勇将連出席すべく尚六十名迄は何人にても飛入勝手とのこと

1907年4月10日〈萬朝報〉●ピンポン大会

昨日……出場の選手は早大、美術、帝大、明大、商工、慶應の諸学校に銀行、会社のハイカラ

連中なりしが……

1907年4月28日〈読売新聞〉 ●美術対早稲田 ピンポン試合

昨日午後一時半より美術学校のテーブルにて催《もよ》ふしたるがピンポンの**対校競技**は今回を以《もっ》て**嚆**《こう》**矢**《し》となす事とて来館者頗《すこぶ》る多かりき 偖《さて》当日の試合中尤《もっと》も面白かりしは劈頭《へきとう》第一の佐藤対富田及び大野対大串両大将同士の勝負にて前者は伎倆《ぎりょう》の径庭《けいてい》なきに基《もと》き後者は大野の得意とするサーブと大串の長所とするホワーとが著々《ちゃくちゃく》功を奏したるに依る 而《しか》して早稲田方始め非常の優勢にして為《た》めに美術軍の顔色《がんしょく》なかりしが佐々木、大串の二人蹶然《けつぜん》一度起《た》つに及ぶや向ふ処《ところ》敵なく脆《もろ》くも其の名を成さしむるに至りぬ

〈早大〉		**〈美術〉**
○佐藤	二―○	富田
◎同	二―○	富本
○塚越	二―一	チャルン
◎同	二―○	尾崎
○伊藤	二―○	加藤
同	一―二	佐々木○
水谷	○―二	同 ◎
○渡邊	二―○	松林
同	○―二	大串 ○
吉川	○―二	同 ◎
山西	○―二	佐々木○
永井	○―二	同 ◎
大野	○―二	大串 ○

加藤	一―二 ←	高田	○
○波摩	二―○	同	
同	○―二	鹿毛	○
○北川	二―○	同	
◎同	二―○	ボンプー	
○野島	二―一	山本	
◎同	二―○	新井	

右頁下段に続く

佐藤	○―二 ←	同	◎
塚越	○―二	佐々木	○
北川	○―二	同	◎
野島	一―二	大串	○

13対11。美術（美大・現在の東京藝術大学）の大逆転勝利である。13人ずつの試合。当時の対校（対抗）試合の形式は、二人抜き優退法（優待と書かれることも）。一人に勝つと、続いて二人目と対戦し、連勝するとベンチに退いて、味方が皆負けたとき再出場し、相手側を皆負かすまで対戦する。美術の佐々木と大串が特別強かったので大逆転が起こった。卓球史によく見る名前である。最後の早大野島が1ゲーム取ったところに意地が見える。大エースも5試合目である。最後まで盛り上がることは間違いないが、団体戦の形式としてどうだろうか。

「対校競技」の「嚆矢」とあったので対戦記録も写した。嚆矢とは、最初の意。対校戦の草分けである。因みに「劈頭」は、はじめ。「伎倆の径庭なきに基き」は、腕前に大きな隔たりがないことにより。「蹶然」は、勢いよく。

1907年6月11日〈横濱貿易新報〉●ピンポン試合

第一銀行対Y校ピンポン試合は九日午後二時より戸倉氏審判の下に第一銀行内に於て開かれたり。

1907年7月22日〈横濱貿易新報〉●ピンポン試合

第一対三井物産艀《はしけ》部ピンポン試合は二十日第一銀行行内にて開かれしが…

右の二試合は臨場感あふれる戦況報告が記されていて、楽しく読める。新聞記者の腕の見せどころで、古い言葉がリズムよく続き、声に出して読みたい日本語である（拙著参照）。Y校は現在の横浜商業高校。この後は、大学の対抗（対校）戦の結果が東京発の新聞に目立つ。

1907年10月6日〈東京朝日新聞〉●運動界消息

東京美術学校選手は**五日**午後二時より上野公園なる同校内に於て対横浜商業選手とのピンポン試合を挙行

1907年11月24日〈読売新聞〉●美、慶ピンポン試合

美校対慶応　本日午前九時より美術学校に開かる。

美校は現在の東京藝大。本日とあるので結果ではなく予告である。観客が意識されているのであろう。出場予定の美校の選手十一名の写真が凛々しい。

1908年1月14日〈読売新聞〉●早稲田大学　舎生の事業

早稲田の寄宿生も種々なる会合を開いて人格の修養、知識の啓発に勉めて居る、其重《おも》なるものに曰く舎生会、曰く英語会、曰く政法会、曰くピンポンソサイエチイ、……

（『早稲田大学百年史』参照…1895年に寄宿舎を中心として早稲田倶楽部という体育・徳育を主目的とした運動団体ができ、1897年、犬養毅らの寄付によって道場が建設された。早稲田倶楽部は体育関係各部の成立を促す母体となった。）

1908年6月24日〈横濱貿易新報〉●ピンポン試合

慶應対横商ピンポン試合は**二十三日**雨天にも関せず見物人山をきづき午後三時より試合を初め※横商方常に優勢にして…

※「始める」は「初める」とも書いた。以上の記事の詳細は拙著『卓球アンソロジー』を参照されたい。

1909年2月20日〈東京朝日新聞〉●第一回東京（連合）ピンポン大会

美術慶大早大等の熱心家発起にて**来**《きたる》**二十一日**午前八時より慶大に大会を催ほす　弁当紀念品を頒《わか》ち会費三十五銭　何人《なんぴと》も出席するを得《う》　尚一等より十等まで賞品あり

〈萬朝報〉会費三十銭飛入勝手にて来会者には記念として美術学校製造の石膏像を与ふる由

萬朝報は会費が異なるが、賞品が具体的。「来会者」は観客ではなく参加者である。会費徴収、弁当と紀（＝記）念品と入賞賞品があり、飛び入り可となれば、事前告知が生きる。新しいアイデアを生かす、学生プロモーターの登場である。

このころの新聞に「新式ピンポン一千組限り」などのピンポン用具の広告が目立つ。

1909年4月17日〈読売新聞〉●ピンポン競技会

本日…午後三時より京橋交詢社にて慶應、早稲田、外国語学、美術の各学校より一名宛、選手を出す。

1909年5月3日〈東京日日新聞〉●丹渓会ピンポン大会

二日午前九時より麻布三河台小学校に於て丹渓会ピンポン大会を開きたるが、会するもの、帝大、農大、早大、慶應、真宗大学、美術学校、東洋協会、歯科医学校、暁星中学、青山学院、横浜商業等の学生五十余名に及び、非常の盛会を極め、予選競技三回、入勝者競技二回の後、三等杉山（横商）、渡邊（早大）、大串（美術）、二等南（丹渓会）、朝比奈（丹渓会）、一等朝比奈大（丹渓会）と決定し、以上六氏金牌を受領し、六時散会したり。

「入勝者競技二回」とはどのようにやったのだろう。一等二等に直結するのか。

1910年1月31日　〈萬朝報〉●東京ピンポン大会

昨三十日午前九時より美術学校にて挙行、会したるは各学校の選手七十六名

〈読売新聞〉　会費五十銭

会費が一年で値上がりした。

1910年2月14日　〈読売新聞〉●運動界　早慶ピンポン試合

十三日午後一時より星暁《ママ》中学の一坂、多賀屋、大井の三選手を審判官として卅八年以来の墻壁

を破り早稲田方寄宿舎テーブルに於て行へり△早軍の先鋒《せんぽう》佐藤先《ま》づ物凄《ものすご》き程正確なるスマッシングに慶軍の森、孫を一挙に切破つて劈頭《へきとう》優退すれば慶軍も然《さ》るもの庭球部の新進鳥山と朝比奈(弟)跳《おど》り出でて早軍を散々に打破りて優退し斯《かく》て一勝一敗の中に慶軍の大将朝比奈(兄)は早軍の副将佐々木を破り勢《いきおい》に乗じて早軍の大将渡邊と戦ひ遂《つい》に之《これ》を破る 早軍の形勢益《ますま》す非也《ひなり》と見間《みるま》に優退の佐藤味方の不甲斐《ふがい》なきを怒り奮戦力闘慶の優退者鳥山朝比奈(弟)を一蹴《いっしゅう》し去り下に打破り朝比奈(兄)に迫り屢々危《しばしばあやう》からしめたれど如何《いかん》せん彼は堅実無比と称せらるる古《ふる》強者《つわもの》なれば流石《さすが》 佐藤が更に朝比奈(兄)に肉迫して屢《しばし》ば危地に陥《おちい》らしめたるが朝比奈は慶の古強者なれば猛烈なる打込も寸功なく零敗《れいはい》したるぞ無念なる

8対7で慶應勝利。「零敗したるぞ無念なる」と係り結びを使って強調された「無念」はだれの気持ちか。佐藤か早軍か、記者か。「星暁」は暁星の誤植であろう。

「丗八年以来の墻壁」は、三十八年以来の、垣と壁、隔たり、さまたげ。これは明治三十九年(1906年)の早慶野球戦のことではないか。そうだとすると応援団の過激な行動に端を発してすべての早慶戦が中止されたことを示している。多くのスポーツファンが落胆した。この1910年の早慶ピンポン試合は他競技の早慶戦復活の先鞭となった。審判官もご苦労さま。審判の名が記録に載るのもこの時代の特徴と言える。

スポーツは学生が盛んで、スポーツファンは学生スポーツを観た。ピンポンもその道を進んだのでここに早慶戦を取り上げた。

*

早大卓球部の創部は1924年秋としている。関東大震災の翌年である。大学体育部への加入は1928年に17番目の部として承認された。（現在は44部加入。卓球部女子部は1951年に正式に関東学連に登録。）

1926年1月、関西地方に遠征して八日間で13チームと対戦し、9勝4敗の成績を残した。負けた4チームは、伊藤忠、鐘紡淀川、奈良商業、全京都軍。勝った9チームは、大阪高校、大阪歯科、卓球研究会、神戸高商、関西学院、合同紡績、大阪OB、愛知体大、全名古屋軍。（『早稲田大学新聞』1926・1・21）

翌年も関西学院と親善試合をして勝利している。関西の雄、関学に勝ったことが体育部加入の後押しになったと伝わる。現行の「早関卓球定期戦」は1936年を第一回とし、戦禍、コロナ禍を挟んで、2024年に第81回を数えた。女子は1962年に始まる。

早慶卓球戦は、右の1910年「早慶ピンポン試合」（東京朝日新聞では「早慶ピンポン仕合」）の後、1932年に「第一回早慶対抗卓球戦」、33年に「第二回」「第三回」が行なわれている（読売新聞・東京朝日新聞）。現行の「早慶卓球定期戦」は1942年を第一回と数え、戦禍を挟んで、2024年に第81回が開催された。女子は1954年に始まる。以上、学生スポーツ活動の一端として書き留める。

右に見られる早慶戦の呼び名の、時代による大きな違いに関して、次の項を立てる。

1910年8月　韓国併合

「ピンポン」から「卓球」へ

「卓球」という語が考案された1918年の新聞を繰る。考案者は宗教大学(現・大正大学)の千々和宝典。「卓」で行う、「卓越」に通ずる、ことから名付けたという。

以下〈東京日日新聞〉

1918年11月1日 ピンポン大競技會《だいけうぎくわい》　十一月二、三兩日　本社樓上にて

11月2日 ピンポン大競技會《だいけうぎくわい》

11月3日 本社の卓球《ピンポン》大競技《だいけうぎ》

「卓球」初見参《ういけんざん》。

前日の試合結果と、田尻東京市長(と松井禮七)による卓球史上初の始球式を写真入りで伝える。「卓球」という文字が新聞に載った最初である。会場の日日新聞社の表玄関に「第一回東京卓球《ピンポン》大競技大会」の大看板が置かれ、そこにも「ピンポン」の仮名が振られていた、と井坂《いさか》信太郎《のぶたろう》が述べている。仮名がなければ「卓球」だけでは何のことかわからなかったのである。(「楼上《ろうじょう》」は、高い建物の上(の大広間)。申込総数は22団体、131名。)

「優勝せしチームに対しピンポン技《ぎ》に因《ちな》める大銀球（天賞堂製）に名称を彫刻し授与すべし。優勝三回に及ぶ時には此優勝銀球を永久に記念として贈呈す　主催　東京ピンポン倶楽部　後援　東京日日新聞社」。3回優勝した時には返還しないで良いということ。現在でもこの規定を慣習として受け継いでいる大会がある。

〈海外初遠征・国際試合を探る　5項〉

ピンポンの横綱　敵を捜しに上海へ〈東京朝日新聞〉

1925年6月14日

室内運動中最も活発な卓球は最近漸《よう》く一般化して来たが、農業大学卓球部では春秋二回のリーグ戦に全勝し内地では相手が無いと嘆《たん》じてゐる折柄《おりから》、上海在留同胞の卓球協会から招かれ◇いよいよこの夏休みを利用し同地に遠征する事となった、同協会と一戦後は更にフランス、支那等の外人チームとも覇《は》を争ふはずだと東京農大の監督と選手の鋭気みなぎる写真も大きく載っている。ニュースとして価値が高かったのであろう。当時、上海には日本を含む諸外国の租界（外国人がその居留地区の行政や警察を管理する組織、地域）があった。同胞からの招待も国際試合が予定されたのも、その時代背景によるものである。

しかし、遠征予定の期日に記事がない。この疑問を解くために農大図書館に相談すると、貴重な書物を閲覧させていただけることになった。

『東京農業大学卓球部主将記録簿　第二号　大正十二年――昭和五年』

1925（大正14）**年度**は「秋山利恭記ス」とある。遠征に参加した選手による、手書きの一次史料である。秋山選手は、現在の全日学の前史、1925年全日本学生選手権大会の覇者である。原文横書き。［口絵参照］解読を試みる。ルビは田辺。

「満鮮遠征ノ記」（8月10日～28日）

カネテ上海遠征ヲ計画スルヤ全学生ノ非常ナル期待ト後援ヲ得《え》着々ソノ準備ヲ進メタルニ突如《とつじょ》トシテ上海暴動ガ報ゼラレ引続イテ上海卓球協会ヨリノ通知ニ接シテ危険ニ付《つき》中止ノヤム

ナキニ至リ遂《つい》ニ満鮮《まんせん》方面ニ変更スルコトトナル　八月十日記　東京発瀧本部長先生始メ在京諸先輩学生並《ならび》ニ東都卓球界ノ多数有志ノ見送リヲ受ケテ全勝ヲ祈ル万歳声裡《ばんざいのこえのうち》ニ愈々《いよいよ》遠征ノ途《と》ニ上《のぼ》ル

上海暴動とは五《ご》・三十《さんじゅう》事件である。反帝国主義運動の契機となった。

このあと七ページにわたり、船旅と、（当時日本の勢力圏にあった）大連から釜山までの、七人の（対邦人）戦績（十戦十勝）と日々の行動が綴られる。周囲の熱い期待や支援も受けて、沸々《ふつふつ》とたぎる向上心や遠くを見つめる眼差し、求めるものの激しさが感じ取れて、遠征に同行しているような高揚が生じる。全ページ書き写したいがルールの記事の一部を写す。「サーブハサーブボックスニ入レ二球ヲ用フルコト　レシーブハ強球ナラザルコト」。

サーブボックス、二球、とは何か。諸賢の教えを乞う。

（右3項等『卓球王国』2020年9月号初出　改稿）

後記

〈諸賢の知見を基に〉「サーブボックス」とは、現行のダブルスのようにサービスを入れるエリアが決まっているということであろう。テニスを引き継いで、対角線の右サイド左サイドに入れるというルールがあった。相手コートの中央付近のエリアと解釈できるものを読んだ記憶もある。「二球」とは、ボール二つ。テニスのように2回のサービスミス（フォルト）で失点ということであろう。

第八回極東選手権競技大会

1927年9月1日〈東京朝日新聞〉上海連合**三十一日**発●**卓球日本優勝**

オープン競技の日華ピンポン団体競技は六時十分から開始されその結果日本チームは六対一で中華チームを敗退せしめ、各級団体選手権を獲得した。これで日本は各級において個人団体共に選手権を獲得したことになる、結果左の通り

日本		**中華**
小山	3―0	林澤民
池田	3―0	林榮基
幸田	3―0	李傳曦
土谷	3―1	朱
鈴木	3―0	王
荒木	0―3	孫
小笠原	3―1	張

前日の**31**日付に、やはり上海パイオニア屋内コートで行われた、個人戦の結果が載る。決勝で小

山伸夫を破った幸田槃三郎が最初の個人選手権を取った、とある。オープン競技の卓球に参加したのは日本と中華民国。**国を代表しての卓球国際試合はこれが最初か。**敬意を払い、新聞紙上に見られるフルネームを記す。寺島槃三郎、土谷英二、鈴木貞雄、小笠原槃造、孫完許、王發光、張槃紀、元發生。

極東選手権競技大会は１９１３年に「東洋オリンピック」という名称で始まる。極東オリンピックと呼ばれることもある。参加国は主に、日本、中華民国、フィリピンの３国。新聞では、日、華、比と表記されることが多い。卓球競技は「日華卓球」の見出し。１９３４年第十回大会の時、「満洲国」参加問題で日華が対立し、大会が消滅。

１９３１年９月18日　柳条湖事件（満州事変）

日支対抗卓球

１９３４年５月９日〈読売新聞〉

中華民国主催第一回日支卓球大会は来る**六月九日（土）十日（日）**両日上海に於て挙行することゝなつた　日支代表各七名である

そして、日本卓球会（31年結成の日本の統一団体）が予選会を神田ＹＷＣＡで開催すると告知されている。

横浜ＹＭＣＡ卓球部対中華留日乒乓球隊

１９３４年　横浜ＹＭＣＡ体育館にて

横浜ＹＭＣＡ体育部の卓球部は、１９３２年の横浜市の卓球リーグ戦では、市電や生糸検査所などの卓球チームを相手に七戦全勝優勝するなど、優秀な成績を残している。口絵写真は中国の留学生チームと対戦した際のもの。選手が持つ３枚のペナントの文字は「ＹＭＣＡ　ＹＯＫＯＨＡＭＡ」「CHINA PINGPONGBALL 1934」「中華留日乒乓球隊」（本項の見出しに使った）。壁面の対戦表も読み取りたかった。

私がこの写真に出会ったのは２０２１年夏、（公財）横浜市ふるさと歴史財団が主催した横浜都市発展記念館での展覧会「スポーツの祭典と横浜」だった。展示ケースのガラス越しに写真を鉛筆で写し取った。今回掲載したのはその鉛筆写生の精巧な復元写真、ではなく、３年後に横浜ＹＭＣＡの資料室にお邪魔して、撮影させていただいたものである。

『横濱青年』1934年4月号に、この親善試合の記事を発見。［口絵参照］

日本留学生よりなる卓球チームが来征し、YMCAと一戦を交へた。勝敗は左の通りで、全勝したが仕合後一諸に茶を飲んで親睦の会を持つた。張監督、其他の挨拶あつて和気満ちたものであつた。写真はそのときの記念撮影である。

中華チーム		YMCA
張	0―3	小島
盧	0―3	松岡
李	1―3	長澤
戴	1―3	高井
耿	1―3	吉田
鄭	棄権	淺場
賀	〃	長崎
	零―對―七	

対 立教大学定期戦　天長節当日（二十九日）午後一時より当YMCAに於て帝都大学の雄立大を迎へ打つことになつた、定めし熱戦が展開される事であらう、御来会御声援を希つて居る。

他に、体育館でのプレー写真も転載させていただく。［口絵参照］

資料室は『横浜ＹＭＣＡ体育史』を所蔵する。1919年から約40年間に渡って横浜ＹＭＣＡの体育部主事を務めた広田兼敏氏が編纂した、大量の手書きの11冊。横浜スポーツ史における最重要資料の一つ。原稿用紙に書かれた一文字一文字に見入る時間も戴いた。様々な資料を保管している資料室では、総主事室の池田さんが、私の求めるものを探してくださるなど、大変お世話になった。

＊

1935年には全日本学生選抜軍が満州・朝鮮遠征を行い、11戦全勝を記録。翌36年には次項から登場する今孝選手も参加する。

1937年7月7日　盧溝橋事件（支那事変）

〈戦争の中の卓球　8項〉

国内初の国際試合 サバドス・ケレン来日 全記録　岡本清美 監修

1938年「日洪交驩《こうかん》國際卓球戰」（日本と洪牙利《ハンガリー》の交歓国際卓球戦）は8戦行われていた。今孝（早大）渡邊重五（関学）両選手の活躍が知られているが、全記録は整理されてこなかった。物理学者で東京工業大学（現・東京科学大学）卓球部ＯＢの岡本清美氏がまとめた記録を掲載させていただく。私は校正作業を手伝っただけである。（人物等に関して不明箇所あり。）

日本で行われた最初の卓球国際試合として1938年（昭和13年）の対ハンガリー戦（サバドスとケレンが来日）はよく知られている。初戦は一枚ラバーの回転とフィンガースピンサービス（当時は既に禁止されていたはずだが）についていけず完敗したが、その後は今孝と渡邊重五の活躍により巻き返したとされている。しかし今と渡邊以外に誰が出場したのか、スコアがどうであったかなどについてはまとまった記述が見られない。今回、当時の朝日新聞、毎日新聞、読売新聞の記述などを精査し、対ハンガリー戦の全記録を明らかにした。80年以上前、世界トップクラスの選手を迎えて先人がいかに奮闘したかを振り返ってみたい。

この日洪対抗戦は日本で行われた最初の国際試合というので、当時の卓球人の熱狂を招いた模様である。タマス創業者の田舛彦介の「卓球は血と魂だ」にもその一端が窺える。後述のようにこのページには今孝の感想記も転載されている。

1935年全日本選手権でオープン種目として国際式が実施され、1936年から正式種目になった。学生卓球界は1937年から全面的に国際式になった。それまでは日本式（台が少し小さい）で行われていた。したがって、この対抗戦は国際式に切り替えられて間もなくのことであった。また、前年の1937年7月7日に盧溝橋事件が起きて日中戦争が始まっており、対抗戦直後の1938年4月1日には国家総動員法が公布された。新聞記事にも戦争の影は色濃く、後述のサバドスとケレンの大相撲観戦の記事の隣には戦死した兵の記事が載っている。次年の1939年9月1日にはドイツがポーランドに侵攻して第2次世界大戦が始まった。世界選手権大会は1939年のカイロ大会を最後に中断、全日本選手権大会も1940年を最後に中断された。このような時代背景を考えると、まさにこの時期でなくては実現できなかった国際試合であった。
サバドスとケレンは1937年から1938年にかけてオセアニア、極東、南アフリカなどに卓球旅行を行い、日本訪問もその一環であった。卓球旅行終了後に二人ともオーストラリアに移住している。ケレンは戦後イギリス連邦占領軍の一員として日本に来ている。サバドス（1912・3・7〜1962・2・12）とケレン（1912・3・21〜2003・5・1）はほぼ同時期にブダペストで街を同じくして生まれ、学校も同級であり、卓球界入りも同じ年であった。

当初、彼らは10日に神戸着、13日に大阪で第1戦の予定であった。しかし、乗船のネロア丸が13日朝門司着になったので、15日の東京での試合が第1戦となり、大阪での試合は26日に延期され第3戦として行われることになった。彼らは特急で13日の午前8時30分下関発、東京には14日の午後3時25分着とあるので、19時間ほどかかったことになる。当時はまだ関門トンネルは完成していなかったので、彼らは関門連絡船で下関まで行き、そこから特急に乗ったのであろう。
東京の第1、2戦の会員券は指定席が2円普通席が1円で、前売りのみで当日売りはなかった模様である。当時の大卒初任給が20円程度であったようで、これを基準にすると2万円と1万円程度というところであろうか。

【第1戦】
1938年1月15日、東京、日比谷公会堂
サバドス　1（19）0　ケレン　（模範試合）

ハンガリー　5―0　日本
ケレン　2（14 16）0　川村
サバドス　2（-19 17 20）1　今
サバドス・ケレン　2（-15 15 17）1　今井・井上
ケレン　2（13 12）0　井上
サバドス　2（16 14）0　宮川

今は最終ゲーム17－19から20－19とマッチポイントを握るも惜敗。サバドスは右利き、ケレンは左利き。サバドスのグリップの写真が1938年1月17日朝日新聞朝刊に載っているが、これを見ると角形ラケットで人差し指と中指がバック面に出る二本差しグリップである。日本の出場選手は、川村澄（立教）、今孝（早大）、今井太郎（慶應）、井上景助（慶應）、宮川顕次郎（同大）。朝日新聞には「千載一遇のこの一戦を見んものとファンは定刻前より続々と詰めかけた」とある。

また、1938年1月16日の朝日新聞朝刊の観戦記（星山芝太郎）には次のようにある。「日本も国際式転向と共に彼等が持つようなゴムのバットを少し使って見たが、長らく木製生地の儘のものを使った日本選手には音響の頼りなさから勝手が違い研究する間もなく今日に至ったもので、音響によって球の強弱を感知していた日本選手にはこの点も神経的に不利に導いたものともいえる。」これを読むと、日本選手はゴム張りラケットを全く知らなかった、ということではなかったようだ。後述の今孝の手記にもゴム張りラケットを知っていたと思われる記述がある。また、「音響によって球の強弱を感知していた」のくだりは、スポンジラケット時代の音もなくスマッシュが飛んでくる、あるいはグルー使用時代の金属音を発するパワードライブ、などを思い出させて興味深い。

【第2戦】

1938年1月18日、東京、日比谷公会堂

朝日新聞には「定刻前に観衆殺到して立錐の余地なく」とある。

日本　4—1　ハンガリー

渡邊　3（16 5 17）0　ケレン

今　3（11 20 19）0　サバドス

川村・堀川　2（18 -14 -21 17 -21）3　サバドス・ケレン

今　3（15 13 11）0　ケレン

渡邊　3（13 14 15）0　サバドス

出場選手：渡邊重五（関学）、今孝（早大）、川村澄（立教）、堀川稔（立教）

監督：川上（正?）、マネージャー：大門（大亮?）

【第3戦】

1938年1月26日、大阪朝日会館

日本　3—2　ハンガリー

今　3（11 9 13）0　ケレン

川上　3(19 -17 22 21)1　サバドス
渡邊・今　3(15 11 13)0　サバドス・ケレン
中川　0(-15 -14 -15)3　ケレン
渡邊　0(-16 -20 -16)3　サバドス
※ダブルス第2ゲーム、朝日は21－11、読売は21－12、毎日スコアなし
出場選手：川上正(名古屋)、中川武夫(大阪尚球会)

【第4戦】
1938年1月28日、名古屋朝日会館
日本　3―2　ハンガリー
川上　3(14 18 18)0　ケレン
今　3(13 16 11)0　サバドス
中川・川上　1(-17 -16 15 -19)3　サバドス・ケレン
渡邊　3(-18 13 17 7)1　サバドス
石橋　0(-18 -15 -20)3　ケレン
※今―サバドス第3ゲーム、朝日は21－11、読売は21－14、毎日スコアなし。
出場選手：石橋(瞬之助？)。

【第5戦】
1938年2月5日、青森市公会堂
ハンガリー　4―1　青森軍
ケレン　2(15 -17 18 -18 -13)3　佐藤
サバドス　3(19 11 19)0　石井
サバドス・ケレン　3(10 11 20)0　佐藤・澤田
サバドス　3(-19 14 20 15)1　小中
ケレン　3(14 10 17)0　澤田
※サバドス―小中、第1ゲーム、朝日は19―21、読売は11―21、毎日スコアなし
出場選手：佐藤(青森商門倶)、澤田(正幸?、青森)

【第6戦】
1938年2月6日、仙台市公会堂
ハンガリー　3―1　仙台軍
サバドス　3(18 20 12)0　鹽澤
ケレン　1(-15 14 -10 -20)3　齋地
サバドス・ケレン　3(10 17 15)0　鹽澤・齋地
サバドス　3(10 15 16)0　横川
※ケレン―齋地戦、第4ゲーム、朝日新聞には21―22とあるが、このスコアはあり得ないが(時

間制限打ち切りの促進ルールでない限り）、残念ながら毎日、読売共に記事がない。

【第7戦】

1938年2月9日、大阪朝日会館

ハンガリー　5―0　日本

サバドス　3（17 20 9）0　渡邊
ケレン　3（14 14 10）0　小濱
サバドス・ケレン　3（18 15 -23 16）1　渡邊・黒田
ケレン　3（20 14 -19 -16 17）2　川上
サバドス　3（19 16 -19 17）1　藤村

○オープン

西山嬢 2（10 -18 11）1 眞田嬢

黒田（利一？）：1937年全日本複優勝（渡邊重五）

西山嬢は西山喜代子（西山恵之助の姉、1950年全日本混合複優勝）？

【第8戦】

1938年2月10日、京都、祇園弥栄会館

ハンガリー　4—1　日本

ケレン　3（19 14 -14 18）1　川上
サバドス　0（-24 -19 -16）3　中川
サバドス・ケレン　3（14 -14 21 -15 16）2　宮川・中川
ケレン　3（18 -17 18 -17 20）2　宮川
サバドス　3（16 13 13）0　川上

【出場選手一覧】

川村澄（立教）：1936、1939全日本単SF、戦後も活躍
今孝（早大）：1938、39全日本単優勝、1936〜40全日学単優勝
今井太郎（慶應）：1937全日本複2位（井上）、1937全日学複優勝（井上）
井上景助（慶應）：1937全日本複2位（今井）、1937全日学複優勝（今井）
中川武夫（大阪）：1935、36全日本単優勝
宮川顕次郎（同大）：1937年全日本単QF、今—宮川の長時間試合の宮川
渡邊重五（関学）：1937全日本単優勝
堀川稔（立教）：1937全日本複2位（川村）
川上正（名古屋）：1937、1940、1947全日本単QF、1946全日本単SF

石橋（舜之助？）：1935全日本2位
佐藤（青森商門倶）
石井（？）
小中（？）
澤田（正孝？、青森）：1936全日本単2位
小濱（？）
黒田（利一？）：1937全日本複優勝（渡邊重五）
藤村繁藏（大阪日本生命）：1937全日本単QF
鹽澤（東北大）
齋地繁敏（仙台商）：1938全日本単QF、1948、1949全日本単2位、戦後藤井則和に土を付けた三人のうちの一人（あとの二人は戸塚和美、中田鉄士）。
横川（東北大）

この他に朝日新聞1938年1月15日には代表選手として吉住弘（大阪日本生命、早大出身）の名前があるが、試合記録には見あたらない。

【勝ち星を挙げた日本選手の成績一覧】

	対サバドス	対ケレン
今	2―1	2―0
渡邊	2―2	1―0

川上　1—1　1—2
中川　1—0　0—1
佐藤　0—0　1—0
齋地　0—0　1—0
渡邊・今　1—0　サバドス・ケレン

今と渡邊の活躍は伝えられているとおりである。特に今は最初のサバドス戦でマッチポイントを握りながら逆転負けしたあとは1ゲームも落とさず4連勝していることは特筆に値する。また、今と渡邊以外にも勝ち星をあげた選手がいたことにも注目すべきで、これは当時の日本卓球界の全体のレベルの高さを示しているものであろう。

【ハンガリー側から見た通算成績】
サバドス　10勝6敗
ケレン　9勝6敗
サバドス・ケレン組　7勝1敗
（ケレンのシングルスが通算15戦であるのは仙台大会のみ5番が行われなかったためである）

【サバドス・ケレンの談話、今孝と渡邊重五の手記】
朝日新聞にサバドス・ケレンの談話、今孝と渡邊重五の手記が載っているので、ここで全文を引用しよう。当時は旧字体と旧仮名遣いであり、句読点の使い方も現在とは異なっている。以下の引用ではそれらを現代的にした。

○サバドス、ケレン談（1938年1月17日、朝日新聞朝刊）

【日本卓球界の印象】

十五日の日本学生軍との第一戦を終ってハンガリーのサバドス及びケレンの両卓球選手は日本卓球界の初印象について左の如く語った。

【驚き入った力量　世界制覇も近し　バットの研究が肝要】

長い旅の後日本へ来てこの国の自分達にとって殊に親しみの深き人情風俗に接して故国に帰った様な心安さを感じた。言葉の上においても例えばミヅ（水）はミヅでありシホ（塩）はショーである。ハンガリー人は髪が黒く眼がわりに小さくたしかに日本人は自分達にとって親戚の様な感じがする。

日洪卓球の第一回戦を行って日本が卓球に於てこんなに傑れた腕前を持って居るとは夢にも知らなかった。殊に今選手は素晴らしい。その今選手が日本では第二位であり日本には今選手の上に位する渡邊という選手が居りこれと戦わねばならないと聞き益々不安を感ずる次第である。第一回の対抗戦の戦績は全く日本選手に運がなかったというより他はない。又日本選手は初めての国際試合で多少心の落ちつきを失って居たように感ぜられる。もし日本選手がゴム張りのラケットを用いてねばり強く向かって来られたならば勝運どちらに幸したか断言できない。

来朝前は欧洲とまだ連絡のなかった日本卓球界のことですからほんとうはタカをくくっていましたが十五日の第一戦で吾々の予想に反して日本選手のレベルの非常に高いのに驚かされました。確かに世界的選手と伍し得るものがあります。これは吾々が10ポイントも許さず煙草を吸ってても楽に勝てた濠洲、新西蘭遠征後のことなのでその感は一入です。殊にファイター揃いの日本選手があの木のバットを使ってコントロールのよさ、よい勘を示し、凡ゆる種類のストロークを見せられたのには驚きました。此調子で行けば一、二年の後には世界卓球界のトップを占め得るでしょう。それには木のバットを止めて欧洲やアメリカで使われているゴム張り(ラバー)バットを採用されたがよいでしょう。それにはグリップも日本の様にペンホルダー式でなくシェークハンド・グリップ(一名テニス・グリップ)を要し、この法でラバー・バットを使えば木のよりも球の当り好く、またはるかにコントロール、スピンがつきますし、バットの両サイドを使うため攻防共に木のものよりも多くの打ち方が出来ます。

殊にダブルスの方はスピンを余計に必要としますからラバー・バットを奨めます。しかし目下一流の日本選手がこれに急転向するのは重いバットにグリップも変えねばならず困難のことと思いますからこれから始める人や今新進で望みある人達にお奨めするものです。またこのラバー・バットにもペンホルダー式のグリップをする人が欧洲にありますが自分は古くから慣れている所為かシェークハンド式が有効に思います・・・しかし第一戦で日本選手の内で試合負けをしている者があったがあの点等はもっと試合を盛んにして試合度胸を作るべきでしょう。

と最後に十五日夜の試合で盛んにエースを連取して日本選手を苦しめまた観衆の眼を奪った

サバドス君のサービスの秘訣を尋ねると「あれは何にも秘訣などありません。ラバー・バットを使ってカット或はチョップして打ち込めば誰でも出来ます」と飽くまでゴム張りバットの力強さをほのめかしていた。

○関西学院大学、渡邊重五（朝日新聞1938年1月30日朝刊）

【日洪卓球戦を終えて】

わが国卓球マンの多年の宿願だった日洪国際卓球試合、殊に前年まで世界の覇を握っていたハンガリー選手を迎えて技を争ったことは喜びにたえない。以下私が試合を通じて感じた点を書いて見よう。

【試合度胸の不足 日本式フォーム創造への確信】

まず技術的には彼我を対比して彼等がわれわれより優れているとは思われない。日本的に見た考え方ではあるが、フォームなどはことにわれわれの方が優れているのではないかと思う。なぜならフォアのロングストロークを見る時彼等はたゞ身体を棒立ちにしたままで身体全体を使おうとしない。腕と手首だけで打つ。その点日本一流選手のフォアのストロークは何ら無理がなく身体全体を使って楽に打っている。殊に日本人独得の腰を使い膝関節を使って打つことは彼らより遙かに優れた点ではないかと思う。

しかしながら彼らのカッティングおよびバックストロークはさすがに世界一流選手としての貫禄が窺える。なかんずくフォアのカッティングは絶対的な武器と思った。かく彼我を比べて日本選手がなんら彼らに劣らず、むしろ彼らより遙かに優れていると考えられるにも拘わらずなぜか最初は全敗、三度目は三対二と接戦をくり返したがこれは自分の見るところでは彼らはさすがに世界一流選手だけあって精神的にも十分の訓練を積んでいるのだ。

即ち大試合の経験に富んだいわゆる千軍万馬の間を往来した選手だけに俗にいう試合度胸がいい。日本選手は彼らに比べてビッグゲームの経験が少なく殊に舞台での試合はほとんど総ての選手がはじめてだから気持ちの上で大きなハンデキャップがあるわけだ。もう一つは彼らのゴム張りのバットから出る独得のサーヴィスこそ日本選手のコルク張りバットではなし得ぬところであろう。これらが日本選手苦戦の原因ではなかったかと思う。

次にダブルスについては従来いろいろの批評があったが、結果からみて決して悲観することはないと思う。従来日本では所属チームや在住府県の違いから一流選手同士が組み得ない事情にあったが今回の如く一流選手同士の〝組〟が出来れば世界一流選手のダブルスに決して遜色のない組が出来ることを自分は確信している。

次にペンホールダーグリップとシェークハンドグリップの比較については先日朝日新聞紙上に掲載された来朝両選手の感想と同感である。日本選手もぜひシェークハンドグリップに変わらねばならないと思う。最後にゴム張りバットとコルク張りバットに就て考えている点を書くとハンガリー選手の使用しているゴム張バットは確かにコルク張より優れていると思う。日本選手があのゴム張ラケットより劣っているコルク張を用いてさえ世界の強豪と対等の試合をなしうるのだから将来ゴム張を使用しシェークハンドグリップで合理的打法の研究に精進すれば今日の世界最高水準より一段と優れた日本式フォームによるゴム張りシェークハンドグリップの卓球を完成することが出来るのではないかと思う。自分は日本人こそは世界で最も卓球に適した人種だと信じている。

○早大、今孝（朝日新聞1938年1月31日朝刊）

【日洪卓球戦を終えて】

日洪国際卓球の第一戦たる対日本学生軍の試合で我々は零敗を喫してしまった。次の全日本軍の試合には逆に大勝を博し、大阪に於る第三戦はダブルスに初めて勝って日本軍の快勝に帰し名古屋の第四戦も亦我々の勝利となった。今これらの試合を通じての感想を述べてみたい。

【体力の必要を痛感】

第一戦にわれわれが何故零敗という惨めな負け方をしたか、静かに試合を顧みるとまずわれわれの想像だにしなかった重量のラバー・ラケットに対する準備の足りなかったことが最大の原因だったように思う。

日本は国際式を採用して日まだ浅くしかも今日まで欧州の卓球に一度も接したことのなかったわれわれには卓球に関する雑誌や欧州へ見学に行って帰って来た二三人の話を聞いて僅かに欧州の卓球技を窺うのみであり、従ってそれに対す《ママ》十分の研究が出来ていなかったことは今更ながら遺憾である。そして今初めて世界の強豪サバドス、ケレンのテニス・グリップでラバー・バットから繰り出される変化に富む卓球技に接しラバー・バットによるボールの廻転の激しいのに驚かされたのだった。

日本ではラバー・バットは一人として使ってはいない。また使用しようと試みても木地のまま、或はキルク張バットに馴れている日本では誰もマスター出来なかったのだが、いま重いバットの使用に適しているテニス・グリップでラバー・バットの偉力をまざまざと見せられ、ラバー・バットは確に攻撃を防ぐに有利であり、しかも攻撃にも十分偉力を発揮出来ることが判然した。

彼等は「ペンホルダーはある程度までは上達してもそれ以上には延びない」といっていたので今度は彼我の相違を検討するに最もよい機会だったが、前後三回の試合を通じてペンホルダーでキルク・バットにより堂堂両強豪を攻めたてて破ったのを見ても解る通りテニス・グリップが必ずしもペンホルダー・グリップに優るとは考えられない。

身長の低い、体重の軽い日本人にはむしろペンホルダーが適しているのではないかと思う。さらに技術的に見るならば日本式に三十年の基礎を持つ日本の卓球技の方が彼等よりフット・ワークや打法、身体の動き等の点において優っていることだけは断言してもよいだろう。彼等は身長を利用して巧妙に身体の動きを補っていた。然し世界のあらゆる大試合に出場した彼等は試合数の少ない日本選手に比し試合度胸の点において優っていた。

彼等は全日本軍に敗戦後次のような感想を漏らしていた。

「日本の卓球技はわれわれより上だ。世界選手権に出ても大丈夫優勝の可能性がある。」

我々もそう信じている。しかし彼等との対戦において体力の劣っていることを痛切に感じた。卓球においても猛烈なトレーニングにより頑健な体力を養う必要がある。体力さえあったら水上日本の如くわれわれは卓球日本の名を世界に轟かすことは至難ではないと思うのである。またキルク張バットで十分ラバー・バットを降し得ることも自信を以て断言し得る。

渡邊と今ではラバー・ラケットとグリップに関する評価が違うのが面白い。渡邊はラバー・ラケットとシェークハンド・グリップの優位性を説き、今はペンホルダーグリップとコルク張りラケットで十分対抗できるとしている。渡邊はこの対抗戦の後にシェークハンドに転向した。

1月19日にはサバドスとケレンが大相撲春場所（当時は1月の春場所と5月の夏場所の年2場所）を観戦した。この場所は双葉山新横綱の場所で、69連勝の途中であった（この日が47連勝目）。彼らは支度部屋を訪れ、双葉山らと握手を交わしたとのことである（朝日新聞１９３８年1月20日朝刊）。

田舛彦介の「卓球は血と魂だ」に今の感想記が転載されていて、上野駅で両選手を見送った場面がある。（https://www.butterfly.co.jp/takurepo/other/detail/006170.html）

「朗らかな両選手と私は、二月三日に上野駅で彼等が青森に行く時に最後の別れをしたのだった。発車間際私は「試験があるのでもうお目にかかれません。旅行の御成功と御健康を祈る」と申しますと、サバドスは淋しそうな顔をして堅く手を握って「それはお気の毒だ。世界選手権大会の時又会う。ではサヨナラ」と車中の人となったのであった。」

しかし、サバドスもケレンもこれ以後の世界選手権には出場することはなかった。今孝は１９４６年11月11日にこの世を去り、11月24日に大阪南区の三津寺で日本で初めての卓球葬が行われた（戒名は孝順卓光信士）。卓球界復興の端緒となる戦後最初の全日本選手権（１９４６年11月1〜3日）が行われたのを見届けたかのような逝去であった。この試合の男子シングルス優勝者は、戦前最後の１９４０年の全日本選手権三回戦で今孝を（14−21、21−9、21−17）で破り今の三連覇を阻んだ藤井則和その人である。

田辺追記
日洪戦のメダルが、２０１９年頃日本で、ネットオークションに出ました。洪牙利選手歓迎後援会と日本卓球協会によるメダルです。欲しくなりましたが、すでに落札されていました。

関東学生卓球連盟主催　早慶対帝立交歓卓球戦〈東京朝日新聞の記事を拾う〉

1938年12月3日付　オーダー発表。10日「関東学生リーグの一位である立大と四位であった東大が、二、三位を占めた早慶に対抗する」と伝えて、各勝負の予想を記し、「かく見てくると早慶軍に僅かの優勢が窺はれるが差は二三点を出でないクロスゲームとならう」と結ぶ。メンバー一部変更告知。〔**11日**実施〕12日「番狂はせ　今、須山組敗退」。立教大学の２勝が光る。ＹＷＣＡにて。（以下、ポイント数は省く。）

早慶　５――２　帝立

今・須山（早大）０―２　川村・頼（立大）

平塚・小林（慶大）　2—0　斎藤・下山（帝大）
小林（慶大）　2—0　山口（帝大）
平塚（慶大）　2—1　下山（帝大）
今　（早大）　2—1　川村（立大）
野村（早大）　0—2　頼　（立大）
須山（早大）　2—0　斎藤（帝大）

前項の日洪戦の後に記すには重要さが違うが、学生連盟が卓球界を盛り上げようと企画したのではないかと思える。公式のリーグ戦ではないにもかかわらず、日洪戦で活躍した選手が出場するためか、事前のオーダー発表があり、勝負の予想まで記事になっている。

〝世界の脅威〟今孝君　『アサヒスポーツ』1940年7月第1号

岡本清美氏の日洪戦記録の労作を受けて、軍靴の音が聞こえる中のスポーツ誌の今孝評を転載させていただく。署名記事で執筆者は朝日新聞の著名な記者である。この年6月に東京で開催された、紀元二千六百年奉祝・汎太平洋卓球競技会（アメリカ・ハンガリー・日本が参加）での今選手の強

さから書き起こされる。［口絵参照2葉］

＊

米国の巨人も、濠洲の新鋭も、新東亜の巨星の前に脆くも潰え去った、これぞ日本卓球界が世界に誇る今孝選手（早大）の偉大なる覇業の一つであらう。

もちろん我々は米国選手のみをもつてして現在世界卓球界の最高峰であるとは断じない、だが少くとも質量ともに世界第一線にあることは事実である、従つて米国選手を完膚なきまでに叩きつけた今君こそ〝世界の脅威〟であると推称するに吝かでない。

汎太平洋大会決勝戦で崔君（関学）に惜敗したとはいふものの、矢張り日本卓球史を繙けば依然今君こそ日本が世界に誇るＮＯ１である。

今君は卓球王国をもつて誇る北門青森が産んだ逸材、青森商業が全国中等卓球界に雄飛し漸く青森中、東京府一商等に脅かされつゝあつた昭和九年青森商苦難時代の主将として対敵手青森中宮川君（同大）と血の滲むやうな大試合を展開して、再度にわたる苦汁を経験したのであつた。

優勝旗は青森中に奪還され、今君の実力を疑ふ者さへ出るといふ八方塞りの中に今君は今日の大をなす基礎を着々作つてゐたのであつた。

昭和十年早大に入学して初めて東都の舞台に立つた今君は早くもその力量を認められ、翌十一年には関東学生選手権はもちろん全日本学生の覇権を獲得以来引続き今年迄関東学生は五連覇、全日本学生は四連覇（本年度は未決行）と前人未踏の連覇を成就し、更にこの間全日本選手権を昭和十三、四年と連覇し、ダブルスでもパートナー須山と共に連覇し、この他全国学校対抗における早大の四連覇等彼の輝しい戦跡は数へるに遑なき有様である、しかも彼をして世界的に有名にさせたのは昭和十三年来朝した世界の卓球王国ハンガリーのサバドス、ケレンの両者を粉砕した一事にあつたが、今また米濠選手を一蹴し、いよいよ名実共に〃世界の脅威〃たる地位を獲得したものといへよう。

今孝君は本年早大商学部三年生、齢廿四、来春いよいよ卒業するが、学業優秀、性温順なる反面に、熾烈な闘志の所有者で、正に典型的なスポーツマンと推称しても異議をさし挟む者はあるまい。

彼の次の目的こそ名実共に世界卓球界征服にある、来年米国において世界又は汎太平洋大会の計画ありと聞く、これに招聘されるのは論を俟たぬところ、須く世界制覇を成就する日の一日も早く彼の上に来らんことを望んで止まない。

（武田尚昌）

＊

冒頭の「新東亜」の語に当時の政治が見えるが、あくまでスポーツ選手への期待の記事である。（汎太平洋大会で優勝した崔根恒選手については西山恵之助著『関西学院大学　卓球部物語』などに詳しい。今孝は竹原茂雄著と野村堯著（ＮＨＫラジオ放送用の原作）の二つの『今孝物語』にも描かれている。２０２１年、坂本正次氏が『球道三傑』を出版して、青森県の名選手三名、今孝、佐藤博治、河野満について詳述した。）

『アサヒスポーツ』の右の前後の号を見ると、６月第２号には全国都市対抗卓球大会や全関東学生卓球選手権の記事、７月第２号には汎太平洋卓球競技大会に参加したアメリカチームの主将による印象・研究的議論、８月第１号には「卓球日本の最高峰」全日本学生大会の観戦記、と卓球記事が詳しく載っている。7月第1号の今孝選手の記事は個人に焦点を当てたもので、大変特別なものである。注目度・期待の大きさが感じ取れる。

今孝はこの年全日学5連覇を成し遂げる。しかし世界卓球選手権は40年から(46年まで)第二次世界大戦のため開催されず、「世界制覇を成就する」舞台に立つことができなかった。

1941年12月8日　真珠湾奇襲　太平洋戦争勃発

今孝は北満の地に出征、帰還。1945年1月、日本卓球界の重鎮山本弥一郎氏の長女、智子《さとこ》さんと結婚。山本姓を名乗る。一女をもうけたが幼くして他界。会社業務の繁忙さの中で病を得るも、著書『卓球』改訂版の執筆に勤しむ。1946年11月11日、永眠。

「球聖」と呼ばれ、現在も全日学の優勝者に、奥様からの多大なるご芳志に基く「今孝杯」が贈られている。早大卓球部の練習場には肖像画が飾られ、「必勝訓」が掲げられている。肖像画は入魂の作である。画面に「1948　H.HASEGAWA」の署名が読み取れる。今孝の9年後輩、長谷川久氏である。絵の勉強をしていたことも伝えられている人だから間違いないであろう。9歳差とすると実際に対面していたかどうかわからない。遺された写真を見て描いたのかもしれない。「入魂」には、精魂を傾ける意と、親密の意がある。画家は精魂を傾けて描くことで、その人と昵懇《じっこん》になる。その関係の誕生を、絵が若い学生に教えている。

2019年、私は奥様の智子さんに「日洪戦全記録」ほか今孝に関する文書を郵送した。智子さんと親交のある林晋也氏（元早大卓球部女子監督）の仲立ちのおかげで、その後数回にわたり文通をさせていただいた。智子さんは大阪アーティスト協会の中心にいて、自らクラシックの歌手として長年活躍され、「サルビア・ゾリステン（世界の名曲の饗宴）」というコンサートの企画・監修もされていた。電話を戴いた時、明るくすきとおる声が静かに響いた。95歳。鈴を転がすような声が本当にあるんだ、と驚いた。お会いするためにさる人と訪問計画を練り始めるとコロナ禍がやってきた。

智子さんから小包が届いた。若い方に使っていただきたいという手紙と共に、山本弥一郎氏と山本（今）孝氏のネクタイが何本も入っていた。とても身に着けることは出来ない。私の返信が最後の手紙になった。

２０２２年9月2日、ご逝去。享年98。青森県出身の葛西順一氏（早大教授・稲門卓球会第11代会長）と相談して、お別れ会（演奏会）が催される兵庫県立芸術文化センターに掲げていただく今（山本）孝氏の写真などを送り、葛西氏が参列された。参列できなかった私に、大阪アーティスト協会から「お礼」が届き、サルビアの種が入っていた。播種の時期を守り、ていねいに土に置いた。開花をこれほど心待ちにしたことは初めてだった。みごとに咲いた。

『軍隊とスポーツの近代』 高嶋航 著

『京都大学文学部研究紀要』第53号所収、高嶋航氏の論文「戦時下の日本陸海軍とスポーツ」に惹きつけられた。軍が奨励した武道・相撲・グライダー・馬術・スキーは除き、軍が弾圧の対象にしたスポーツに限定した論文である。国内と中国大陸戦線の、史料と考察の一部を〈卓球に焦点を当てて〉紹介したい。二段下げた文章は論文そのままの引用。その他も論文の内容である。私の感想と説明も（それとわかるようにして）一部添えた。この論文に他の論文も加えた単行本『軍隊とスポーツの近代』が2015年に青弓社から刊行されている。私は横書きの初出論文に出会い、数字も算用数字のままノートを作っていたので、引用はそれに従った。一部、単行本に従った。

＊

軍兵士にスポーツをさせる目的は、戦争に役立つ男らしさ（敢闘精神）を養うだけでなく、戦闘の実践を疑似体験（銃剣道・射撃など）させること、また、ストレス解消の娯楽にある。娯楽性は占領地中国との「融和」にも役立てた。

海軍では、「スポーツは鍛錬として、また娯楽として、敗戦にいたるまで広く実施されていた」。「海軍はバレーボールを女子に適したスポーツとみなしながら、それを盛んに奨励していた〈略〉娯楽としての側面も認めていた」。

（実業団の大会、リーグ戦について）卓球は37年春に海軍省Bチームが4部に所属していたことがわかる。同チームはいったん5部に転落したが、38年春に5部で優勝し、昇格を果たした。このほか海軍技術研究所もリーグ戦に参加している。海軍チームの参加は39年まで確認できる。１９４０年12月の調査によれば、呉海軍工廠では「工員のスポーツ奨励に力を注いで、排球、野球、卓球、庭球等が盛んである……」

陸軍は国内では、「陸軍内部でスポーツがおこなわれていた形跡を見いだすことはきわめて難しい」。「総力戦の要請からスポーツ界、とりわけ学生スポーツ界への干渉」、弾圧を強めていった。一方で「戦場の部隊にスポーツを許した。戦闘や警備に従事する兵士たちは、つねにストレスにさらされ、鍛錬ばかりを要求するわけにはいかな」かった。

陸軍病院では日中戦争以前からスポーツが行われていた。１９３４年11月、福知山衛戍《えいじゅ》病院は「還送患者慰安並娯楽設備ノ為メ」受理した恤兵金《じゅっぺい》でキャッチボール、ベビーゴルフ一式等の購入を申請した。………新站《しんたん》衛戍病院は１９３６年4月に野球用具一式、同年10月にスケートとピンポン球の購入を申請した。このように国内外の陸軍病院（衛戍病院は旧称）では、テニス、野球、卓球、バスケットボール、バレーボール、スケート等の用具が設置され、とくに卓球は「戦傷勇士の外科的療法に偉大な効果を表はしてゐる」と言われていた。

陸軍幼年学校がスポーツをいわば黙認していたのに対して、陸軍航空隊では積極的にスポーツが実施された。……（以下、のちに軍神と称される加藤建夫の日記を基にした伝記の記述）「戦闘は気力である。気力は強壮な体力から生れる」といふ持論の加藤隊長は、また、部下の体力を鍛へる目的で、部隊長に願ひ出て野球道具を揃へ、中庭にはピンポン台を据ゑ付けてゐた。

武漢南郊の五里界に駐屯していた野戦重砲兵第13連隊では、1939年秋頃から庭球、野球、卓球がおこなわれるようになる。11月3日の明治節には、班対抗リレー、剣道、庭球、卓球などの試合がおこなわれた。………幹部の趣味でその部隊の娯楽が決まる傾向があった。

（1941年9月）大同で開かれた慶祝施政躍進化体育選抜大会の卓球競技には明治神宮大会に出場した経験があるという久保田という兵士が参加している……

治療に用いた病院では、患者だけでなく、軍医や衛生兵もスポーツに加わったという。スポーツの気力体力と戦闘のそれとを同一視したい人がいる一方、スポーツの娯楽性に希望を持つ人がいる、と読めた。

中国戦線で行われた庭球、野球、卓球等の用具の確保については、手作りする、中国側のものを使う、日本から送ってもらう（慰問品を含む）、購入する、陸軍から支給される、などであった。

陸軍恤兵部（慰問のため戦地の兵士に物品・金銭を送る部署）は戦線に送るべく、大量のスポーツ用品を発注していた。「恤兵金品月報」等より。

陸軍省恤兵部には多数のスポーツ用具が寄贈されていた。１９３６年11月分の報告によれば、この月の内訳は、野球具２３６組、庭球具２４７組、卓球具２６９組、角力用褌１９０本、「スケート」２２８足、「フットボール」１０３個であった。

１９３７年４月、支那駐屯軍経理部が提出した恤兵金使用計画書に、庭球のボール25ダース、ラケット１００個、軟式野球のボール20ダース、グローブ80個、ミット40個、卓球のボール35ダース、バット〔ラケット？〕１４０個が計上されている。

（１９３９年１月頃）南支那派遣軍では「支那人を宣撫する一助として、又皇軍将兵慰安のため」娯楽品を仕入れるべく……ラジオ１５０台、蓄音機６００台、レコード１万２千枚、碁将棋１８００組………等の支給を受けることになった。……このとき恤兵部は戦線に送るべく、大量のスポーツ用品を発注していた。その内訳は、軟式野球、テニス用品が各１７００チーム分、フットボール１万５千個、ピンポン用具８千台、アイススケート用具２千足等であった。陸軍当局はボールの製造禁止や金具の制限を考慮して、代用品でもかまわないという意向であった。

（１９３９年）４月分として、卓球具４０００組、バスケットボール75組、庭球用具１７００組、同年７月分……８月分……９月に……大規模なスポーツ用具購入が確かに実施されたことがわかる。

（1942年）1月に「野球ネット用マニラ麻　外」が1406キログラム、2月に軟式野球用ボールが5000ダース、3月に軟式庭球用ボールが5000ダース、5月に卓球用ボールが15000ダース……スポーツ用品の支給は、戦場でのスポーツを刺激した。

バレーボール、テニス、野球、卓球は「鍛錬」の対極の「娯楽」性を強く帯びているとして、陸軍が最も重視しなかったスポーツであるが、戦地用としては右のような史料が残っている。

クイズ　★　次の空欄には何が入るでしょう。

陸海軍、とりわけ陸軍が明治神宮大会のありかたにまで口を挟むようになるのは、1941年の第12回大会からである。同年9月13日に秋季大会の実施種目が発表され、○球、○○○ボール、○○○げ、○ッ○○が大会種目から外され、滑空訓練と行軍訓練が加えられた。

引用者注・・・「明治神宮大会」とは、明治神宮国民体育大会（厚生省主催）のことで、1924年に明治神宮競技大会（内務省主催）として始まった総合競技大会。卓球は1926年の第3回大会から参加した。柔道・剣道・弓道等は競技ではなく武道であり、武道は勝負を争うことを本旨としない、との主張があって、大会名から「競技」が外されるなど、名称は何度か変わった。戦後の国民体育大会、現在の国民スポーツ大会（文部科学省・日本スポーツ協会・開催都道府県、共同主催）につながる。

クイズの答えは、卓球、ハンドボール、重量挙げ、ホッケー。

スポーツの軍事化。スポーツよりも軍事訓練の優先。「戦争に勝つことを直接目的としない、見物本位、趣味本位、歓楽本位の体育や武道は、この際遠慮すべきである」(陸軍戸山学校の大佐1941年)。銃剣道や射撃が優先され、武道の中心だった剣道と柔道は重んじられなくなった。

学校の部活動にも苦難の時代が来た。一例。「浦和高等学校では、1943年1月にホッケー、バレーボール、卓球、陸上競技、庭球部が廃止された」。

＊

プロ野球の沢村栄治投手は1938年に入隊、中国に渡る。2年後満期除隊したときに、野球をしたかと聞かれて、(戦闘に次ぐ戦闘で)全然余暇はない、全然野球のことは考えなかった、と答えたそうである。しかし、野戦病院の庭でボール投げをする沢村の写真が39年1月5日付の読売新聞にあり、高嶋氏は転載している。新聞の見出しは「得意の手榴弾投」。沢村には記憶されなかったのだろう。

(卓球界で球聖と称えられる早大の今孝選手は、1936年から全日本学生卓球で5連覇、38年39年と全日本卓球で単複連覇して、大学卒業の41年に北満の地に出征した。内地に帰還するまでの半年間にラケットを握ることはあっただろうか。)

引用した史料でスポーツ用品の数量を初めて知った私は、それらが史料の一部であることを考えて、豊富にあるんだなあと思った。しかし大陸に展開する戦地の広さや、軍部の長期戦に対する覚悟に無知だった。「とうてい現地の需要を満たせなかった」ようである。

慶大籠球部出身で「バスケットの虫」だった兵士が、ボールを全く持つことができなくなって、満月がボールに見えたという。その兵士の句が載っている。

名月やボール懐し露営かな

陸軍が支給したのは、野球、テニス、サッカー、卓球の用具であり、バスケットボールの用具はほとんど含まれていなかった。陸軍は『体操教範』でバスケットボールを採用していたにもかかわらず、である。陸軍は明らかに前線のスポーツを「娯楽」と考えていたのだ。

最後の一文に私は頷き、スポーツに対する陸軍のこの部分の認識を正しいと思った。スポーツ自体の有用性が浮き出ていると読んだ。私の最大の関心事に答えていただいた。「体操教範」は、論文の「おわりに」で説明されている。スポーツを、陸軍が重視する度合い「鍛錬・男らしさ」で三つのグループに分けたうちの中位が「体操教範」で、バスケットボール、投球戦(ハンドボール)、球戦(サッカー)、ホッケー、ラグビーが含まれる。バレーボール、テニス、野球、卓球などはその下に位置する。上位の種目(銃剣道、射撃、水泳、馬術、グライダー、行軍(登山)など)や、序列の推移についても整理されている。

本論文は高等学校や大学の部活動の廃止から、対外試合の停止などにも触れつつ、さらにスポーツと国の関係という大きなテーマに進んでいく。

研究の奥行きを知るために、ぜひ単行本『軍隊とスポーツの近代』(青弓社)を読んでいただきたい。440ページの中に卓球の記事もたくさん書かれ、索引で数えると31ヶ所に及ぶ。

その第5章「海軍とスポーツ」は右記論文が基になっていて、冒頭、海軍兵学校・海軍機関学校でもスポーツが盛んだったことが書かれる。兵学校の1940年卒業写真帖には、サッカー、ラグビー、バスケットボール、野球、バレーボール、卓球の写真が収められているとあり、その中から希少な卓球の写真が転載されている。［口絵参照］

手前のプレーヤーのペンホルダーグリップが柔らかく、スナップが自在に利きそうである。それより先に目に入ったのは（こちらを向いているせいか）台の後ろでプレーに見入る生徒たちの鋭く熱い視線。（指に嗜好品を挟んだ生徒も含めて）プレーヤーの妙技に集中しているのだろう。早く自分の番が来ないかと心待ちにしながら、準備を怠らない気魄の表れかもしれない。この人たちは卒業後、どうなったのだろう。

以上、高嶋航氏の詳細な研究のほんの一部を粗く紹介した。なお、高嶋氏のご厚意で『昭和13年海軍兵学校卒業写真帖』の卓球写真も拙著の為にご提供くださった。［口絵参照］

以下、改めて読後の感想。

戦争とスポーツは、用語に共通するものが多いが、異なる営為。スポーツ用語は戦争用語の借用、比喩的拡張が多い。試合に負けることは恥辱ではないのに屈辱、その雪辱、リベンジ（復讐・雪辱戦）、と言ってしまう。スポーツ人としては、せめて現代の兵器に関わるものをスポーツに使うのは避けたい。バズーカ砲、40ミリトマホーク打法とか、チームの核弾頭、マシンガン打線、秘密兵器とか。

国や軍が、スポーツを戦闘の準備に使おうとしても、スポーツは人を殺すことの鍛錬にはならないだろう。技も心も。スポーツは軍国の「方針」に収まらない、自然で健全な娯楽、競い合いとなる。スポーツ選手が例えば決勝戦の最中に、この試合に勝ったら死んでもいいと思い込む熱狂状態になることはあるが、敵を殺す作戦をたてて実行することには結びつかない。若者が持つ破壊的なエネルギーをスポーツで発散させるという考え方の方がまだ納得できる。軍国が狭い目的でスポーツを利用するのは無理がある。その点で、論文が分析した、〈前線のスポーツを「娯楽」と考えた陸軍〉はスポーツを理解していたと言えるだろう。もちろん、その正しい利用が何のためだったかを考えると、暗澹たる気持ちに沈むことになる。

*

1936年から中国を取材した若いアメリカ人ジャーナリスト、エドガー・スノーは『中国の赤い星』を書いた。その内容ついてニコラス・グリフィン著『ピンポン外交の陰にいたスパイ』（五十嵐加奈子訳・柏書房刊）は「中国共産党が支配する地域で、スノーはどこへ行っても卓球と出会った」と書き、『中国の赤い星』本文を引用している。

奇妙なことに、なぜかどのレーニン・クラブでも中央に大きな卓球台が置かれ、たいてい食卓を兼ねていた。食事時になるとレーニン・クラブは軍の食堂に早変わりするのだが、ラケットとピンポン球、ネットで武装した〝山賊〟が必ず四、五人いて、さっさと食べてしまえと同志たちを急かした。彼らは早くゲームを始めたかったのだ。隊ごとに卓球チャンピオンがいて、私などとうてい歯が立たなかった。

内戦を見据えていた中国共産党の根拠地でも卓球が盛んにおこなわれていたという。周恩来も毛沢東も卓球が好きだった。その絵柄が戦後の土産品にもなった。卓球好きの日本兵も武器で敵と戦わずに、卓球の勝負を企画したら良かったのにと思う。Love Allと。

＊

日本の十五年戦争は、柳条湖事件を発端とする満州事変に始まり、盧溝橋事件を発端とする日中戦争に続き、真珠湾奇襲攻撃で太平洋戦争に突入する。それらの無残、惨禍。第二段階と言える盧溝橋事件が１９３７年７月７日の夜と知ったとき、川柳を作った。天の川の愛なく七日盧溝橋。備忘録にもならない、うわべの軽さが恥ずかしい。そこで、心の震える俳句を借りたい。長谷川櫂氏の第17句集『太陽の門』（青磁社）より。

血を飲みし海青々と沖縄忌　櫂

敗戦と戦争がありありと目の前に現れ、沈黙する時間をもたらす。

私の教員時代、沖縄修学旅行から帰ると高校生が静かな声で話しかけてきた。「犠牲になった二十万の人たちのおかげで、今の私たちの平和があるんですよね」。

私は、犠牲と平和の関係が理解できずに驚いたまま、初め答えることができなかった。高校生は沖縄戦の、死んだり殺したりの現地を巡って来て頭が混乱し、ようやく質問の形で言葉を発したのだろう。死に、意味があったと思いたくて。

大事なことに気づくために、何百万人もの命を失う必要があったというのか。その気づきは、いま継続しているか。

私の母の兄は沖縄で死んだ。なぜ死ななければならなかったのか。(沖縄の)戦争は何のためだったのか。死ぬ意味などあるものか。母は、パスポートを取って慰霊の旅をした。のち、私がスポーツ大会で沖縄に行き、海岸で拾った貝殻を家に持ち帰ると、母はにわかに表情を曇らせた。伯父は今、「平和の礎《いしじ》」に名が刻まれている。

私の父は敗戦時に満州で捕虜となり、シベリアに2年抑留されて1947年夏、舞鶴港に生還した。こう書くことしかできない。

日本国内の収容所の卓球

小宮まゆみ著『敵国人抑留　戦時下の外国民間人』(吉川弘文館)には日本国内の抑留の実態が記されている。

1941年の開戦時は34か所、342人。そのうち東京抑留所は、世田谷区玉川田園調布の菫《すみれ》家政女学院(現在の田園調布雙葉学園)が警視庁に接収されて、校舎二階の寄宿舎だった部屋が抑留所にあてられ、東京府内から男性36人が収容された。だいたい国籍別に一部屋に収容。国籍はアメリカ人、イギリス人、カナダ人、オランダ人、ベルギー人、オーストラリア人、ホンジュラス人。「最高齢者は七六歳である。抑留対象を「一八歳以上四五歳まで」とする内務省通牒は、ここでも守られていない。職業としては、宣教師と修道士が一五名と全体の四割を占めている」。

私の目は次の記述に留まった。

校舎一階には卓球台が置かれ、時には警備の警察官まで加わって卓球のトーナメントが行なわれたという。

1929年のジュネーブ捕虜条約を日本は批准していないが、そもそも外国民間人の保護に関しては具体的な規定はない。そんな中での卓球に、戦時ながら何かワクワクするものを感じてしまった。「卓球台が置かれ」の状況を考えた。われらの卓球が特別な配慮を受けたか、あるいは、学校だから、以前から「置かれ」ていたのかもしれない、と。

そこで、抑留当事者のアメリカ人で青山学院講師**ローランド・レイ・ハーカーの『日本日記』**を読んだ。これは43年に書いた記録に基づく著作で、**青山学院大学プロジェクト95・編『青山学院と平和へのメッセージ』**に収められている。

真珠湾奇襲攻撃の翌日41年12月9日の朝、私服警官が自宅に来て、タクシーで「スミレキャンプ」（通称）に運ばれ強制収容される。日が経つにつれて待遇が改善され、畳の部屋にカーペットが敷かれ、折り畳み式テーブル、レコードプレーヤー、ストーブなどが運び込まれ、食料のストックもできてパーティーも行なわれ、合唱団を結成し、礼拝室の利用も盛んになった。

年を越した頃の記述を引く。

それまでは夜になると部屋にカギがかけられていたが、それがなくなった。そして一階の大きな部屋には卓球台が備え付けられた。卓球はとても人気があった。卓球トーナメントまで行なわれるようになった。ついには警備の警察官がトーナメントのことを聞いて、自分たちも入れて欲しいと申しでてきたのだ。

トーナメントの日、最後まで勝ち進んだのは、茶色の修道服に身を包んだフランシスコ修道士と警察服を着た警察官であった。誰もが最終戦を見に来たが、応援あり叫びありのそれはすごい盛り上がりだった。捕虜の身である私たちには大変嬉しいことに○○○は○○○であった。

卓球台は収容所の備品として持ち込まれたもの、と読めた。

クイズ★ 右の空欄に入る言葉は何でしょう。

（ヒントは、この抑留所とは比較できないほど過酷な状況に置かれていた北朝鮮拉致被害者、蓮池薫氏の自伝『拉致と決断』の中の、拉致生活中に見せられたテレビの１９７９年世界卓球男子単決勝の感慨に通ずる、としておきたい。新潮社刊の本書、またはその紹介をした拙著『卓球アンソロジー』を参照されたい。両者、不自由を強いられた中での、待遇の差こそあれ、束の間の、大きな喜びだった。）

抑留生活の中で卓球を楽しんでいることには、ほほえましい印象も残る。戦局を生きた経験のない私には、当事者たちの日常の現実を想像することが難しい。抑留者は外出や外部との接触ができない。その理不尽な不自由さがよくわかる記述が本書にある。

赤十字を通して、家に手紙を出すことが許可されるということになって、「私が手紙に「収容所の窓からは、富士山が見える」と書いたら、それは却下された。そのようなことを書いたら、収容所の場所がわかるからだそうだ。しかし実際には富士山は遠く六〇マイル離れた所からでも見えるのであった。それはともかくとして、それらの手紙は相手に届くことはなかった」。

現代の誘拐もの映画などで、たとえば土蔵に監禁されている被害者が居場所を知らせようと、何かに託す必死のメモに、右のようなことを書いたらリアルさが消えてしまうだろう。脚本こそ、お蔵入りである。

国内抑留所の待遇は次第に劣悪になっていったという。全国で51カ所、1200人以上の抑留者。50人以上の死。同盟国のイタリア人も降伏後すぐに抑留された。アメリカでの日本人抑留は広く知られているが、日本国内の抑留のことは、抑留所のあった土地の近くに今住んでいる人さえ知らない人もいる。なぜか。スパイ行為を防ぐためとした抑留の、本当の目的が研究され、（欧米人を抑留・管理する側になることで）欧米崇拝・依存をやめさせる思想統制のため、などが今発表されている。

ローランド・レイ・ハーカーは1943年の日米交換船でアメリカに帰る。46年再来日して、青山学院専門部講師・助教授を務める。

クイズの答えは「優勝者は修道士」。1979年世界卓球の優勝者は日本の小野誠治だった。

＊

ここ数年の虜囚や収容所研究の新刊数冊を手に取った。その中の一冊、**小菅信子著『日本赤十字社と皇室　博愛か報国か』（吉川弘文館）**よりほんの一節を引いて、生ぬるい拙稿に冷水をかける必要がある。戦闘員捕虜を管理する場面での過酷な命令に関して。

「銃殺されても拷問しない」

「銃殺されるくらいなら捕虜を拷問する」

蛮行の責任は命令する上官にあるのか否か。責任を考える意味はどこにあるか。当事者は、良心、命令違反の汚名、戦争犯罪といろいろ考えて究極の選択をして、終わり、というものではない。どちらを選択しても何も終わらない。未来まですべてがむごい。

『運動年鑑』卓球規則　朝日新聞社刊

項目などを抜粋。「テーブル」は図がついている。

●1942年〔卓球競技規則　日本卓球協会〕

第一編　日本ルール

第一章　用具　第一節　テーブル　A—B　C—Dエンドライン　A—C　B—Dサイドライン　Nネット、Sサポート　第二節　ネット　第三節　サポート　第四節　ラケット　第五節　ボール　第二章　ルーム　第三章　競技　マッチ　ゲーム　ボールインプレー　サービスレシーブ及リターン　グット　ノー　ナックルボール　レット

第二編　国際ルール

第一章　シングルス　第二章　ダブルス　ストライキングアウト　ノッテイーポイント　エッヂボール　ボレー　インターフエア

●1943年〔卓球部会演技規則　卓球部会〕

第一章　用具　第一節　卓　イロハニホヘト・・横線　縦線　支柱　網　始球線・・・打毬　第二章　□□場　第三章　□□　第一節　□□法

英語（敵性語）を排斥しようとしているのが一目でわかる。42年は9ページに渡って記され、43年は1ページ半のみ。ダブルスを含む国際ルールがなくなった。（複ではなく単に重きを置くのは戦時の思想につながるようだ。）名称が変わった。42年に大日本体育会が設立されて、スポーツ団体はその部会に組み込まれた。（『運動年鑑』に卓球競技規則が載るのは1926年から。卓球部会の規則が載るのは43年のみ。44年から47年まで休刊。）鈴木一・編『日本学生卓球史』によれば、1942年1月の第15回全国学校対抗は、審判がすべて日本語で表現した初めての大会になったと

言う。サービスは「始球」と言った。

クイズ　★

① 42年第一編第33条に「ナックルボール《ナックル》を行ひたるとき」は「一点を失ふ」とある。「ナックルボール」とは何でしょう。（ヒント　正規のサービスではない。）

② 42年第二編第41条に「ゴム製手袋又は指カバー等を使用するも亦違反《また》とす」とある。なぜ「違反」なのでしょう。（ヒント　使用する目的を想像してみる。）

③ 43年第5条に「打篦」とある。42年の用語で言うと何のことでしょう。（音読みするなら、ダヘイあるいはチョウヒとでも読むのだろうか。）

④ 43年の□□には同じ熟語が入る。適語は何でしょう。

⑤ 43年第15条に「一試合は三節とし二節を・・・」とある。「節」とは何でしょう。

＊

敵性語の排斥・追放に関しては、野球用語の言い換えがよく知られている。ストライク→よし一本、ボール→（だめ）一つ、アウト→ひけ・無為、セーフ→よし・安全、バッテリー→対打機関、スチール→奪塁。漢語は良かったようである。審判も慣れずに言い直した例「ストライク……もとい、よし一本」（『後楽園スタヂアム五十年史』より）。卓球では1942年に、警視庁保安課によって東京卓球場組合が結成され、試合中の英語コールの使用禁止が厳命された。NHKラジオ「基礎英語」も開戦と同時に中断。西暦を多用している拙著も排撃されるところであろう（21世紀の職場でも近いことがあった）。ナショナル、シャープなどのブランド名は継続していた。

高嶋航著『軍隊とスポーツの近代』に次のような記述がある。

（1944年武漢で軟式野球大会）当時、日本内地ではストライクとかセーフなどの敵性語は使用禁止になっていたが、「ストライクとか、ボールとかいわなければ、気分が出ない」ということで、前線ではおおっぴらに英語の用語を使った。

（館林集成教育隊で野球）「一九二隊長内藤中尉を「アンパイヤー」と英語で呼び「ストライク」「アウト」とやっていた。当時民間では「英語」は「敵性語」で排斥されていたのに、特攻隊では平気で使用して一寸世間に申し訳無い」と同隊の堀山久生は記す。

敵性語徹底排除のエネルギー、もとい、労力たるや、困難の極致だろうと思っていたが、このような記録を読んですっきりした。「申し訳無い」ことはない。

似たような思い込みがほどけたときのことを思い出した。かつて人々は地球平面説を信じていたが、15世紀以降、大航海時代のコロンブスやマゼランによってそれは覆された、と私は学校で習ったように記憶していた。（そう思わせるための物語があったという。）しかし実は、古代ギリシャ以来、主流は球体説だった、との知見に出会って、得心の驚きがあった。思い込んだり信じたりする前に、知ることが大切。

小説として書かれている、池澤夏樹著『また会う日まで』（2021年・朝日新聞連載）に次の一節を読んだ。

「何年か前、江田島の海軍兵学校で敵性語教育なんぞいらないという声が出た。新任の校長の井上成美さんが『この世界のどこに英語のできない海軍士官がいるか！』と一喝した」

敗戦後すぐの1945年9月には『日米会話手帳』が日本でベストセラーになる。編集者らは、日本の中国占領時に役立った日中会話の手引書を参考にしたという。支配する時のものが、支配される時に役立った。皮肉というより、外国語を使う能力が、そういう関係・目的において必要とされるのは不幸なのである。

*

クイズの答え。①「ナックルボールとは指若《もし》くは爪にてボールを変形せしめサービスを行ふを云ふ」。（そんなことをする人がいたのか。「ナック」と書かれることもある。英語ではknuckleか。）②フィンガースピンサービスを強力にするためにそれらを使用するから。「サービスをなす場合に指にてボールにスピンを与へ空中に投げ上げ之《こ》れを打つことは自由とす但《ただし》ボールが手より離るゝ前にボールを持ちたるまゝボールをラケット面に擦《す》り付くる事は違反とす、フインガースピンの助長の目的に於てゴム製手袋又は指カバー等を使用するも亦《また》違反とす」とある。「指にてボールにスピンを与へ空中に投げ上げ」て良いとあり、ここにはフィンガースピンサービスが少し生き残っている。１９３７年の世界卓球で猛威を振るって、アメリカ男子チームが優勝し、翌年から禁止されているはずだ。（卓球コラムニストの伊藤条太氏は、卓球王国刊『マンガで読む 卓球ものがたり』にその威力を描き、誠文堂新光社刊『卓球語辞典』には「卓球史上最凶のサービス」と書き、講演会でも、実演者を紹介しながら、しばしば熱く語っている。悪夢を繰り返さないために１９４７年制定の「手のひらを開いてボールを乗せる」〈オープンハンドサービス〉を卓球人は大切にしなければいけない。）③ラケット。（「篦」は、へら。）④演技 ⑤ゲームのこと。セットか。「二節を先取したる方を勝とす」。

１９４３年12月・学徒出陣　１９４４年４月・学徒動員

「脾肉《ひにく》の嘆《たん》・大会すべて休業中」　矢島脩造 著

『早稲田大学卓球部五十年史』

1942年以降の記述

昭和一七年四月一八日は陽光うららかな土曜日であった。YWCAで行われる新人戦に参加のため、正午ごろ、太田、天本両兄ともどもの道すがら頭上低く飛行する米機を目にした。例のドーリットル操縦の東京艦上爆撃機の帝都初空襲を体験することとなり、戦局いよいよ激しさの増すのを痛く感じたものである。

昭和一九年五月、ついに伝統ある卓球場も閉鎖することとなった。その日は夏を思わせるような強い太陽が輝く暑い日で、中村宗雄部長先生より指示があり、卓球場内にある品物はいっさい本部倉庫に運ぶことになった。

卓球台三台をはじめ優勝旗、カップ、賞状、額等、多くの選手の思い出を込めた、数々の努力の結晶を暗い倉庫に運ぶことは、まったく沈痛な気持であった。

卓球台の中の一台は、昭和一五年、汎太平洋大会のさい、米国チームが練習用として日本に持参したもので、在日中の練習場として当校を使用した関係から、帰国のさい寄付してくれた卓球台であった。ベニヤ板製の卓球台は日本では初めてのものであって、当時の日本の桂製品と比較して非常に反発力が弱かった。

卓球場は間もなく銃剣術の道場となり、見る影もなく荒らされ、私達は目を覆わざるをえなかった。

これが戦前の卓球部の終末であった。

翌二〇年五月二四日の爆撃により、卓球部の関係物品はあとかたもなく失い去られたのは、まことに残念に思う。

昭和二〇年八月終戦となり、翌二一年、戦地より復員し、学校を訪ねることとなったが、升本兄らが中心となり、卓球部復活計画を建てておられたことを知ったときの喜びは非常であった。

新人戦の日に空襲。首都空襲が1942年からあったとは。早大が米チームに練習場を提供し、米チームが卓球台を寄贈し、それを米軍が破壊し、卓球部員が復活計画を建て、という1946年卒業の矢島氏のなまなましい記録である。「髀肉の嘆」は（戦禍とは原因・出どころが違うとはいえ）近年のコロナ禍における選手の気持ちにも通ずるものであろう。矢島氏は冒頭、次の文章から書き始めている。1976年刊行。

大東亜戦争に明け暮れした私の学生時代ではあったが振り返って考えるいま、卓球に精進できた幸せをつくづくと噛みしめているものである。自己の人生における卓球の占めた役割の大きさと、卓球を通して多くの知己を得た喜びの深さとからであろうか。

今日の健康な自分を思うとき、あの忌わしい戦争のために貴い青春の命を奪い去られた幾多の方々に深い哀悼の意を表するとともに、生命の危険にさらされることなく卓球に励むことのできるこの平和な時代が永く続くことを念じてやまない。

＊

奇しくも、私が右の1942年4月18日の初空襲の記録の文章を、本書のためにワードに書き写した翌日（2024年8月24日）、朝日新聞の「過去の投稿から」の欄に「つひに敵機は帝都に来襲した。近代戦として、一国の首都が攻撃の目標となることは先づ定石であり・・・」と始まる1942年4月21日付の投稿が再録された。私のはっきり知らなかった一つの大事な事実が、二日続けて押し寄せてきた。

『俘虜記』　大岡昇平　著

1945年にフィリピン・レイテ島の俘虜収容所で俘虜（捕虜）として過ごした大岡昇平は、帰国後、長編小説『俘虜記』を著した（合本52年刊）。

主人公「私」（「大岡」）が熱帯のジャングルの草むらにいて一方的に認めた若い米軍兵士を射たなかった理由について省察するなどの、思考する散文が読者を戦場に運ぶ。秋山駿は、「一兵士としてさまよう生存の感情を異様な緻密さで解明」し、「収容所という実験場で観察された人間性へのなまなましい記録に富む」「戦後文学の秀作」、と講談社刊『日本近代文学大事典』で評価している。

平田オリザ氏は「社会的切実さを持った私小説が登場」「戦場という極限状態を経験し、たしかに「書くべきもの」を得た。日本近代文学は、このときから、世界の文学史に参加することになったのかもしれない」と朝日新聞「古典百名山」No.117に書いた。

さて、米軍が管理する収容所で、一二〇〇人の俘虜が五つの中隊に分けられていたある時期、中隊間の清潔整頓競争に賞がかけられた（褒美がもらえることになった）。本文を筑摩書房刊現代文学大系59『大岡昇平集』より引く（引用者による伏せ字あり）。

各中隊が地区内の清掃を競ひ、最優秀者には〇〇〇〇□と道具が与へられるといふのである。

〈略〉

一ケ月の後わが中隊は一等賞を得た。私の自尊心は満足し、中隊員は〇〇〇〇を遊ぶことが出来た。中隊長の統治の才と相俟つて、わが中隊は収容所の模範中隊となつた。

クイズ　★　右の空欄には何が入るでしょう。

大岡昇平は１９４４年3月応召。京都大学出のインテリ兵士は45年、暗号手としてミンドロ島の密林にいた。マラリアで兵士が一日にほぼ三人ずつ死んでいく中、自身も高熱と心臓の不調で眠っているときに捕獲された。

収容所では、英語力を買われて通訳となるが、「米人の前で劣等感を一番痛切に味はねばならぬのは通訳」なので、その仕事を嫌った。ただ、清掃競争に勝つためのアイデアは英語力ゆえの情報で得た。米人が忌む日本人の悪習慣〈タバコの投げ捨て〉を知った「私」は、吸い殻拾いに精を出した。「私がこれをしたのは、私もまた働きたかつたからである。通訳の仕事は私にとつて私の知識を怠惰に使用することにすぎず、何の努力も必要としなかつた」。戦闘の意識から解放された生活での感懐である。ピンポン台と道具が与えられなければ一日たりとも生きて行けないという切羽詰まった気持ちで吸い殻拾いをしたわけではなかったようであるが、ジュネーブ条約を遵守する米軍によって、清潔な住居と被服と二七〇〇キロカロリーの食事が与えられている状況で、俘虜たちは怠惰をむさぼる一方、創造的な仕事や遊びを求めた。

遊びの創意工夫の一部を挙げると、毬《まり》投げの毬を布と砂で作り、麻雀のパイを竹で作り、手製の楽器を演奏し、劇の台本を書いて演じた。他に相撲や縄跳びなどの遊戯を好んだと言う。そんな中、大岡の中隊に（あこがれの？）「ピンポン台」が贈られて「ピンポン」を遊ぶことができた。与えられた遊具での創意工夫はプレーで発揮されることになるだろう。残念ながら、その描写はない。

そもそも、ピンポン台はどのようにして収容所にもたらされたのだろうか。（俘虜のスポーツについての本格的な研究は山田理恵著『俘虜生活とスポーツ』などに詳しい。）

ジュネーブ条約

この時点でのジュネーブ条約とは、1929年の「俘虜ノ待遇ニ関スル条約」で、第十七条に「交戦者ハ出来得ル限リ俘虜ノ計画スル智的及体育的娯楽ヲ奨励スベシ」とある。「俘虜ノ計画スル」を、右の『俘虜記』の記述に恣意的に短絡させると、ピンポン台は俘虜の要求、渇望、垂涎の遊具だった可能性が見えてくる。

ところで、日本はこの条約を（部分的には「準用」するという記述が他に見られるが）批准していなかった。その理由は（クイズにしたいところだが、専門家に導かれて読んだ１９３４年「官房機密第一九八四号ノ三」から海軍次官の奏請に関する意見を引くと）「帝国軍人」は「俘虜タルコトハ予期セザル」ことで、日本人俘虜は発生せず、日本だけが欧米人俘虜を待遇する負担を負うことになるから、などである。強硬な空論は恐ろしい。「戦陣訓」の「死ストモ虜囚ノ辱シメヲ受クルナカレ」（『俘虜記』）に直結するのであろう。俘虜になった場合についての教育がなかったことで、日本人俘虜が独特であったという記録も散見する。事故を想定しない原発の事故のようだ。『俘虜記』には、戦闘時の投降者・思想的投降者・大岡のような捕獲者と、敗戦後の「新しき俘虜」との間の、対立する感情も書かれている。

（太平洋戦争最初の捕虜は、真珠湾で戦闘機とは別に二人乗りの小型潜水艦に魚雷を積んで攻撃した10人のうちの１人、酒巻少尉だった。事実上の特攻兵器で、９人は戦死して「軍神」として祀られ、出撃前に10人で撮った写真から酒巻少尉だけ削られて国家から存在を消された。――ご子息が父の残した手記を初めて２０２０年に読み通して、語り始めた。〈朝日新聞記事より〉）

大岡は45年12月に帰国して日本の変わり様を見る。『俘虜記』は、ＧＨＱに占領されて日本社会が「捕虜」となった、その風刺も意図されていたようである。

『アンネの日記』

不自由な戦時、特殊な環境での創意工夫についての話を継ぐ。

アンネ・フランク著『アンネの日記』はナチ政権下の記録である。アンネは「小熊座マイナス２」という卓球クラブを作って卓球に熱中し（１９４２年６月20日）、ユダヤ人迫害から逃れるための隠れ家生活に入ると、排便にさえ苦労する窮屈な日常の中で、心身の圧迫を少しでもほぐそうと、創意工夫して体操・ダンス・バレエに熱中する(44年1月12日)。

このことについて、稲垣正浩著・三省堂刊『スポーツを読む』は次のように記す。「アンネのダンスの練習は最高に充実したスポーツではなかったか、と思われてきます。ステップの練習、ダンス服の製作、バレエ靴の工夫、柔軟体操のすべてを自分の創作のなかで展開しているのですから。そして、その過程に起こる変化に一喜一憂しているのですから。こうしたプロセスこそ、人間が一本立ちしてゆけるようになるために通過すべき重要な道ではないかと思います」。稲垣氏はスポーツの原点について述べているのである。収容所での創意工夫に続けて記すと、昨今の新型ウイルス禍の制約ある世界に生きる者として、新しい思考のよすがになるような気がする。

『ピンポン外交の陰にいたスパイ』

ニコラス・グリフィン著『ピンポン外交の陰にいたスパイ』(五十嵐加奈子訳・2015年・柏書房刊)は、卓球を社会主義のプロパガンダに使った、国際卓球連盟初代会長アイヴァー・モンタギューを中心に据えて、卓球史と現代史を綴ったものである。2点拾う。

戦時中、国際舞台からすっかり姿を消したかに見えた卓球だが、じつは各地の戦場でしたたかに生きのびていた。ある英国空軍パイロットは、南アフリカ、イラク、エジプト、ウガンダ、ケニア、南北ローデシア、セイロン、ビルマで卓球をしたという。

奇妙な話だが、ジュネーヴ条約もまた卓球の普及にひと役買っていた。戦争捕虜が最も恐れたもののひとつが、とてつもない退屈である。その対策として、赤十字社はボードゲームや卓球を推奨し、ボール二十四個、ラケット四本、ネット二枚、ボール二本が入った卓球セットを配布した。

（「退屈」の語は「戦陣訓」にも「毎事退屈スル勿レ」とある。退屈を厭うことなく、つれづれに親しんで退屈読本を書いた兼好法師の心境・思想との違いについてはいずれ考えてみたい。）

戦いの場に関する卓球だけでも他にたくさん記録されている。ベトナム人卓球選手による、前線の塹壕で弾丸ケースを並べて作った卓球台での卓球、毛沢東・周恩来のいる革命根拠地での卓球、そして、卓球史上最も長い時間をかけて最初の一点を取ったと言われるエーリッヒ選手（ユダヤ系ポーランド人）の、アウシュヴィッツ収容所での行動など、戦いの中の卓球が甦る。

ここに一部を列挙できるのは、膨大な資料を博捜して大著をまとめあげたグリフィン氏のたまものであるが、未来においては、戦場ではない場所での卓球を語りたいものである。ピンポン外交もいらない世界で。

「歩哨《ほしょう》の眼《め》について」

『俘虜記』に、応召前からの知己である中原中也の詩「夕照《せきしょう》」を、ドイツ語に訳してドイツ人俘虜に見せる場面がある。大岡は「中原の詩には珍らしく口調がよかったので」ミンドロ島で駐屯中も夕方の立哨中に口ずさんだという。「丘々は／胸に手をあて／退けり／落陽は／慈愛の色の／金の色／……」。戦場や強制収容所で生きる人（平生の生きる感情を喪っている人）の感情に映り込む自然の美・慈愛を、中原中也は歌っていたことになる。

この詩はのちに「歩哨の眼について」で改めて語られ、その作品が80年代に高校の国語教科書に載ったので私は授業で採り上げた。そのとき恩師（同僚）の鷲尾靖先生から、その詩は（五十歳を過ぎてからピアノ・作曲を学んだ）大岡さんがつけた曲が全集に載っているよと教えられ、音楽の先生にピアノ演奏の録音をしてもらい、授業中にみんなで静かに歌った。すると恩師が今度は、じゃあ録音を大岡さんに送ったらヨロコブヨと唆すものだから、テープに添える手紙を何度も書き直していると、新聞で大岡さんの訃報に接した。私がもたもたしていたのでヨロコバスことができなかった。恩師もその少し前に他界されていた。

それから六年経過して、（新しい大岡昇平全集の刊行を始めていた）筑摩書房に右の経緯を千二百字程で書いて送ったところ、拙稿をそのまま月刊『ちくま』（1995年3月号）に載せてくれた。私は雀のように躍り上がって欣んだが、恩師への報告に間に合わず、俘虜収容所での卓球プレーの様子も聞けないままとなっている。

1945年8月15日　敗戦

1956年 世界卓球 東京大会　〈朝日新聞より〉

● バーグマンの球選び　4月9日

イングランドの誇る世界的選手リチャード・バーグマンは技術ばかりでなくあらゆる策を使うので有名だが、ついに個人戦の二日目にその本領を発揮した。この日夜のシングルス二回戦で相手は強豪の香港の徐選手だけに苦戦だったが第一セット9−7と辛うじてリードしたとき突然試合を中止して審判に新ボールを請求した。・・・モンタギュー英監督もコートに出て来てバーグマンと話すが・・・ついに十六ダース、百九十二個目のボールでやっと満足。約三十分後ようやく試合は再開された。

バーグマンの選球に関して、私は前著で二つの文章を紹介した。一つはエッセイストが「百九十二球」「オレ、カミさんを選ぶとき、こんなに慎重だったかなァ」と書いた文章。一つは、当時の大会役員の思い出で、「ベスト8で富田芳雄選手とバーグマンの対戦のとき」「在庫はもうない」「少し時間をおいて同じものを渡せ」「彼はボールを選んでいるのではない」「戦略なのだ」と、苦労・工夫・洞察が書かれた文章。二度あったのか。あるいは後者の選手名が記憶違いか。

バーグマンの対富田戦と言えば、富田選手の絶妙のストップに対して前に出た勢いで台の上に立ち、ネットをまたぐ写真が、日本卓球協会編『写真で見る日本卓球史』［口絵参照］などにあり、また、朝日新聞4月10日付には、富田選手に負けた瞬間「大声をあげて飛び上ったバーグマン選手」の写真がある。いずれも跳躍力が際立つ。しかも大男に見えるが、日本人選手やモンタギュー監督と並んだ写真では小柄に見える。強い選手は試合場で大きく見えるが、プレー写真でも大きく見えるのだ。

バーグマンはフェアプレー賞も受けている選手なのに、この選球作戦はいただけない。鉄壁の守備で魅了したり、卓壁を登頂したりは、躍動的である。卓壁は変だが、どういう手順（足順）で卓上を歩いたのだろう。見ていた方に聞きたい。また、富田選手は審判席の近くに立っていて、これまた瞬発力があり、危機管理に優れている。突進から逃げたのだろう。ストップの後の必然的な動きではないと思う。どうだろうか。（この出来事の後も、台に乗ってはいけないというルールは出来ていないようだ。ロビングが来たとき、台を動かさずに乗って台上から打っても有利にはならないからか。できないからか。）

●女子シングルス優勝　大川とみ選手　4月12日　コラム「人　寸描」

日本の女子選手の中で、ただ一人のシェーク・ハンドのプレーヤーである。・・・〝打倒ペン・ホルダー〟と、外国が日本選手を研究しているときにシェーク・ハンドの大川が選手権を取ってしまった。

勝ち気で理性的な女性である。勝っても負けても相手選手を遠慮なく批判する。研究心が盛んともいえよう。そのためか日本で珍しいシェーク・ハンドをこなすことに成功した。一度負けた相手のことは、徹底的に調べる。だから第一セットを取られてもあとでほとんどとりかえす。監督からも確実なプレーヤーとして信頼されている。

シェーク・ハンドに転向した動機は・・・しかし彼女のシェーク・ハンドは外国選手のそれと異っている。・・・バックは極めて弱い。

「勝ち気で理性的」が素晴らしい。その意味は「勝っても負けても相手選手を批判」できるところ。目が覚める。今では慣れずに、目がくらむだろう。一瞬耳を疑う、まっすぐな言動。23歳。会計検査院勤務。

のちに『財団法人日本卓球協会創立八十周年記念誌』の「王者の言霊」に寄せたメッセージにも、真摯な振り返り、率直な伝言が書かれていて、人柄が髣髴とする。

クイズ★　高校を卒業して日本代表合宿に呼ばれるようになった大川選手には、日常、相応の練習相手がいなかった。練習相手を求めて大川選手がした、稀有なことは何でしょう。（『卓球レポート』２００４年４月号の記事を答えとする。次問とともに答えは１９６３年の項の後に記す。）

●大会後の記事　4月13日〜15日

クイズ★　大会後三日間にわたって朝日新聞が連載した記事は何だったでしょう。

1962年　日中対抗

日中交歓卓球大会を始める。国交がまだなかった中国とのスポーツを通した交流を、他競技に先がけて。

1963年　世界卓球男子団体決勝　木村興治選手

〈秋田魁《さきがけ》新報〉の連載「時代を語る」に木村興治氏登壇。　2015年1月13日～2月22日

木村興治氏は世界卓球で四個の金メダルをはじめたくさんの入賞歴があり、国際卓球連盟の副会長など要職を担い、卓球界を牽引してきた方である。［口絵参照］

私は五十年前から、直接的、間接的にご指導を受け、感化されてきた。大学の体育の卓球講師をされていたとき私は学生助手になり、打っていただいた感激、というより体の震え、を感じたのが始まりだった。荘則棟選手との対戦の技術の話などを、よく覚えている。リーグ戦に向けてのミーティングに招いて課題の克服に助言を戴いたりもした。卒業してからは稲門卓球会の集まりや大会

会場でご挨拶すると、必ずはっとする話をしてくださる。パーティーのスピーチは簡潔で歯切れがよく、選手のマナーの話などに耳を引かれる。

早大スポーツ功労者表彰受賞の講演（後日改めて行われた方）では、オリンピックのメダル独占についてのＩＯＣの考え方から卓球用具のことまで、進行形の話が聞けた。（この表彰は１９８２年に始まったもので13人目の受賞。過去に織田幹雄氏、王貞治氏らが受賞。）新宿区の図書館が主催した講演会では、反ドーピングの話に始まり世界卓球の試合まで、多岐にわたって聞くことができた。しかし、まとまったお話を聞く機会は多くなかった。２０２３年に国の文化功労章を受けられたときに周囲が期待した講演もまだ実現していない。

１９６０年代にＮＨＫテレビの要請で荻村伊智朗氏と実演した、目隠しをしてのフォアロングラリーについては私の前著に書かせていただいたが、貴重な活動をやはり断片的にしか記せず、私は「感化されてきた」と書く割には木村氏のことを知らない。そんな中で秋田魁新報に、木村氏が時代を「語る」紙面が、40回にわたって用意された。（ネット等参照。）

これまでの人生が語られた。「同胞対決では必死になれない癖」が初めて告白されてもいる。以下、4カ所の引用をさせていただく。まず、大学卒業時、実業団チームを持つ会社からも誘いはあったけれど、卓球部のない会社に入った、というところから。１９６３年。

中国への対抗心もありました。あっちが国を挙げて強化するなら、僕は徹底的に個人でやれることをやってやろうと。困難な道を選び、立ち向かっていく若さがあったんですね。（第16回）

その中国から招待されて、団長として訪問。1972年。

毛沢東主席が抗日戦線を指揮し、革命の聖地とされる陝西省の延安には特別機で行き、毛主席の執務用の机に触ってみました。洞窟の中に卓球台があったことが印象に残っています。南京にも行きました。いわゆる南京大虐殺に関する認識が日中で異なることは知っていますが、「中国側から見た史実」を見聞きしたかったんです。南京訪問は国交正常化を前に招かれた僕らの役目だと思いました。（第22回）

机に触ってみる行動。洞窟の中の卓球台。感慨深い歴史と出会う。（私にはいくつかの書物で読んだことがあるだけのもの。）そのあとの冷静な思考。

卓球の世界選手権の表彰式には、国歌も国旗もありません。国籍やプロかアマかは関係なく、チームや選手をたたえればいいとメダルとカップ、花束を渡すだけです。そういう表彰式が僕は好きでね。モンタギュー氏の哲学は、現代にも通じるのではないでしょうか。そのため卓球界は、オリンピックに加わろうとしなかった面もあるんです。（第24回）

さて、本項の見出しは「1963年 世界卓球男子団体決勝」である。最後にそのことを引きたい。

中国の文化大革命でつらい思いをした選手の一人に、荘則棟さん（2013年、72歳で死去）

がいます。僕の生涯の友で、1960年代に何度も対戦しました。プレー、人格ともに「荘の前に荘なし、荘の後に荘なし」と今でも思っています。

荘さんは試合でも常に、相手に敬意を払っていました。そんな人間性に引かれました。良いライバルの存在は自分の成長につながります。荘さんはその代表格で、僕も相手が同じように思ってくれる存在になりたいと考え、自分を磨いたものです。

63年プラハ世界選手権の団体決勝でのことです。僕の打球が相手コートのへりに当たったとして、審判が僕の得点にしました。すると相手選手の荘さんがミスジャッジだと訴えたんです。僕は荘さんがうそをついて抗議するわけがないと瞬間的に確信しましたが、判定は覆りません。

僕は次のサーブをあえてミスしました。そのあとは何事もなかったようにプレーしました。荘さんはこれを覚えていてね。72年9月、日中国交正常化の直前に招かれて訪中した際、この一幕を振り返り「木村さんは、われわれが大切に考える『友好第一、試合第二』を行動で示してくれた」と言っていました。

荘さんが体調を崩して入院していた2010年、上海の病院に見舞いに行きました。荘さんは「心配することはありません」と、30回も腕立て伏せをして見せるんです。ちゃめっ気のある人でした。来日した時は僕の家に泊まってくれました。（第20回）

国と国ではなく、人と人なんだとつくづく思う。サーブミスの話は、マナーとか、フェアプレーとか、スポーツマンシップとかのレベルではない。最近重視されるスポーツ・インテグリティー（高潔性・品位）でもない。自分が確信をもって判定することが難しい相手側のボールについての心の内の判断である。事柄をではなくこの人ならと信頼する心境。無我の境地というものの一つのあらわれだと思う。そこに至るまでの、直感に始まったかもしれない、両者の人柄の行き来を想像するばかりである。私がスポーツの話に終わらないと考えたのは、そういうことなのだと思う。

秋田魁新報社が木村氏を語りの場に登壇させてくれたことに感謝したい。

〈**引用記事は秋田魁新報社提供**・記事のゴシック体は引用者による〉

＊

二項前のクイズの答え。☆大川とみ選手がしたこと。練習相手を自分で育てた。指導者を求めるだけでなく、一流選手が集まる東京会館に練習に行くだけでなく、フォアロングラリーが10本と続かなかったフコク生命の粂野圭伊子選手を自ら育てた。熱心な粂野選手は大川選手の要望にとことん応えられるようになった。☆世界卓球の後、朝日新聞社が企画したこと。「出場六選手を囲む座談会　世界卓球選手権大会を顧みて」を催した。日刊の一般紙で国民が読んだ。出席者は、渡辺妃生子、江口冨士枝、田中良子、田中利明、富田芳雄、荻村伊智朗、長谷川喜代太郎（選手団総監督）、矢尾板弘（日大監督、田中利明・荻村伊智朗・大川とみを育てた）。

このような座談会は現在では不可能なのだろうか。

１９６５年世界卓球の促進ルール　女子単決勝　深津尚子選手

女子シングルス決勝は、慶應義塾大学の学生であった深津尚子選手がペンのドライブで中国の林慧卿選手のカットに粘り勝ちした試合、として語り継がれている。記録は次のよう。

深津尚子　［21－12、21－17　15－21　13－21　21－16］　林慧卿

１９６５年４月26日付朝日新聞によれば、第２ゲームでは１１２本続くラリーもあり、18－16でタイムルール（促進ルール）が適用された。以後のゲームもすべて促進ルールとなり、第５ゲームは11－６で促進となった。

クイズ　★　この試合の促進ルールは１ゲーム何分経った時に適用されたでしょうか。

クイズ直前の記述に首を傾げた人もいると思う。また、卓球史の本には誤って書かれていることがあるので、クイズの答えに向けて、促進ルールの原点に遡り、時間制限がなかった時代のことから記してみる。藤井基男著『卓球 知識の泉』（卓球王国ブックス刊）と、岡本清美氏の調査に頼る。

１９３３年の第二回全国学校対抗決勝は７時間かかっている。今孝（青森商業）対宮川顕次郎（青

森中学）のエース対決では、ショート対ショートのラリーが３０００本続いたという。のちに今孝の義父となる山本弥一郎が途中で夕食に出掛け、戻ってみたら、得点が同じままだった、と卓球王国刊『卓球 知識の泉』に書かれている。

１９３６年世界卓球プラハ大会では、長時間試合が続出した。男子団体、ポーランド対ルーマニア戦トップのエーリッヒ対パネスは最初のポイントで2時間を超えるツッツキの粘り合いがあった。決勝のオーストリア対ルーマニア戦は２日間に渡り、11時間かかっている。

１９３７年に時間制限が設けられた。５ゲームズマッチでは試合開始後1時間45分経っても勝負がつかなければ裁定委員会が両者を失格にできる。２月の世界卓球女子シングルス決勝、アーロンズ（アメリカ）対プリッツィ（オーストリア）はこれにより両者失格、優勝者なしとなった。（のち、両者優勝と書き換えられる。）

１９３７年秋から改定。ゲーム開始から20分経った時にリードしている者をそのゲームの勝者とする。

１９６１年、現在につながる「促進ルール」の実験開始。ゲーム開始から15分経つと促進ルール適用で、レシーバーが13本返球すると得点となる。促進が一度適用されると、次のゲームからは10分で促進に移行。世界卓球では１９６３年のプラハ大会から施行。従って１９６５年リュブリアナ大会についてのクイズの答えは、第２ゲームが15分、第３・４・５ゲームが10分、となる。クイズの出し方（文言）に気を配ったつもりである。

その後、15分で促進ルールが一度適用されるとそのマッチの残りのゲームはすべてラブオールから促進ルール適用、と改定された。１ゲーム11点制になった現在は最大限10分で促進ルールとなっている。ルールは変わる。

深津さんに会いに行く

２０１７年夏、私は憧れの深津尚子さんを香川県高松に訪ねた。前年出版した拙著をたくさんお買い求めくださったお礼の気持ちもあった。深津（現姓徳永）さんが大女将を務める老舗料亭「二蝶」で、龍宮城の浦島もかくやと思われるほどの、夢のような饗応を受けた。

国の登録有形文化財の建物。門で迎えられ、玄関に着くと、仲居さんの丁寧な応対で廊下を奥へ奥へと進み、中庭に面した部屋に案内された。床の間には料亭の風情にふさわしい一幅の書画の軸――竹枝の絵に行草体の「星河清涼風」。女将（娘さん）と仲居さんが私の孫の相手までしてくれるので、六歳の孫はご機嫌でテーブルの周りを、あちらこちら。私が持参した五十年前のブロマイドをそっと娘さんに見せているところにふすまが開いて、ご光臨。滂沱の涙、止まらず。五十年の月日が流れた。

世界には、対面するだけで感情が揺さぶられる人がいる。人の記憶を収斂させてどこかに連れて行ってしまう人がいる。

酒食が運ばれて、正気に戻ったはずながら、会話の内容は少ししか覚えていない。日本代表合宿でのカット打ち１０００本ラリーの話はやはり訊かずにはいられなかった。裏ソフトのドライブでカット打ちをする女子選手はほとんどいなかった時代。練習相手やお世話になったという方々のお名前の中には、私が今もお付き合いいただいている方もいる。合宿中の裏話はここに書けないことがいろいろある。私の住所の話になった時、慶應の学生時代のお住まいがすぐご近所だったと分かった。同じ町内で、毎日顔を合わせてもおかしくない距離。そんなことより裏話を早く書け、と今思った人の役には立ちたくない。秘の密である。覚えていないと初めに書いておいた。少ししか。
ふらつく足で別れを告げるとき、また、感極まった。（孫はテーブルの周りを、歓喜回った。）「二蝶」で夢心地となれば、胡蝶の夢か。現実ではなかったかもしれない（はかない五十有余年）。いや、いま手元にサイン入りラケット［口絵参照］と、何枚もの記念写真が確かに残っている。帰宅してお土産を開けたときから私の髪が白くなった。

（深津さんが１９６５年世界大会時に見たリュブリアナの街の様子を書いた文章の一部を、本書の『四月馬鹿』「追記」に再録した。）

１９６９年の国際オープン卓球選手権（プロ卓球）

河原智選手

１９６８年暮れに発足した日本プロ卓球連盟が旗揚げ興行として、69年1月18日から国際オープン卓球選手権大会を催した。読売新聞社主催のトーナメント9戦。（出場選手の河原氏に取材したことと私や友人の記憶を読売新聞で確認しながら書きたい。読売新聞の引用もさせていただく。）［口絵参照］

日本選手は、星野展弥、１９５２年世界卓球（日本初出場）で林忠明選手［口絵参照］と組んだダブルスで優勝している藤井則和、そして67年度全日本学生チャンピオン・67年世界卓球日本代表の河原智。外国選手は周麟徴（台湾）、マーカント（インド）、マイルズ（アメリカ）、ロシャス（ハンガリー）、そして68年度欧州シングルスチャンピオンのシュルベック（ユーゴ）。

賞金総額一万ドル（三百六十万円）の真剣勝負。最終戦が特別高額。ショー的プレー、アクロバット的プレーも星野選手を中心に少し披露した。入場料は最高千五百円。（ある統計によると、この年の映画代は三百円ほど）。

読売新聞は会場での河原選手の圧倒的人気を書く。絶頂期の選手のプロ転身、パイオニアとしての胸の内も書く。河原選手はアマチュア資格を失い、日本選手権、世界選手権などに出場できなくなった。「迷惑を掛けてはいけない」と卒業間際に、大学卓球部に退部届を出す。今昔の感。外国選手とは違う待遇。シュルベック選手はこの年の世界卓球にユーゴ代表として出場する。

9戦の優勝者（開催地）を挙げる。1．河原（東京・後楽園ホール）　2．シュルベック（札幌）　3．ロシャス（青森）　4．シュルベック（横浜）　5．河原（北九州）　6．シュルベック（大阪）　7．河原（静岡）　8．河原（広島）　9．河原（東京・東京体育館）

第3戦は河原選手が卒業試験のため欠場。それらを知らせる1月22日の読売新聞には「世界卓球代表きまる」の記事も。

試合球は、黄色系の塗料を塗って色を付けた。硬球では重くなりすぎるので軟球を使用した。そのため河原選手の得意のスマッシュが抜けず、何本も後陣から返される場面が生じる。そこでロビングに対してサイドを切るスマッシュ、という難しい技を繰り出した。それがフェンスを越えると、良くない打ち方だという声も挙がった。〈河原氏談〉

2月2日(日)の第9戦が日本テレビで放送された。テレビのゴールデンタイムと言われた夜8時から1時間の「サンデー・スペシャル」。翌日の読売新聞の見出しは「河原、最終戦飾る　終了寸前　シュルベックを逆転」。この「終了寸前」は卓球競技で初めてではないか。(放送時間の終了寸前のことではない。)「終盤逆転」ならいくらでもあったが……。競技ルールの説明が必要になってきた。

時間制なのである。ルールは創られる。1セット(今で言うゲーム)5分間の、3セットマッチ。それで「終了寸前」という見出し語。5分で区切るが得点は加算され、合計点で勝負が決まる。しかも1・2セットは1ゲット1点、第3セットは1ゲット3点の「インフレ勘定」なので、終盤の逆転劇も起こりやすい。「終了寸前」に両者同時のマッチポイントということも起こる。第9戦の決勝、河原対シュルベックがそれだった。

私はテレビで観ていた。2点リードされていた河原が終了2秒前にサービスを出す。スマッシュ対ロビングのラリーが十数回続いた。会場の見巧者たちがスマッシュの時にタイミングよく「わっしょい」「そーれ」と声を出す。テレビ観戦も大興奮であった。空前の、全国民! の後押しがあった。河原66［13-19　17-13　36-33］65シュルベック。

現在65歳以上の卓球人と話をすると、この試合をテレビで見たと言う人にたまに出会う。(たまに出会うだけだから「全国民! の後押し」は勢いで書いたことになる。)見たと言う人は、やはり強烈な印象をとどめていて、半世紀前のこととは思えないほど話に花が咲く。咲いた話は次の種を蒔くことにまで進む。ある時、ご一緒した卓球コラムニスト伊藤条太さんは、少し若い世代なのでこの話に加われず、悔しそうだった。その時の様子を月刊『卓球王国』誌に書いている。
プロになった選手に卓球協会は厳しかった。その対応を知った上での河原選手の決断だった。読売新聞2月3日付は、プロ卓球という「実験に自分の青春をかけ、第一段階は見事に成功した」と書き、会場での卓球協会関係者と河原選手の温かい交流を拾っている。河原選手が卓球協会日本代表選手にエールを送ったことを「卓球を愛する河原智の心意気である」と書いた。これらの言動を書き留めたくて、私はこのプロ卓球の項を起こした。ぜひ読売新聞記事で具体的に読んでほしい。感動の連続である。

河原選手は引退して、1974年にアマチュア復権。その後の、世界卓球日本代表監督や東京2020パラリンピック卓球総監督をはじめ、協会、学生連盟、選手育成などでの活躍は広く知られるところである。プロ卓球リーグは、ドイツのブンデスリーガが1966年に始まっていたが、日本のTリーグが結成されるのは2018年まで待たなければならなかった。私のように、待っているだけの人が多かったのか。松下浩二氏が満を持してやってきた。河原氏が力を貸した。

私は大学時代に河原氏から教えを受けることができた。卒業後は、私の勤める高校の弱いチームの指導にも来てくださるなど、お世話になり続けている。教員になりたての頃、「河原スポーツ」の商品を届けてくれた際、私は高校生の前で、河原氏と試合をすることになった。バックハンドのスピードロングサービスが両コーナーに飛んで来る。（シュルベック戦の最後のサービスだ。）打球時にはコースがわからない。私は若い足で合わせるのが精いっぱい。大学リーグ戦に似た、邪念のない澄み切った緊張感。私は今ここで何をしているのか。あの河原選手と試合をしている。楽しい。

シュルベック戦から55年たった今年、終了2秒前のサービスは何だったかご本人に確認すると、スピードロングサービスではなかったと言われた。

〈2024年〉

1971年 世界卓球 名古屋大会

米中ピンポン外交。私も観戦していた大会中に、大ニュースが走った。

1974年 プラハからの手紙

早大卓球部に、ヨーロッパ各地を転戦中のOB、今野裕二郎選手から絵はがきが届いた。

前略　卓球部の皆様お元気ですか。全日本の団体戦も終り春のリーグ戦目指し、日夜努力を重ねていることと思います。小生の方はルーマニアオープン、チェコオープンと大活躍？の末、今はチェコ国内の各都市を転戦しています。8日間のうち6試合という強行スケジュールには少し悲鳴を上げていますが、まずは元気で頑張っております。又2月23日から25日まで西ドイツのミュンヘンでドイツオープンがありますので張切っております。皆も元気で頑張って下さい。それではこれにて失礼！　1／31　プラハにて　［原文横書き・口絵参照］

転戦のお疲れの中で書かれた、後輩を励ます絵はがきを受け取って、感激した。今野さんの速攻のようにキレと筆圧のあるペン字である。今読み返すと、「大活躍？」のユーモアも楽しい。表現はユーモアだが、大活躍は事実だった。それも、後輩への強烈な激励である。こんなにうれしい手紙はあまりもらえるものではない。（プラハの春、チェコ事件からあまり年月が経っていない時期のことである。）

1978年 プロ制度

プロ選手を認める制度発足。松下浩二選手がプロ第一号。

１９８８年 ソウルオリンピック

卓球初参加

オリンピックに卓球が参加することについて、卓球界がもろ手を挙げて賛成していたわけではないことを私が知ったのは、岩波ジュニア新書の荻村伊智朗著『スポーツが世界をつなぐ　いま卓球が元気』だったと思う。前記の木村興治氏の〈時代を語る〉にもあった。国際卓球連盟への加盟は国単位ではなく協会単位である。その地域は国と国にまたがっていてもいいし、国の中で分割されていてもかまわない。そういう憲章があるから、71年世界卓球に中華人民共和国が参加できた、と私は学んだ。オリンピック参加により課題が生まれた。（テニス競技はソウル大会からオリンピックに復活したが、中断の理由は、主にプロ・アマ問題で、ダブルスペアは同国でという規則についても検討したようである。）

さてここでは、オリンピック開催中に発行された、イギリスの世界最古の日刊新聞『THE TIMES』の記事を採り挙げる。卓球の専門家ではないと思われる人による卓球競技の紹介。表現が魅力である。サイモン・バーンズというチーフスポーツライターが書いている。卓球の専門家でない友人に和訳してもらった。１９８８年9月30日付。まず、見出しと本文の書き出しから。

Quick-fire action which charms and baffles the eye

電光石火の動きが目を魅了しまごつかせる。

Table tennis has always seemed to me to be a rather flaky kind of sport.
卓球はいつも私にとって、かなりいかれた種類のスポーツである。

「電光石火」、なるほど。本文ではfastest actionとかsuper-fast reactionsとある。flakyは「いかれた」と訳した。後出するスペルの似たflakinessもそう訳している。全文を読んでの翻訳である。違う訳語のある人は教えてほしい。国会図書館等で読める。以下、部分を和訳で引く。

ピンポンは最も民主的なスポーツの一つである。世界中で最も簡単で安上がりな試合であり、世界中で様々な程度の熱情をもってプレイされている。気楽なレベルで大ファンがいるし、オリンピックにおいては、どんな競技の試合よりも素早い動きが見られるに違いない。

試合はとても素早く、テレビは役に立たない。実際、観客に関する限り実生活でめったにこのような動きは役に立たない。そのスピードは目をまごつかせる。多くの球技で純粋に本能的なレベルで意識する以前にシュートすることはない。ピンポンのラリーではそれがある。ボールを意識する前に打つ。

ピンポンは超早い反応を必要とするので、神経症との境目のようにも思える。

このあと、オリヴァー・サックス著『妻を帽子と間違えた男』の症候群に触れ、また、「卓球をすることはタージ・マハールのようなもの」に言及する。解説しがたいので提示のみとする。

「実生活でめったにこのような動きは役に立たない」の部分に共感する。私は他の競技を見てもしばしば同じことを感ずる。何かに役立てられないかと、スポーツから離れそうになって、それこそがスポーツの醍醐味、鍛錬の結果だというところに立ち戻ることを繰り返している。スポーツ競技は他の何物にも似ていない。卓球は何物にも似ていない。法則もないように見える。

Jiang is the fastest of the super-fast, with a forehand that comes from nowhere and a serve that operates in defiance of Newton's Laws of Motion.

江加良選手は超速の中の超速であり、どこから来たかわからないフォアハンドでニュートンの法則をものともせずにサーブを打つ。

『ザ・タイムズ』の記事を半分理解した。**オリンピックに最速の競技がやってきた**、と言っている。半分は「解説しがたい」と書いた部分。

1991年 世界卓球 千葉大会

統一コリアチーム参加　第二のピンポン外交　（コリア女子団体優勝）

1994年 地球ユース選手権　東京にて

イスラエルとパレスチナの選手が参加して対戦した。開会式で両国代表選手による選手宣誓が行われた。あらゆる競技で初めてのことという。また、アパルトヘイト政策で国際大会から締め出されていた南アフリカ選手が復帰した。

2008年　早大にて

中国の胡錦濤国家主席が日中関係に関する講演を行った後、福原愛選手と卓球をした。

2021年　東京オリンピック〈朝日新聞〉

●8月7日付　見出し

水谷 エースの雄姿

この見出しで、写真と記事が載る。男子団体、韓国との3位決定戦で3点目を挙げ銅メダルを決めた水谷選手に、ベンチから張本選手が飛び出し、抱きついた写真。尊敬の、歓喜の、ラブタックル、とカタカナ言葉で私は名付けた。テレビで見ていて、目新しい光景に私の喜びが溶け込んだ。ただ、見ている者としては、水谷選手が相手選手と讃え合う握手をすぐにできるようにした方がもっと良いと思った。そこに張本選手が付き添うのも新鮮。まず相手と握手、が見ていてすがすがしい。良い相手がいてこその感動の試合だから。

「エースの雄姿」の見出し語は特別な言葉ではないが、めったに使えない。この日の紙面に輝いていた。飛びついた人が引き立てたからかもしれない。そして、紙面の3分の2は、新競技の空手形で金メダルを取った喜友名《きゆな》諒選手。見出しは「空手の化身」。負けた。こちらの本源は神か仏だ。確かに写真の表情・形にふさわしい。「雄姿」「化身」、新聞は良い言葉を選ぶものである。卓球の化身、では言葉が遊離してしまう。球技の魅力。

2024年　パリオリンピック　〈朝日新聞〉鈴木健輔記者

●8月9日付　男子団体でスウェーデンとの準決勝に負けた後の**張本智和選手のインタビュー記事**。

最終第5試合を左足をつりかけながら戦ったエースは、3位決定戦への意気込みを聞かれ、薄い笑いを浮かべた。

「いまの気持ちで言えば、もう頑張りたくないです。でも、『やるしかない』って言うしかない」

心が折れかけている。

いい記事だなあ。張本選手の短いドキュメンタリー。「もう頑張りたくない」と言うアスリートの言葉はインタビューでめったに聞かない。「いまの気持ち」をまっすぐに発した。その自分の言葉を聞いて、前向きでない状態に抵抗するように、停滞から脱出するように、(インタビューという場の力を感じてか)「でも、『やるしかない』って言うしかない」と絞り出す。やるしかない、と今思っているわけではない。心の言葉が正確である。「この現実を受け止めなくていい方法があるんだったら、それがいいですけど」と「消え入りそう」な声で言ったともある。「受け止めなくていい方法」を求める切迫。沈んだ場からやっとのことで自ら汲み上げた言葉を公の場につなげるために発する。

張本選手の応対の言葉はいつも沁みる。戦い終えて、休息したいであろうに、聞かれることにまっすぐ答える。まっすぐな言葉に、心身の状態が濃く詰まっている。うまい表現というのとは違う。それとは言葉が生まれる場が違う。勝利を目的に集結していた心身の活動が解き放たれた直後の、この言語生成。

インタビュアーも強い意志や信念を導き出したいという意図はないようだ。控えめに訊く。記者の説明も簡潔で的確。「心が折れかけている」「薄い笑いを浮かべた」。薄笑い、ではない（念のため）。次の、記事の結びもいい。

張本は取材を受けた後、再び地面に座り込み、動けなかった。3位決定戦は9日。立ち直れるだろうか。

短い時間だけの精いっぱいの吐露だった。ドキュメンタリー、中入り。

●8月11日付　女子団体決勝で日本が中国に0―3で敗れたときの見出し。

中国に完敗　盤石の「ライバル」

見事な見出し。盤石のライバル、では変だ。拮抗しないとライバルではないから。両者にとってカッコつきの「ライバル」。記事によれば、孫穎莎選手が早田ひな選手にメディアを通じて「このようなライバルがいて大変うれしい」「今後、道が交差することがあると思う」という言葉を贈ったという。ライバルを目指す日本。ライバルと認めようとしている中国。「盤石」の中国は優勝しても安堵するだけで、勝利の歓喜は薄くなっているかもしれない。中国に勝利の歓喜を味わわせてあげたい。そのためには、一度「交差」しなければならない。勝者が入れ替わらなければならない。

＊

追記

張本選手の記事を書いた鈴木健輔記者が9月3日の朝日新聞夕刊「取材考記 NEWS plus α（アルファ）」に、記事の補足を書いた。というより、記事にするのを控えていたことを露わにした。張本選手がどん底の気持ちから再出発できそうだということを、彼のX（旧ツイッター）発信で感じたからとある。その補足記事に驚いた。8月9日付の「この現実を受けとめなくていい方法があるんだったら」の、「方法が」と「ある」の間に言葉があったというのだ。それを書くのは私もためらうが記者の新たな決断に感謝しているので書く。「死ぬ以外に」。

アスリートと記者の、そして読者も巻き込んだ、スリリングなドキュメンタリーがプラスされた。私が「中入り」と書いたとき、こんなに早くこんな内容を含んで、再出発の兆しをを知ることになろうとは全く考えていなかった。畏るべし「plus α」。9日付を読んだ私の感想は書き直さなければならないか。記事に従って正直なところを書いたのだから書き直さないことにする。

張本君、何度でもよみがえれ。いや、そもそも（語源の）黄泉《よみ》のことなど思わない方がいい、と言うべきか。世界中の人たちがプレーを堪能している。勝つときは勝つ。

第三部

考察とともに

巌谷小波《いわやさざなみ》のピンポンと坪井玄道《つぼいげんどう》

①

日本人最初のピンポンプレーヤーの記録は1901年3月28日の夏目漱石である、という仮説を拙著『卓球アンソロジー』に書いた。私は漱石の作品によって漱石に強い愛着を持っているので、この記録を歓迎している。

今回、さらに前の日本人ピンポンプレーヤーを探す。（山田耕筰のピンポンの時期は諸説あり、保留。）

児童文学者として偉大な業績を残した巌谷小波が20世紀の初めにドイツでピンポンをしている。1903年に博文社から刊行された小波の随筆集『小波洋行土産《みやげ》』の「伯林百談《べるりんひゃくだん》」（**五十二**）項の「**ピンポン倶楽部《くらぶ》**」と題した文章に、私はまず出会った。

余《よ》の宿の近所の、ギクトリヤ、ルヰーゼン、プラッツと云《い》ふ、新らしい小遊園があるが、その近所に、此頃《このごろ》ピンポン倶楽部と云ふのが出来た。ピンポンとはそも何の事？

少年諸君の中には、まだ御存じない方も多からう。それは英国から渡った新しい遊戯機械で、何の事は無い、座敷テニスだ。

で、グラウンドに擬《ぎ》した台の上、に綱《つな》も張れば、線《ライン》も画《か》いて、団扇太鼓《うちはだいこ》の様な小さなラッケツトで、球《たま》を両方から投げ合ひ受け合ふ事、総《すべ》てテニスの仕方に変りは無いが、只《ただ》そのラッケツトが、薄い皮ではつてある為《た》め、球を受ける度にピンポンと音がする。その音を其儘《そのまま》取つて、この遊戯《いうぎ》をかう名付けたのである。

そこでこの倶楽部には、その台が十脚ほど備へてあつて、伯林《ベルリン》に於《お》けるピンポンの元祖と誇つて居《ゐ》るが、まだ広告が足りぬと見えて、それほど繁昌もして居ないが、雨が降つて戸外の遊戯の出来ない日などには、随分こゝへ詰め込んで、ピン〳〵ポン〳〵と、勝負に半日を暮らす者が多い。

余も二三度やつて見たが、元よりテニスほどの趣味は無く、またそれほど運動にもならぬが、女小供の遊戯《あそび》には、又至極《しごく》適当なものだ。〈全文転載。漢字は新字体に改めた。仮名はルビも含めて旧仮名遣いのままにした。〉

テニスほどの面白みは無い、と言う。小波はテニス好きのようである。そういうことならそれでいい。（私は反感を持ったわけではない。テニスにも恨みはない。それどころか、テーブルテニスの祖として敬意さえ感じている。日本語の歴史を辿《たど》る時に、表記の源となった中国文字文化に対して抱く敬意と同じように。そもそも小波は、私が子どものころ歌った文部省唱歌の作詞者として、その名を教科書にも見て親しみを感じてきた人だ。恨む気持ちなど起きようはずがない。また、その父、巌谷一六《いちろく》は書家として、私の趣味の時間に目を洗われているし、小波の子、巌谷大四《だいし》の文芸評論を私は学生時代に読んでいる。だから、だから小波のテニス趣味を批判するつもりなどない。

本書の「1988年ソウルオリンピック」の項を読ませたい気持ちはあるが。）

小波がピンポンをこの時期にドイツで、一度ならず、しているることがすばらしい。当時のピンポンの運動量が軽いもの、「英国から渡った新しい遊戯機械」、雨の日は「勝負に半日を暮らす者が多い」ほどに流行している、などがわかる。

小波がピンポンをしたのは、いつか。「**ピンポン倶楽部**」には日付がない。

小波が伯林大学附属東洋語学校に日本語を教えに行ったのは、1900年9月からの二年間。漱石のように現地で日記を書いていてくれたら日付がわかるのだが、と思っていたら、「伯林百談」より前に書いた日記が二編、『小波洋行土産』に収録されていた。一つは、横浜出港の9月22日からイタリアのゼネバに着く11月2日までの「さざ波日記」。この船中日記にピンポンの記述はない。もう一編は、ベルリンに着いてからの「伯林当座日記」。これを読み進むうちに私は緊張してきた。

漱石の記録を更新か。

「伯林当座日記」は1900年11月5日から始まっていて、最古記録更新の余地が五ヶ月近くある。小波が動物園に行ったり、日本語科部長ランゲ教授の子息とスゴロクをやったりしていると、遊戯の匂いが漂って、気が気でない。「此日は別に記す程の事もない」とあると、ひと安心。百年以上前の他人の日記に一喜一憂している。11月25日は「少年世界と太陽の原稿を書く」。まだ四ヶ月もある。思わくのある日記読みの不安は消えない。

すると、12月24日「日記体の記事も、もはや諸君の飽《あき》が来た時分と、私《ひそ》かに推察されもするから」と、日記体をやめてしまった。（私の安堵と歴史探求の好奇心の葛藤。）

そして、1901年1月から「伯林百談」が書かれる。しかし、これにも日付のある文章が見え

るので油断はならない。予断を許さない、の方が適切か。漱石以前の記録発見の衝撃を受けとめる心の準備を忘れてはならない、

百のうちの〔二十八〕項に、4月21日の体操演習会を見学しに行った記述がある。ここまで来ればもう大丈夫だ、と私的な安心を胸にページを繰っていくと、〔五十〕項のあとに「（明治）三十四年中稿」とあり、最終〔百〕項のあとには、「三十五年中稿」とあって、〔**五十二**〕項の「**ピンポン倶楽部**」は明治35年（1902年）に書かれたとわかる。日記的な記述だから、記録更新はなかったと考えることにした。念のため初出誌を探し、1902年4月1日発行の月刊『少年世界』に掲載されているのを確認した。これも傍証に過ぎないが、裏返せば、小波が「二三度やって見た」日付がないからには、記録更新を認めることはできない。

②

ところが「伯林百談」を読み返すと、私の狭い料簡を脅かす、いや広げさせられることが〔二十八〕項に記されていた。体操演習会参観の同行者に驚いた。

四月廿一日の午後、プリンツェン町の市立大体操場に、体育会の大演習会があつたので余は之《これ》に臨んだが、同行には恰《あだか》も好《よ》し、その一週間ほど前に着《ちゃく》された、高等師範学校教授、日本有名な体操家、坪井玄道君を誘つたのである。

あの坪井玄道の登場である。イギリスからピンポンセットを1902年6月に持ち帰り、ピンポンを日本に広めたレジェンド。留学行程はドイツ、フランス、イギリスの順で、辞令通り、アメリカを経由して帰国する。ドイツに着いたのは「一週間ほど前」だから、4月14日頃か。玄道自身が克明な日記をつけていたと家族が伝えるが、現存は確かめられていない。

大櫃敬史氏の論文「坪井玄道の米国体育視察（1902年5月～6月）」の中の「表2・書簡にみる坪井玄道欧米留学行程」によると、玄道のドイツ滞在は1901年4月20日からとなっているが、これは表の名称の通り、確認された「書簡」の日付によるものである。4月とは言え、この20日の書簡が気になった。玄道の故郷である千葉県市川市の旧・市立市川博物館が制作した『坪井玄道関係資料集』という目録の存在を知って、特別寄贈されていた早稲田大学図書館で調べたところ、20日の手紙は玄道宛葉書で、差出人は同じドイツ在住の巌谷小波だった。これはもう、現物を手に取らないではいられない。委託保管されている市川歴史博物館で閲覧が許された。

坪井家文書の書簡は三百通を超えるヨーロッパの絵葉書が主で、名所旧跡、花鳥山水の絵や肖像写真などに目を奪われた。遊戯（スポーツ）も描かれている。（絵葉書の創始は19世紀末のドイツである、と小波が随筆に書いている。）

4月20日の文面の解読を試みる。ルビも引用者。［挿絵参照］　教正を願う。

拝啓　已《すで》ニ御承知且《か》つ御出張の事とは存じ候《そうら》へト《ど》モ明日午後三
時半よりプリンツ町の躰育會《たいいくかい》に大演習有之候《これありそうろう》　小生切符二
葉を得申候間《えもうしそうろうあいだ》萬一《まんいち》御持合無之候《もちあわせこれなくそうら》はば右にて御同伴仕《つかまつ》るべく

被存候《ぞんじられそうろう》　為念申上候《ねんのためもうしあげそうろう》　匆匆頓首《そうそうとんしゅ》　四月廿日　　巌谷生

坪井先生

ピンポンの記述はないが、ドイツでの二人の交流を示す貴重な資料である。翌日のことを知らせる葉書に、ドイツ文化摂取の貪欲さ、意気盛んなさまが感じ取れる。小波は日本語講師としての渡独ながら、目的について、「彼地の文物研究、風俗視察」と随筆集序文に書き添えている。

（当時のロンドンでは午前中に投函された葉書は即日配達されている。ベルリンでのこの絵葉書は切手に掛けて20日の消印「20.4.01」があり、離れた所にもう一つ、消印と同じ形の丸い印で「21.4.01」が捺されている。後者が配達された日付であるとすると、体操演習会当日（の午前？）届いたことになる。急な誘いにも坪井玄道のフットワークは軽く、同伴したのであろう。）

市立市川歴史博物館提供

③

当時のヨーロッパ留学生五人の横浜出港の日を記す。下田次郎1899年9月。夏目漱石1900年9月8日。芳賀矢一1900年9月8日。巌谷小波1900年9月22日。坪井玄道1901年2月9日。(下田と坪井はアメリカを経由して帰国。)

坪井より5ヶ月、巌谷より2週間早くヨーロッパに向けて出港していた芳賀矢一の日記が、國學院大学刊『芳賀矢一選集』第七巻に収められている。1901年「四月十二日……蜂谷貞興、坪井玄道の諸氏来談」とある。また、芳賀の神田乃武宛絵葉書には、玄道氏が4月の「初旬着《ちゃく》いたし候」とある。

私が玄道のドイツ入りの日を探索しているのは、横浜出港が2月9日で、漱石ピンポン記念日の1901年3月28日より前だからである。芳賀との交流は4月で一安心するが、船中でということもある。怖いもの見たさで、3月11日付、コロンボから船上の様子を東京の子息玄治に送った葉書も読んだ。ピンポンは書かれていなかった。ホッ。

芳賀矢一自身はどうか。船中の日記にない。同船した漱石の日記によれば、芳賀は揺れる船中でも際立って頑健で、食欲をなくす人が多いために空いている食堂で健啖ぶりを発揮していたというから、体力は充分だったはずだ。当時のドイツ船(プロイセン号)にはまだ、ピンポン台が備えられていなかったのであろう。

あとは、1899年11月からドイツに滞在している下田次郎だが……。ロンドンは1902年2月からで、坪井玄道との有名なピンポンは玄道のロンドン滞在期から考えて、4月である。

ヨーロッパにイタリアから上陸した夏目漱石は、1900年10月28日に留学生仲間とパリ万博見物をしたあと、ベルリンに向かう多くの留学生たちと別れて、ロンドンに赴く。その孤独の覚悟は（と言っても文部省の辞令通りなのだが）卓球の歴史的意義において、大きな足跡を残すものとなった。

漱石ピンポン記念日はいまだ健在である。そして、更新記録を探す私の臆病な旅は続く。

「監督」私感

手作りのからだが感ずる力

これは四十年前の文章です。県立高校に勤めて三十歳を越え、校内の『図書館雑誌』に寄稿を依頼されたときのもので、そのときの題名は「監督覚書」でした。「卓球部顧問」の肩書で書きました。弱いチームながら短くない時間を費やしている部活動に関する私の、意見を装った感想です。展開の甘さはともかくとして、論理の緩い意見風のところに反論がしやすいのではないかと楽しみを求めて、掲載することにしました。

先年の秋、久しぶりに大学を訪ね、講堂裏のテントで芝居見物をした。本校卓球部の卒業生から、学生演劇の女優として舞台に立つことになりました、という案内状が届いていたので出かける気になったのだ。正門前でバスを降りるともう夕暮れの風が涼しく感じられたが、入場口から続いている二十歳前後の若者ばかりの行列には、懐かしい熱気があふれていた。

演劇が終わってテントを出ると、素早く出口に並んでいた役者スタッフ一同が、丁寧にお辞儀をして見送ってくれる。楽しませてもらったこちらがお礼を言いたいくらいだった。

しかしそのとき、それまでに観た(そしてそれ以後の)どんな演劇の後にも感じたことのないこだわりが心に残った。何か気分がすっきりしない。良い舞台を観たときの充足感、幸福感だけで心が満たされてはいないのだ。その正体はよくわからないのだが、池袋で安部公房を観たときも、新宿につかこうへいが登場したときも、渋谷のジァンジァンでイヨネスコを観たときも、井上ひさしのどの芝居でも、山本安英の舞台でも、帝劇のミュージカルでも、三宅坂での歌舞伎でも、国立能楽堂でも、花園神社の赤テントでも、一度も感ずることのなかった心の蟠《わだかま》りであった。

勿論、この日の演劇・鴻上尚史作『宇宙で眠るための方法について』の舞台そのものは、スピード感があふれ場面の切り換えも鮮やかで素晴らしかった。テント内に入場した観客の誘導を舞台上から役者がするという珍しい光景から既に劇は始まっていて、最後までその軽快なテンポを失わない。役者には親しみやすい初々しさがあったし、心地よい迫力も感じられた。確かに楽しんではいたのだ。

偶々同じ日の観客となった、女優と同期の卓球部員二人と、私の思い出の街で食事をし、彼女たちの高校時代のことや私の大学時代の体育会活動のこと、四年生の秋に今日と同じ場所で観た芝居のこと、などを話している間も終始複雑な思いに駆られていた。はっきりわからないもののためにやや不快にさえなっている。一体あれは何だったのだろう。

一昨年、卓球部の新年会で、ある生徒が隠し芸として人物模写を披露した。その中に私の模写があった。体育館で選手の後ろをコーチして歩く、その歩き方と話し方のまねである。生徒や若い卒業生たちは大爆笑であった。これにはたいへんな衝撃を受けた。衝撃は、笑われたことに依るのではない。あまりに似ていて、私自身不覚にも笑ってしまったくらいだったから。六年前の主将は、試合中の私のレシーブの構えをまねて喝采を受けていたし、三年前の主将は、準備体操の姿をまねて哄笑を呼んだ。それらは私を苦笑させたが、少なくとも私が卓球をやろうとする姿の模写であったのだ。それが遂に、腕を後ろに組み監督然として歩く姿を見せつけられた。そのことが大きなショックであった。監督はスポーツマンではない、と自覚させられた。

『屋根の上のヴァイオリン弾き』は日本では異例のロングランを続けたミュージカルだが、その長期公演ゆえに溜ったであろう垢を洗い落とすために、ニューヨークからサミー・ベイスという演出家が呼ばれた。〈この項の情報は朝日新聞記事による〉

この洗濯職人は任務をみごとに果たしたのだが、同時に舞台から活力が衰えてしまったと言う。演出が演技を上回り俳優が生気を失ってしまったのだ。俳優の技量（個性）が演出力に拮抗するだけの強さを持たない場合、綿密で高度な演出のもとでは却って演技は形骸化し舞台は呼吸しなくなると言われるが、残念ながらその例であるらしい。主役の森繁久弥は個性が強く、それが灰汁となるのを防ぐために本場の演出家を呼んだというのが真相らしいが、再出発した舞台の開幕後二週間ほどして、当の森繁は「まだサミーがいるからね。演出家のいるうちに変えたら悪いけど、帰ったらだんだん元に戻しますよ」と新聞記者に語ったと言う。その後舞台は活気を取り戻す。勿論、演出家の注文が時を経て消化された結果であるのだろうが、したたかな俳優たちは、

なに、幕が開けば俺たちのものさ

と、うそぶくのが常なのだ。

東京藝大の打楽器科中退後、指揮者として活躍する岩城宏之は、「指揮には自分の手づくりの音がない。他人の手を経た音がむなしく鳴りわたり、それを自分がやった音楽だと思いこまなければならない」と時々むなしい思いに駆られるらしい。そして「自分はやはりタイコたたきであるべきだった」という悔いが発作的にやってくるという。演奏家は思っている。

幕が開けば俺たちのものさ

富山県利賀村に本拠地を移して意欲的な活動を続ける劇団スコット（旧早稲田小劇場）は、俳優の下半身の鍛練を重視する稽古でも知られている。主宰する鈴木忠志は「床から来る力を感じとるのだ」と言う。この言葉は、私がかつて卓球選手としてプレーしていたときに感じたものを蘇らせてくれた。自分の体が（最近は思い出すことさえできなくなっていたのだが）よく動き、瞬間的に何メートルも移動できた頃、床を強く蹴ることができた、と思っていたのは、言い換えれば「床から来る力」を感じとっていたということになるのだ。そしてこの方が謙虚で確かな感覚である。（私の場合、そのように体が動かせたと感じられたのは、選手生活の最後の数ヶ月に過ぎないのだが、そしてそのこと——体験できた喜びと期間が短かったことの無念さ——は、括弧の中に書くには私自身にとっては重大すぎることなのだが、スポーツのような遊びには時間が必要だということか。特に才能の乏しいものにとっては。）舞台では、俳優自身が「床から来る力」の手応え足応えを得て初めて、実在感が客席に伝わるのに違いない。ひとりひとりの手作りのからだがものを言う。文字通り、舞台の上でからだがものを表現する。

床にそのような作用を起こさせるには、体を軽くすることではなく、体の重さを感ずることが必要だ。スポーツマンはその大切さを体験的に知ってはいる。演劇の竹内敏晴は、体の重さを感じない人が現代人に多いと指摘する。「からだの重さを大地へ流れ落とし、それがはずみ返ってくる力をもらってジャンプする。つまり動くということの基本はまず重さにからだをまかせることにあるといえるでしょう。そこから始めない動きは、力まかせで、硬直していて、小さい」。そして、体の力を抜き、解きほぐすことにとりかかる。肉体の緊張と同時に内なる身構えを解くためのレッスンに参加する人たちの中で、途中でやめていく人には（残念だが）学校の教師が多いと言う。抑圧されていた見知らぬ自分が顔を出し始め、それまでの自己を根底から否定しなければならなくなるからだ、と厳しい。声も、強引なばかでかい声や細いカン高い声、あるいは不明瞭な声が固着してしまっているという。

マス・メディアが様々な商品を、実体のないイメージというものによって売っている。既に言われているように、有名であることが価値に結びついたり、外国の戦争のニュースが即席ラーメンのコマーシャルと同質の情報としか受けとられなかったりする社会の中では、日常の自分自身の実在感さえ希薄になってしまう。自分の目で実体を見ることがない。手で触れることがない。電線にとまったスズメを見て「あっ、スズメが映ってる」と言った幼稚園児が確かにいるのだし、野外学習で菜の花畑に入った小学生に先生が「菜の花の花弁は何枚でしょう」と言うと、一斉に教科書を開いて調べ始めた、という話も本当のことなのだ。

あふれるばかりに誰かが流す情報や、大量生産された機器の便利さに寄りかかって生活している私たち現代人は、いつの間にか、鉛筆一本自分の手で削ることさえしなくなった。鉛筆削り機も今は手を動かさなくてよいほど進歩、手を動かしてはいけないほど変化した。もう、一本一本の材質の違いなどには気がつかない。鉛筆でさえ皆違っていることに。

便利な製品の使い方だけ覚えて生活が豊かになったなどと思っていたら、自分の所在がわからなくなってきた。生まれたときからこういう社会であった子供たちにはその自覚すらないだろう。千葉県の小学校の先生が「ないないづくしの子供」の歌を作った。

いつも満腹やる気がない
手をかけすぎて自立がない
点にならねば関心ない
おもちゃ多くて作らない
母の裁縫見たことない

受験勉強に備えて集中力や体力を養うために、運動部活動を奨励している学校があると聞く。たかがスポーツとは言え、ずいぶんひどい話だ。スポーツは、とにかく個人の楽しみであり、継続することは、床から（大地から）来る力をひとりひとりの体が感じとれるかどうかの冒険なのだ。そういう意味で純粋であり、そのために練習という正体不明のものに取り組むのだ。勿論、愛校心・郷土愛などのためでは断じてない。今度のオリンピックが終わったときも「青春を犠牲にして頑張りました」と泣いて引退した選手がいたが、犠牲にしてくれと頼んだ覚えはない（日本のことだから誰かが頼んだかかな）。青春を賭けるのは良いが、犠牲だと思うのならやめた方が良かったのだ。単なる言葉の選択の誤りだったかも知れないが。

高校生の地区大会や県大会のレベルでも、見る者に感動すら与える試合（特に三年生最後の試合）があるのは、選手ひとりひとりの手作りのからだの動きが（素朴な精神性・心理の揺れを垣間見せながら）みごとな身体表現として成立しているからだ。本人はただ勝利のみを目ざして集中、いや熱中しているだけなのだけれど。

冒頭の私の蟠りは何だったのか、未だにはっきりはしない。しかし、新年会での生徒の形態模写によって受けたショックの内容と通底しているものがあるようだ。テントで素晴らしい劇を演じたのが身近な人間だったということに関する私自身の内部の不満、もっとはっきりさせれば嫉妬だったのだろう。自分が演じていないことが不快だったのだ。演劇は舞台と客席とで作るというが、それは嘘だ。

幕が開けば俺たちのものさ

は、観客に対しても言っていると思えてならない。そう思えば、出口に並んで礼を尽くして見送ってくれるのは、（その姿をも実は羨望するのだが）当然のことなのだ。観客より役者の方が数倍楽しめるのだから。過程の苦労？　それも血を吐くような、楽しみなのだ。

スポーツ選手は、試合が終わったら誠心込めて監督に感謝の意を表わさなくてはいけない。監督は（会場の誰よりも熱心な）観客でしかないのだから。

私はどんなに演劇に魅力を感じても、生活自体を虚構化しているという意味での「演劇的な日常」を肯定するつもりは全くない。アランに言われるまでもなく、あくまでも観劇に出かけて楽しむのだし、職業柄、人の前で話すとはどういうことかを見るという、邪道をも密かに歩くのだ。「チケットぴあ」で切符の販売方法がどれほど合理化されようと、舞台そのものはいつでも手作りだ。スポーツでは、戯曲やその人物を深く理解し真実感のある豊かな話し言葉で表現することはないし、演劇はルールを決めて争う競技ではないが、手作りのいかにも人間的な営みが両者に共通する。そして……

演出家は傑出した演劇人であり、指揮者は秀でた音楽家であることに間違いはないが、スポーツの監督は、その任に当たる時スポーツマンであろうか。作戦や練習方法に智恵を絞るだけならスポーツマンではない。

試合が始まれば俺たちのものさ

練習のときからスポーツは選手だけのものなのだ。

大学の講堂裏でテント公演していた劇団は今をときめく『第三舞台』。「演劇はスポーツだ」と言ってしまった野田秀樹率いる『夢の遊眠社』と並び称されるまでになっている。最近の劇団発展のおきまりのコース、下北沢のスズナリを経て、今年は遂に新宿紀伊國屋ホールに進出が決まったそうだ。

追記

二月五日に紀伊國屋ホールで、鴻上尚史作『朝日のような夕日をつれて』を観た。相変わらず活気のある舞台で、パロディの連続を楽しむと同時に、以前同じホールで観た、ベケットの『ゴドーを待ちながら』を思い出した。

（1985年2月）

後記

劇場によく足を運んでいたことを思い出しました。富山県利賀村の国際演劇祭では観劇だけでなく、出し物の合間に劇団員と日常生活の話もするなど、見知らぬ土地で貴重な体験もしました。劇団員の着ているTシャツがほしくなったら、売っていました。今も手放せません。ロンドンで、有名だからと入った劇場では言葉がわかりませんでした。

何人かの名優が主役を演じた『屋根の上のヴァイオリン弾き』は森繁さんの舞台を観ました。森繁さんの「ピーチクさん」という呼びかけにパーチク役が素早く「パーチクです」と応じる場面は、大うけでした。森繁さんのアドリブだったらしい。この作品は大学時代に英語の授業の教材として出会い、勉強不足の私は試験前日になってもやはり勉強せず、ちょうど英語版の映画が上映中だったので映画館に行きました。翌日の試験の出来をここに書かない自由が私にはあります。映画は映画として楽しむべきです。

なお本文中の『屋根の上のヴァイオリン弾き』の段落は、朝日新聞1982年7月21日付夕刊文化欄に載った、河地四郎氏の記事「演技と演出の間」に添って書いたものです。河地氏の鋭い着眼の取材と、説得力ある文章に私は包まれていました。

（2024年9月）

「球拾い」考　１９０２年・１９０６年の「球拾ヒ」と現代

１９６０年代後半に高校生になった私が卓球部に入ると、日課の大部分が球拾い（と体力トレーニング）だった。球拾いとは、練習者（上級生）が打ち合う後方にいて、ボールが飛んで来たら後ろに逸《そ》らさないように受け止め、すばやく練習者に返す役目のこと——この説明が今は必要であろう。

高校の体育館は狭い上に卓球部エリアの壁面は約2センチ幅の角材が縦に約2センチ間隔で並んでいて、表面が凸凹《でこぼこ》だった（この漢字の象形のとおり）。ボールが当たると予測のつかない反射をする。球拾いにモタツクと叱責《しっせき》される。向こう側の先輩の打つコースを早く見極めて万全の準備をした。取り損ねて逸らせば、そこ《そこ》には凸凹の柱状節理《ちゅうじょうせつり》の悪党が待っている。

だから後年、本物の柱状節理を福井県の東尋坊や兵庫県の玄武洞に見たときは、自然の所為《しょい》の荘厳さに驚嘆するより、体育館設計者への恨みが甦《よみがえ》った。

1台につきボール1個で練習しているのだから、球拾いの迅速《じんそく》さが要求されるのは当然だった。球拾いをしなければボールに触れずに練習が終わる時代。夏までは1年生がたくさんいた。

休日は練習場が広くなる。慣れない広さに叱られながらモタモタ返すと、そのボールをあらぬ方向に打ち飛ばし、取って来いという無言の指導が入る。迅速さは度外視。上級生もいろいろなことを考えながら練習していた。

70年代に東京の大学に入ると、合宿練習を国内各地から招かれるチームだった。夏休みの合宿は地元の中高生がたくさん見学に来て、隙間《すきま》なく幾重《いくえ》にも球拾いに並ぶことがあった。ひたすら続けるフットワーク練習のときは、ミスをしてもすぐにボールが戻されるのがきつかった。中高生の前では休めない。ある部員が球拾いの包囲網を突破するように遠くへボールを放った（つまり故意にミスをした）が難なく捕られた。

このことが宿舎に帰る道で話題になった。「天網恢恢《てんもうかいかい》、疎《そ》にして漏《も》らさず」という諺《ことわざ》が私の口をついて出た。天《てん》の網《あみ》の目は粗《あら》いようだが悪人を漏らすことなく捕らえる意、と高校の授業で習っていた。一人が応じた。「□□モウカイカイソウシテモラス」。男ばかりの合宿は表現に自由がある。本誌にもユーモアを涵養（寛容？）するページがある。お堅いだけの専門誌ならアウトだが、ここは逆の□□。〈クイズにはしない〉

合宿が進むと、全力を出し切っている先輩が言った。「県内のボールを全部割れ」。県内という範囲指定も冷静さを欠いていると思いつつ、共感度は高かった。この先輩を中心としたチームが翌年、大学日本一になった。水も漏らさぬ球拾いが選手の限界を伸ばして栄冠をもたらした、と教訓を書いておこう。

合宿が終わって私を含む4人は延泊し、中高生の指導をした。夜は教育委員会の偉い方々が設けてくださった席で想定外の接待を受けた。社会の教訓が詰まっていた。

２０２０年の私は、出身高校のコーチ補佐で、球拾いが様変わりしたことを知っている。今どきの高校生は昔の球拾いの経験・習慣がない。21世紀は多球練習の時代である。多球を容器に入れてノックをする・してもらう練習は、どのレベルでも重要だろう。ポケット多球練習には弊害もある。ミスをすると台上を転がるボールも取らず、また、自他のネットインの瞬間にポケットに手を入れて次を出す。だから試合でもネットインを追わない選手が多い。

現在の球拾いは、床に止まっているボールを虫取り網様のもので集めるので、かつての天網のスリリングなせめぎ合い（?）がない。これはもはや球拾いではない、球集めだ、となぜか私は憤慨《ふんがい》する。

「たまひろい」を国語辞典で調べた。以下、考察の詳細は省く。一例、「球技で、ほかへ飛んでいったボールを拾って来ること」（小学館『現代国語例解辞典 第四版』）（傍点／引用者）。これに従えば、昔の天網型こそ球拾いではなかったのだ。あらぬ方、「ほかへ」打ち飛ばして無言の指導をしてくれた先輩だけが正しかったことになる。

辞典が卓球の球拾いをカバーしていないのではないかと考え、複合語になる前の基礎語「ひろう」を辞典から拾った。原義は「落ちている物や捨ててある物などを取り上げて手にする」（小学館『日本国語大辞典 第二版』）とあり、新しい虫取り網型の正当性を補強している。ではなぜ、古い球拾いの方が原義から離れているのか。

その謎は、1902年11月の日本體育会刊行『體育』第百八号所収〈新輸入の遊戯「ピンポン」Ping-Pong〉で解けた。〈次号へ続く〉（『卓球王国』2021年2月号 初出）

「球拾い」考〈後編〉

1902年の〈新輸入の遊戯「ピンポン」Ping-Pong〉という案内文は用具一式として6点挙げて

いる。その5番目は「球拾ヒ手」。用具だからボールパーソンではない。「ボールが卓子《テーブル》下に落ちた時拾ひとる為《ため》の道具だが、先に金物で三足《みつあし》の鼎様《かなえよう》のものがついて居てつぎ竿《ざお》になつて居《い》る」。現在の集球網とは先端が違うが、止まっているボールを拾う点は同じ。「球拾い」の起源はここにあり、21世紀に甦った。用具なしで球拾いをしている20世紀初頭の絵がたくさん伝わっていることも興味深い（Steve Grant『PING PONG FEVER』など）。

1906年、すみれ小史著・大學館発行『遊藝博士《ゆうげいはかせ》』では、ゲーム中の球拾いに関して、球が遠くに行ったり、「球をネットにふれてレットになつた場合」には、「拾はずに」「予《あらかじ》め用意した所の球を出して、ひまどらずに、すぐにつづけて行く方が面白い」と、マルチボールシステムを勧めている。

ここで、大野晋編・角川学芸出版刊『古典基礎語辞典』より引いておきたい。「ヒロフが一つ一つを手に取り上げる一回性の動作をいうのに対して、類義語アツム（集む）は多数の同種のものを一つにまとめることを目的にした動作をいう」。床に広がったボールも「一つ一つ」集めるには違いないが、「手に取り上げる一回性の動作」の記述に、緊張感のあった天網型が胸を張る。20世紀後半に卓球部員だった者の郷愁に過ぎないのだろうか。

山梨県立美術館でミレーの「落ち穂拾い、夏」を鑑賞したことを思い出した。「種をまく人」と共に、大地に天恵《てんけい》を感じた。落ち穂は地面に止まっている。心ある地主は貧しい農民のために小麦をすべては収穫せず、落ち穂をわざと残す慣例がある。これは仁恵《じんけい》。『旧約聖書』に由来する、由緒《ゆいしょ》ある「拾い」である。貧しい新入生のためにわざとボールを飛ばしてくれた思いやりのある先輩は、やはり正しい。まだ、こだわっている。

慣用句としての「落ち穂拾い」の落ち穂には二つの意味がある。重要な事柄の意と些細な事柄の意。この球拾い考はどちらか。

私は、歯科医に「磨《みが》き過ぎ」と指摘されたとき腑《ふ》に落ちなかった。歯を「磨く」というからには徹底するものだと思っていた。人格の陶冶も同じ。一方、硯《すずり》で墨を「磨《す》る」のは軽くがいいと、長年の実践で知っている。米は「研《と》ぐ」から「洗う」に移行している。そして学校の昇降口の靴入れは、いまだに下駄箱が優勢でも私は憤慨しないのだから、球拾いの語にも幅を認めればいいのだ。ことばにこだわりつつ実は、天網型球拾いの緊張感を若者に経験させたいだけなのだろうか。

近頃目覚ましい「チキータ」は、台上ドライブの用語として始まった。大新聞に「ロングサービスに対するチキータが功《こう》を奏《そう》し」という記事を見たときは違和感があったが、これも包括《ほうかつ》することばになったようである。「ツッツキ」は、昔のカットマンの打点を落としたダブルカットにそぐわない日本語だと思っていたが、近年のライジングツッツキ打法で、ことばに追いついた。発祥は一時代前のショートマンのライジング打法だから、「球拾い」と同じ経緯だ。

プレー中の「拾う」は、カットマンが得意で、息をのむ。バレーボールでは64年東京五輪の日紡貝塚がスパイクを回転レシーブで拾った。一瞬の間のあとの拮抗《きっこう》する力。野球の打撃で低めの変化球を拾う、独特の間、技量。「拾う」は興奮を呼ぶ。伯仲、切迫。拍手が起こる。

2019年ラグビーW杯で躍動した日本チームのスクラムコーチ長谷川慎氏は、「いいスクラムがなぜいいかを言葉にする。そうすれば、いいスクラムが増える」と朝日新聞出版『AERA』19年11月11日号で言っている。スクラムは言葉で強くなる。多国籍の選手に「間合い」や「塩梅《あんばい》」の浸透を図ったと言う。

卓球の選手も指導者も深いところでことばを大切にしているはずだ。選手の潜在能力を引き出すことば。未来の新技術・戦術を生む現在の分析のことば。そこからの練習法と環境と身体の準備。パワハラや暴力指導の余地はない。

私はと言えば今、体育館で球拾いの履歴を振り返りながら、半世紀以上前の15歳のときと同じ役目を果たしている。球拾いは、卓球の楽しみ方の種であり、果実なのだと思っている。

＊

別件提案※。世界一を決める大会の決勝戦後のインタビューを、準優勝者も交えて行ってほしい。国内一でも。その場で語られることばは卓球とスポーツマンの魅力を伝えてくれるはずであるから。このことは機会があれば詳しく書いて、ご意見も伺えたらと思う。

（『卓球王国』２０２1年3月号　初出）

注※提案は本書第一部「Ping-Pond Table」に書いた。

「乒・乓」の年輪　〈笹原宏之氏の論文をたどる〉　附・孫悟空サービス

〈『西遊記』に「乒・乓」の文字がある〉

と本書巻頭「『旅の絵本』安野光雅 作」に書いたのは、言語学者笹原宏之氏の論文「〈乒乓〉に関する「字源俗解」と史実」に導かれて古い資料を調査していたからである。

日本語の音読みは、（兵ヘイ・ヒョウ）、乒ヘイ、乓ホウ、である。擬声語（象声詞）なのでピンインを記すと、（兵bīng）、乒pīng、乓pāng。『学研新漢和大字典』は乒の古音として piăŋ → pɪʌŋ → piəŋ も挙げている。乒・乓の語義については「物の打ち当たる音の形容」「銃声」と説く辞書が多い。

中国で卓球を表わす「乒乓（球）」ピンパン（チュウ）は英語ping pongの音訳であるが、二つの文字は一部の辞書にあるようにping pong輸入時の20世紀初め頃に作られたのではなく、その三百年以上前からあったのである。笹原氏は〈（乒乓は）「兵（隊）」のように戦う人すなわち選手が、二人で飛び跳ねながら試合をしている姿を象《かたど》っている〉とする考えを誤りであると指摘して、史実を述べる。そして、「〈乒乓〉という文字列は、少なくとも17世紀明代の呉の地方などには、確実に存在したのである。それは、「ピンポ（パ）ン」といった古くから存在した漢語の双声《そうせい》の擬声擬態語を表記しようとしたものであったようである」と要約する。

論文の引用許可をいただくために拙稿を早稲田大学にお届けすると、すぐにメールで快諾してくださり、論文執筆当時、ある広い教室の前に古びた卓球台が置かれていたという思い出も書いてくださった。古書の乒乓研究と古い卓球台とが、むつみ引き合っていたかのような、あたたかみのある時間が感じられた。

以下、笹原氏の論文（語誌）に従い、私のわずかな発見[1]を添えて乒・乓の歴史をたどる。乒乓球を楽しむように乒乓の語に遊びたい。

笹原氏の論文は、好文出版1988年刊『中国語學研究　開篇』VOL.6所収。論文で言及されている資料の名称は、拙稿中でゴシック体にして示した。なお、漢字表記は、資料名も含めて旧字体新字体の一方に統一することをしない。

❶

『**西遊記**』は中国明代16世紀の長編小説。唐の玄奘三蔵《げんじょうさんぞう》法師が経典を求めて天竺《てんじく》（インド）に行き、還る、という史実を背景に、旅の途中で弟子となった孫悟空《そんごくう》らが躍動する、ほぼすべて虚構の物語。

その第四十五回。車遅国《しゃち》で、孫悟空が仏教の僧侶を装って、道教の道士と、雨乞いの祈祷の賭けをする場面。その中の二カ所を四種の版本より引く。まず、道士が「令牌《れいはい》」という道教儀式の法器を鳴らす様子。〈図1参照〉

（一）Ⓐ　乒的一声令牌响　（响は響）

Ⓑ　乒的一聲令牌响　（聲は声）

Ⓒ　兵的一声令牌响
Ⓓ　兵的一聲令牌响

〈図１〉

乒・乓・兵の三字が使われている。引用は一応年代順。牌は不鮮明のものもあるが、前後の同字を参考に現行の字体で示した。

Ⓐは明代１５９２年刊『新刻出像官板《しゅつぞうかんばん》大字西遊記』〔国会図書館摂製北平図書館善本書膠片《こうへん》〕より。現存する最古・最長のテクスト。Ⓑは明末１６２１〜１６４４年の間に刊行された『李卓吾先生批評西遊記』〔『續修四庫全書』〕より。Ⓐとほとんど同一のテクスト。（以上、中野美代子氏の解説による。）Ⓒは明代刊『唐僧西遊記』、Ⓓは清代１６９６年刊『西遊真詮』より。〔四点とも国会図書館蔵〕

和訳本も繙いた。Ⓑを底本とした中野美代子訳、岩波文庫『西遊記』より。

「カーン！　と令牌を鳴らす音がひとつひびきました」。

Ⓓを底本とした小杉一雄・安藤更生共訳『全譯西遊記』では「ひょうと一聲、令牌《はた》が鳴ります」と、異なる解釈があり、同じ底本の訳本にオノマトペ（擬声語）のないものもある。現代教養文庫の村

上知行訳『完訳西遊記』の底本は「新しい中国で整理され、新しい活字で印刷された新装本」で、訳は「片手で剣を高くさしあげ、片手で金の牌をとり、テーブルをパチーンとたたく」。オノマトペはあるが、確かに原文が異なるようである。

前掲の原文に戻る。乒・乓が年を追って兵となっているのは、新しく作られた文字の認識が薄いためであろうか。[2] 逆に言えば、乒・乓が兵から派生した文字であろうことが『西遊記』の文字の揺れから見て取れる、という言い方もできるかもしれない。兵の字源を白川静著『字通』は「両手（廾）で斧（斤）をふりあげている形。武器を執って戦うことを示す」と説く。乒・乓は、兵の意味を後景に置いたオノマトペとして作られたのであろう。[3] 微妙な音標のバリエーションができた。

本題に戻る。二カ所目、孫悟空が呼び起こす雷の描写。〈図2参照〉

（二）ⒶⒷⒸ　那沈雷護閃乒乒乓一似那地裂山崩之勢

Ⓓ　那沈雷閃電兵兵兵兵一似地裂山崩

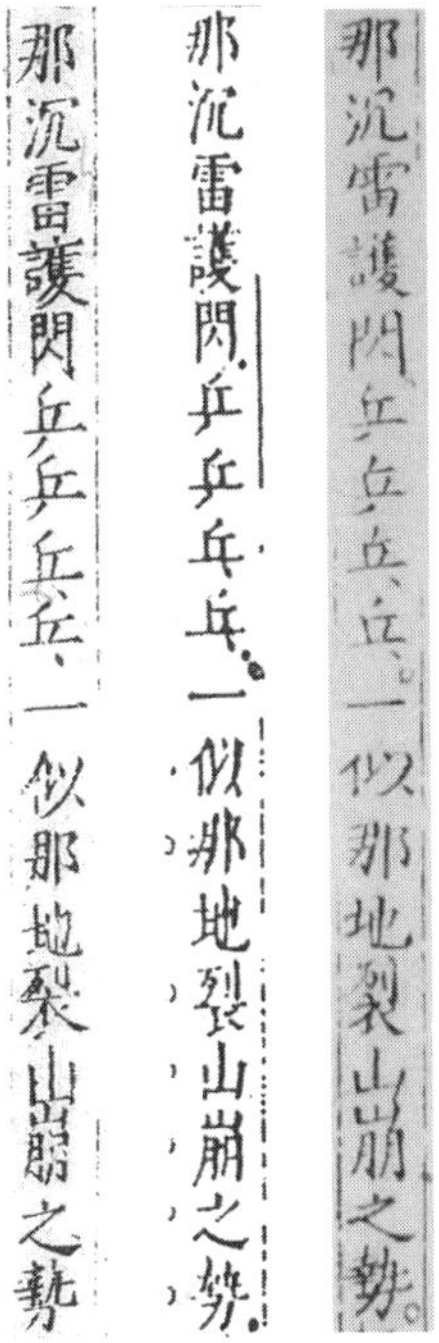

〈図2〉

Ⓐ Ⓑ Ⓒでは乒と乓の区別があり、両字使われている。[4]

語釈……那（あの・その）、沈雷（重苦しい雷）、護閃（稲妻）。次の和訳はⒷを底本とする岩波文庫、中野訳より。

「雷鳴は稲妻とあいまって、ビリビリバリバリッ！　と地が裂け山が崩れんばかりです」。

以上の、二カ所の和訳について。

「カーン」からは乾いた鋭さ、「ビリビリバリバリッ！」からは激烈さが感じられる。[5] 二つのオノマトペは現在の乒乓球に息づいていて、『西遊記』の予測不能の展開、大仕掛けの娯楽性と痛快さまでが、このスポーツに通じているように思えてならない。宇宙空間を駆け巡る孫悟空の荒唐《こうとう》な動き、自在で無碍《むげ》な躍動は、卓球選手の理想だと夢想する。[6] あまりに自由なので、悟空の頭には観音菩薩から下された緊箍児《きんこじ》（金の輪）が嵌《は》められ、卓球にはルールが定められるのである。

安野光雅『旅の絵本Ⅶ　中国編』の一枚の絵の中で、河を挟んで描かれる「孫悟空」と卓球のシーンは、右のように私の中で親密だった。

❷

1635年刊『**開闢演義**《かいびゃくえんぎ》』より。

Ⓔ　乒、乓、　【戦士ノ闘ノ声ナリ】

1644年序『**呉音奇字**《ごおんきじ》』より。

Ⓕ　砰磅　音娉烹乒乓同

1646年までに刊？『**笑府**《しょうふ》』より。

Ⓖ　乒丶乓丶　【音ハ兵　僧ノ經ヲ讀声ナリ】

Ⓕ『呉音奇字』（『**呉中文献小叢書**』所収〔**江蘇省立蘇州図書館校印本**〕）からの引用は、砰磅（ホウホウ）、娉烹（ヘイホウ）、乒乓（ピンパン）の音が同じことを示している。現代のピンインと意味を、漢語大詞典出版社刊『**漢語大詞典**』・三省堂刊『全訳漢辞海』などより記す。砰（pēng 物が強くぶつかりあう音）、磅（pāng 水流や落石や破損のバーンという音）、娉（pīng 神意を問う・人を呼ぶ・連絡語の構成要素）、烹（pēng 煮る）。

ⒺとⒼは奇字を集めた日本の幕末期の手稿『**奇字抄録**』〔早稲田大学図書館蔵〕に依った。【　】の中は、その編者の「按」（考察）。〈図3参照〉

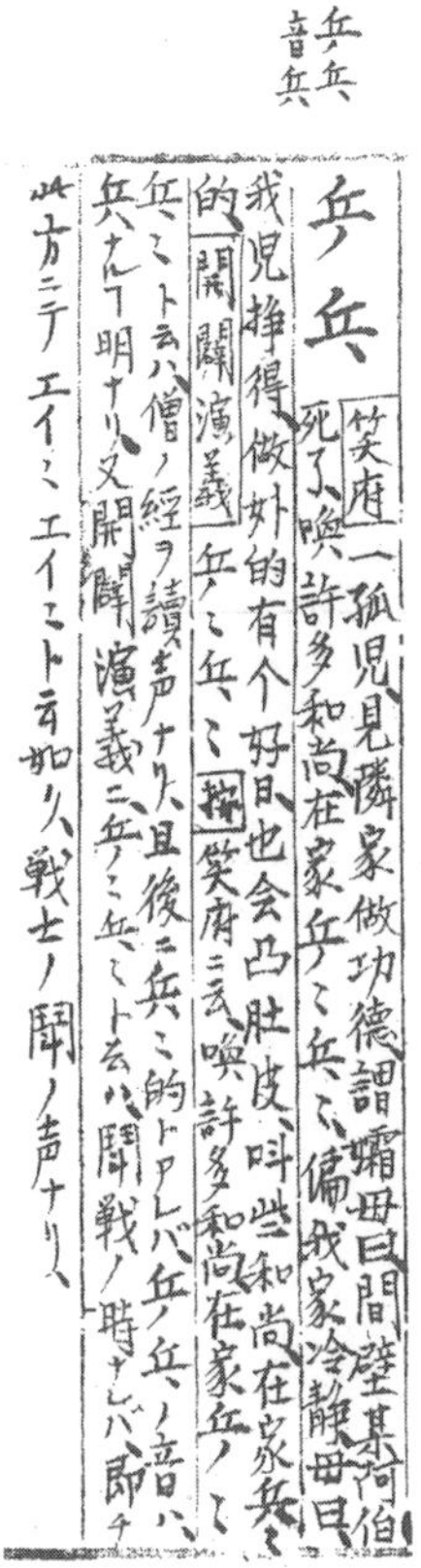

〈図３〉

Ⓔ『開闢演義』は明末の歴史小説。「按」の【閗】は【闘】、「乒、乓、」は、日本で言う【エイエイエイエイ】だとの説明が続く。（但し、現代の漢語辞典の語釈を参考にすると、武器の発する音とも捉えられる。）

Ⓖ『笑府』は明末の笑話集で、日本の落語「饅頭《まんじゅう》こわい」の原形と見られる話も載る。平凡社刊『中国古典文学大系59』の松枝茂夫訳に依れば、写真で引いた笑話の題は「隣家の法事」。概要は、父を亡くした子供が、隣家ではたくさんの坊さんを招いて法事を営んでいるのにひきかえ、うちはひっそり寂しいと母親に言い、母親が応えるやりとり。「乒乓乒乓」を「按」は【僧の経を読む声】としているが、松枝訳では、仏具を鳴らす音のオノマトペに読める。岩波文庫『笑府（下）』でもその訳が読めるので、興味のある人は確かめていただきたい。

拙稿ではここまで、乒・乓を物音として捉えてきたが、日本の『奇字抄録』の二例の「按」は人の声に重心を置いている。

❸

1735年刊『**陝西通志**《せんせいつうし》』巻四十五より。

Ⓗ 乒乓、者快也

〈図4〉

［〈図4参照〉『陝西通志100巻首1巻』マイクロ版より。他に『文淵閣四庫全書』デジタル版にも。いずれも国会図書館蔵。］

乒乓は快なり、と読める。

乒乓は、やはりオノマトペであろう。専門家によると、快は「速い」（『漢語方言大詞典』）、あるいは「楽しむ・快い」の両方の解釈が可能で、確定できないとのこと。ここでは、乒乓の文字が使われていることの確認にとどめておく。

卓球の前陣速攻を中国で近台快攻と表現することだけ知っている中国語門外漢の卓球人としては、快＝速で落ち着かせたい願望がある。一方、「卓球は快い」という解釈をしない冷静さも持っている。『陝西通志』は18世紀の書物である。

❹

日本での使用例を1814年〜42年刊、曲亭馬琴『**南総里見八犬伝**』に見る。江戸時代の読本《よみほん》（小説の一種）である。引用は新潮日本古典集成別巻より。

眼《まなこ》を打《うた》れて、「叫苦《あつ》」とばかりに乒乓《よろめ》きたる、（第九十二回）

胸を蹴られて、「阿《あ》」とばかりに、死活《しくわつ》《イキシニ》は知らず乒乓《よろめ》きて、（第九十二回）

憶《おもは》ず眼《まなこ》を射られて、「苦《あ》」と叫びつゝ、兵兵《たちろ》く程に、（第百七十五回）

勧善懲悪の伝奇小説の、いずれも恐ろしい戦闘シーンであるが、戦いの音声を表わしていない。よろめく、たちろく（たじろぐ）は、ヨロヨロ、タヂタヂというオノマトペを要素としてできた動詞であろう。分類すれば、擬音語ではなく擬態語。聴覚を効かした物音でも人声でもなく、視覚で様子をとらえた語として使っている。ピンパン・ピンポンの音は消えて、文字の形から（註3で私が手と見た下部を足と見て）、足元が定まらずにひるんだり動揺したりする意味に使ったのであろうか。遊戯の名「兵兵球」に使われる道筋とは別の独自の道をたどっているようだ。日本における使用例を数多く集めれば受容の傾向が見えて、日中の使い方の違いが明らかになるかもしれない。

笹原氏に導かれて、**『専修国文』第11号**所収、鈴木丹士郎著「**『里見八犬伝』の用字についての一試論**」と、麻生磯次著『江戸文学と支那文学』（初版書名）に、兵兵の考察を読んだ。大原信一著**『漢字のうつりかわり』**は、麻生氏の著作を受けて次のように書いている。東方書店、１９８０年刊。

> 読本は当時のあらゆる漢字漢語を網羅し、その複雑な性能を利用して特色を発揮させており、とくに馬琴の漢字使用法はかなり独特で、著しい特色を示しているという。ルビに古語や雅語をも多用して、ある種のムードを漂せている。見なれぬ「新語」と和訓の組み合わせは当時の読者に生新な印象を与えたのではあるまいか。（「中国の漢字と日本の漢字」の章より）

❺

日本で、ピンポンという音読みは名字に顔を出している。既刊『卓球アンソロジー』にも書いたが、日本加除出版刊、篠崎晃雄『**実用難読奇姓辞典**』に
乒乓《ピンポン》
という姓の人がいたと載っている。笹原氏いわく「日本では姓はふつう1875年までにつけられたものであるので、これが実在するとなると、英語の〈Ping-Pong〉よりもやはり古いことになろうか」と。

❻

最後に、20世紀末の中国の文例を示す。1981年～刊、張賢亮《ちょうけんりょう》『土牢情話《どろうじょうわ》』。原文は『漢語大詞典』に依った。訳は1993年、日本アジア文学協会刊〈大里浩秋訳〉より、前後を含めて引く。

〈原文〉乒！　咣啷啷。玻璃被打碎一大块。

〈和訳〉このとき、外でばちゃばちゃと水をこいでくる音がした。人がやってきた。
ピーン、ガチャン、ガチャン。一枚のガラスが壊された。
「動いちゃいかん、動いた者は撃ち殺すぞ」

〈略〉

もともと、ガラスには「三つの忠節を尽くす※」活動の最中に赤いペンキで吹きつけた毛主席の胸像があったのだが、割れ目が三角形になっていて、その斜辺がちょうど胸像の顔の部分をよぎっていた。

「誰がやったんだ」彼※※はひどく腹を立てて大声でどなった。

「王富海《ワンフハイ》、王班長です」私は勇んで摘発した。「彼はわざと鉄砲でこのガラスを一突きしたのであります」

〈訳者注※　三つとは、毛沢東、中国共産党、社会主義を指す。〉

〈引用者注※※　彼とは、当局監視責任者の中隊長。〉

作者張賢亮は1936年生まれで、文化大革命と呼ばれる中国の政治動乱（1966～76年）の被害者。『土牢情話』は政治犯として拘束・収容された体験を基にした半自伝的作品。

1967年、未決の犯罪者十人を収容する監獄が暴風雨により洪水に襲われた。牢屋に閉じ込められたまま、一人は幹部のリンチを受けて瀕死の床に放置されているという「異常な日常茶飯事」の場面が右の引用部分。

この場面の主体（主人公）は、訳者の解説を借りれば「ぎりぎりの極限状態におかれて、人間の最もいやらしい側面、例えば、誰をさしおいても自分だけは生きのびようとするような——をまっさきにさらけ出し、それでもなおかつ、みんなのためにそこを抜け出す方策を考え、実行する役割を荷っているという矛盾した存在」の一人である。

以下、訳文より述懐的表現の一部を引く。

冤罪があっても訴える場所がないんだ。お互いあすはどうなるかわからぬ運命にあって、生死は測りがたいんだ。

恐るべき空虚さと捨てられた者の孤独を感じ、さらには、一艘のぼろ船に乗って水と空の区別もつかない茫漠たる大海原に漂流しているような、どうしてよいかわからない心境に陥った。一瞬、私たちは号令を耳にしたかのように、さっと静かになった。

王富海は無知なる農村の若者〈略〉他人を監視するしか能のない人間にされてしまった。

悪夢を見ていたようなものだったなあ。

現実が悪夢に喩えられる表現を読んで、私はかつて拙著で紹介したことのあるヨシップ・ノヴァコヴィッチ著『四月馬鹿』を思い出すことになった。ユーゴスラビアの、やはり政治動乱に翻弄された人の物語である。死者が疎外された状況で、空前絶後の悲惨な卓球シーンが繰り広げられていた。この想起は連鎖する。

「ピーン、ガチャン、ガチャン。一枚のガラスが壊された」という訳文を読んで思い出すのは、1938年にナチスの扇動で多くのユダヤ人が殺された「水晶の夜」と呼ばれる惨劇。破壊された家々のガラスの破片が月明かりに輝いたことから、そう呼ばれた。凄惨かつ象徴的な名称が継続されている。私の中で、一枚のガラスが無数のガラス片（と遺体）に増殖した。

私は、「乒」一字を確認して紹介するために『土牢情話』を読み始めたのだが、毛沢東の死後、中国が極左的傾向の弊害を正し、アメリカ・日本など西側諸国と国交を結ぶ端緒となったのが「乒乓」外交だった、と思い出すことにもなった。『土牢情話』はその前夜の話なのである。私の中で、乒が乒乓に増殖した。

大原信一著『漢字のうつりかわり』の「中国の文字改革」の章には、20世紀に入ってからの「新しい時代に必要な用語」の、音訳語の例として、「摩登」（モダーン）と「乒乓球」（ピンポン）の二語が挙げられている。

「乒乓外交」が、さらなる「新しい時代」の幕を開いていくはずである。

註〈1〉

私のわずかな発見とは、『西遊記』の各種版本にあたって、「乒的一声」「乒乒乓乓」の記述を見つけたこと。そして、現代の『土牢情話』も含めて乒・乓の邦訳を集め、また、乒・乓の下部の字源に触れた。

註〈2〉

新字の認識が薄いなどと残念な気持ちを表したついでに、Ⓑ李卓吾本が乒を使っているのはさすが卓吾先生であると、時代と国を無視した軽口を叩きたいところである。しかし実は、李卓吾先生の批評（感想）が書き込まれていると書名にあるのは、著名学者の名を冠する流行に過ぎず、「李卓吾その人とはまったく関係はない」（中野氏）そうである。私の畢生の冗談が沈んでしまう。ならば、明末蘇州刊本の二百枚に及ぶ挿絵を彫った人たちの要は郭卓然という人だと指摘しておこう。先行作品にない創意が横溢していると瀧本弘之氏が評価する挿絵の刻工である。

註〈3〉

一方、字源に義を求めるとすると、兵の下部が両手なら、乒・乓は片手ということになろうか。それならばラケットを片手に持って競い合う卓球と、意味の上でも通い合う。ping pong の音訳として選ばれた時に、その観念の連鎖があったとしたら感慨深い。音だけが、選ばれた理由ではないのではないか。（この考えは、中国の新しい文字改革での表音文字化が19世紀末から始まっていたことを重く見るならば、その時期に輸入されたping pongが乒乓と書かれた根拠について、字源解釈の知見を援用することは時代に合わず、私の遊び心、希望的憶測にすぎなくなる。）この段落は、よまい言である。

白川静は（六書の中の）形声文字については次のように述べる。

例えば、象形文字の皮biaiは「獣皮を剝ぎとる形を示す字で」「同時に剝取するときの音を示す語で」、披phiai波puai被biaiなどの形声文字が生まれるとき、「皮は単なる声符でなく、皮に対するいわば原体験的なものが、ここに反映していると思われる」。（平凡社刊『字通』所収「字源とオノマトペ」）

形声文字（と会意文字）が足し算の造字とすると、乒・乓の誕生は兵からの引き算による。さらにそれを三百年後に遊戯・玩具の名として使うときにも兵の字源と往き来する観念の連鎖があったかもしれない、と私は考えたのである。斧の部分を無視した妄想で、拙稿冒頭の笹原氏の指摘を思い出す必要がある。

右の私の想像はともかくとして乒乓に類する造字・熟語について、笹原氏が挙げる「既成の漢字の字形を削った文字を二種類作り、一対にして熟字として熟語を表わす方法」の例を、読みと意味を添えて引く。

言言（言から　唇が強く締まっているさま・ケンゲン）
口冂（日月から　混沌）
𠁁𠁊（鬥から・キクゲキ）
甲甴（甲由からか　ごきぶり・オウソウ）
孑孒（子から　ぼうふら・ケッキョウ）

𠁁は厈《キク》（左手に持つ）に、𠁊は丮《ケキ》（物をにぎり持つ）に同じと『大漢和辞典』にある。鬥《トウ》は現在、闘と書き、あらそう、つかみあう、意。乒・乓の類の造字（俗字）は枚挙に暇がないという。

また、1959年第1版、1981年第5次印刷、梁東漢『**漢字的結構及其流変**』に、
⿰口乒⿰口乓、

という文字があるという。「乒乓の本来の用法（オノマトペ）に卓球の意味が加わったために、それと区別する必要が生じ、口偏が付けられたものであろう」と笹原氏。おわりを意味していた冬が、季節のふゆを表わすようになって、終という字ができた類か。

因みに、台湾生まれの翻訳家頼明珠氏は、オノマトペを表記するとき「自分で想像して、近い音の文字を選ぶわけですが、それらしい漢字がなければ口へんをつけて、適当な文字を作ってもかまいません。中国語は、擬声語・擬音語に関してはかなり自由なんです」と語っている。（村上春樹『スパナ』の翻訳で、スパナが鎖骨を砕く音「グシャッ」を、葉蕙氏が「咯嘞（ガラッ）」と訳し、頼氏が「喀吱（ガツッ）」と訳したことに関しての発言。）文藝春秋刊『世界は村上春樹をどう読むか』より。

さらに笹原氏は、国語学会編・東京堂刊『**国語学辞典**』にローマ字のモノグラム（組合せ字）が紹介されていて興味深いと述べている。（PinG PonG）

私はこのモノグラムがかつて、タマス社の月刊誌『卓球レポート』に、読者のアイデアとして掲載されたと記憶していたが、『国語学辞典』を調べると１９５５年の初版から載っているので、年代的に私の記憶違いなのだろう（あるいは年代を跨いで同じアイデアが生まれていたか）。国語学の英知が詰まった辞典の「文字遊戯」の項目に、ローマ字モノグラムの代表例として山田俊雄が載せている。素晴らしい国語学者である。

註〈４〉

なお原典では、引用した護・勢は、現行とは違う異体字が使われている。勢についてのみ記すと、

Ⓐ勢　Ⓑ勢　Ⓒ勢　となっている。丸の点が第一画と交差しない古い形（最も古い形は弓弦にまるい弾〈白川静〉）。木簡によく見る。因みに、横浜港で保存・公開されている帆船「日本丸」の船体にも、この古体が使われている。

奎・幸については、勢と共通部分のある藝が「東京藝術大學」の正門の校名銘板にかつて「藝」と書かれていたことを記しておきたい。バランスの洒落た行書体が雄渾かつ精緻な筆致で表現された作品で、思わず足を止め、惹き込まれることたびたびであった。これらは異体字の話であって、兵と乒・乓との関係の話ではないので拙稿の目的から外れるが、中国書法の趣味を四十年来持つ者として、註で触れたかった。文字の変遷の話ではある。

東京藝大正門に今年（2022年）、数年ぶりに立ち寄った。銘板が隷書体に変わっていた。警備員に、銘板が変わりましたねと話し掛けていると、偶々構内から出てきた方がそれを聞きつけて、会話の相手をしてくださった。私が嬉嬉としていると、銘板制作の背景も語られ、旧銘板に似た銘板が道路を挟んだ少し離れた門にあると、同行案内してくださった。そればかりか、私が熱く語った旧銘板の所蔵場所を知っているのでメールで送りましょう、と。その日のうちに写真が届き、感銘の記憶が細部まで甦った。良い人に出会った。著名な造形作家、文化財研究者であることをネットで知った。こういう僥倖に遭遇するので、ぶらり散策はやめられない。文字の散策も。

註〈5〉

因みに、乒・乓の音に近いと感じられて気になったオノマトペを、Ⓑからいくつか書き出す。日本語訳を端緒に原文へ。

・第一回、「カーンカンと木を伐採し」の原文は「伐木丁丁」。
・第四十五回、詞中の雷の音「ゴロゴロガラ！（霹靂走り）」は「喇喇」、「ピカピカピカリ！（稲妻光り）」は「瀝瀝」。
・第四十八回、氷の下で地面が凍る音「バリバリッ！」は「喇喇」、神通力で氷を割る音「バリーン！」は「喇」。
・第七十一回、元気な様子「ピンピンしておりますぜ」はオノマトペがなく「未曾傷命」。
・第八十二回、宴席のテーブルをひっくり返した音「ガラガラッ！」は「响一声」とだけ。
これらの例から、乒・乓の原音や形容された音の特徴を想像するのは楽しい。

註〈6〉　孫悟空サービス

数年前、川崎地区の卓球大会団体戦で、孫悟空サービスを目撃した。後日、私が命名したサービスである。

私が指導している高校の男子選手が、20㎝程トスしたボールをほぼ真上からエンドライン近くにたたきつけて、ネット上空2ｍあたりを通過させ、相手コートのエンドライン近くに落とすサービスを出した。直後、サーバーは後陣に下がる。レシーバーは、いきなりのロビングサービスに対して、唖然とする間もなく、怯むこともなく（何しろピンポン暇なしである）、しかし、悟空の術にはまったかのように、サーバーの速い引き足に吸い込まれるように、そこへ、レシーブスマッシュを打ち込んだ。サーバーはそれを3球目カウンタースマッシュしたのである。

二階席で見ていた私の目の高さを通過するサービスに、何だこれは、こんな自由なサービスがあるのかと驚いた。実を言うと、自由という肯定的な言葉が出てくるまでには時間がかかった。何しろ練習場では、良いサービスとは速いサービス、つまり低いサービスと指導していたのだから。(一流選手の孫悟空卓球は、空飛ぶドライブ戦を見たことがあるが、このサービスは見たことがない。)

味わったことのない不思議な気分が打ち寄せた観戦だった。この日、孫悟空サービスを2試合で計3本繰り出した。サービスもカウンタースマッシュもよく入るなと感心した。そのうち2本は3球目で決まらず、4球目以降の見慣れないラリー、前へのダッシュの後の、床近くやネット際の慎重なラケット捌きも面白かった。2試合の結果は一勝一敗だった。孫悟空サービスを出すには、全身の鋭敏な感覚と筋力と、ブレない勇気が必須である。劣勢の場面もあったけれど、ヤブレカブレではなかったと思う。

後日の本人談。「どうしてあのサービスを出したのか今でもわかりません。意識して練習したこともないんです」。卓球の試合は何が起こるかわからない。

これをもって、乒乓考の掉尾とする。

〈2022・11〉

「母校」めぐり

早稲田大学卓球部創設百周年に際して　さまざまな校歌を繙く

❶　発端

自分が今通っている学校を母校と言うだろうか。

「…めぐり」と題したが、訪問先の計画はなく途方に暮れるであろうから、さまよい、さすらい、ふらつき、うろつき、そぞろ歩き、とするのがふさわしいかもしれない。道しるべなく、道草を食うばかりの、足元の覚束ない千鳥足で歩くことになるだろう。段落下端の小見出しは本文を脱稿してから、あとづけしたものである。拙稿中の引用において、旧漢字は基本的に新字体に直す。

「母校」辞典の語釈

「母校」の語釈を辞典で調べてみた。およそ五十種の国語辞典等を引いた結果は三つに分類できる。

A　見出し語にない
B　「出身校」
C　「出身校」「自分が通っている学校」

Aは、1891年刊『言海』、1911年刊『辞林』、1925年刊『広辞林』。初めての学制（1872年）や教育令が制定されたものの軌道に乗らなかったというから、あまり使われなかった時期なのであろうか。

Bは、1914年刊『辞海』、1919年刊『大日本国語辞典』、1928年刊『言泉』、1934年刊『新訂版広辞林』ほか多数。Bが五十年ほど(?　調査不完全)続く。

Cは、1963年刊『新国語辞典』(大修館書店)、1974年刊『三省堂国語辞典』第二版に登場。1985年刊『現代国語例解辞典』(小学館)には「自分が学んでいる学校。また、卒業した学校」という順で。(語義発生の順とは記されていない。一人の人が、生涯において使う順ではある。)

その後Cが増えていくが、1995年刊『角川必携国語辞典』、2001年刊『日本国語大辞典』第二版(小学館)、2013年刊『旺文社国語辞典』第十一版、2018年刊『広辞苑』第七版(岩波書店)、2019年刊『岩波国語辞典』第八版、2020年刊『新明解国語辞典』第八版(三省堂)、はBである。(これらは典型的な語義に絞って載せているのかもしれない。)

漢和辞典では、1959年刊『角川漢和中辞典』、1996年刊『字通』がAで、1960年刊『大漢和辞典』はB。辞典名に「日本語」が入る2007年刊『新潮日本語漢字辞典』はCである。

なお、1914年刊『外来語辞典』(二松堂書店)にはラテン語「アルマ・マーテル Alma mater」の見出しで「育母」の義、「自己の教育を受けたる学校を親しみ呼ぶ語。母校」と記され、英語アルマ・メーターも同じとある。

❷

20世紀初頭の実例(初期語例)を拾う。

１９０１年刊、土井晩翠詩集『暁鐘』所収「弔吉国樟堂」（１９００年稿）より。

都を思ふ今更に母校の春の夕げしき、
朱門の垣は深緑楊柳のかげ暗からむ、

「朱門」（東京大学）の同期卒業生、吉国樟堂の夭折を哀惜する詩で、「母校」は出身校である。

１９０７年刊『中学世界』10巻４号より。

吾が母校！　如何に麗しき名なるぞ。母は吾を生み、吾を育てぬ。而して学校は吾を教化し、吾を社会に送り出す。実に母と母校とは吾等一生の忘れ難き恩人ならずや。ここに先輩諸氏の回顧談数篇あり。

という編集者の前書きの後、新渡戸稲造「美しき母校」などの「回顧談」が載る。やはり「母校」は出身校である。

次に、１９０４〜48年度の「国定読本」（文部省著作の小学校用国語教科書）に「母校」を探す。国立国語研究所編『国定読本用語総覧』により、48年刊『国語第六学年　下』に二例あると知る。一例は「母校札幌農学校の教師をしながら」で、典型的用法。

もう一例は「最後の学級日記」という題の作文集にある。それは、卒業式の日のことを書いた卒業児童の作文を集めたように編集されていて、最後に短い二文の四行書きが載る。

新しい旅の門出、
希望を持って。
校門のかしの木よ、
母校よ、ばんざい。

卒業式を終えて「母校」となった。それを挿絵が後押しする。校門を出て、外から校舎やかしの木に手を振る子どもたちの姿が描かれている。なりたての、母校。実際には児童の作文ではなく大人が書いたものかもしれないが、これも「母校」の一般的用法である。

近年のアンケート

さて、現在の使われ方はどうか。

私が勤務していた神奈川県の高校で2012年、冬休み前の一年生百二十人に、あなたの母校の名を書いてください、一つでなくてもかまいません、とアンケート調査をしたところ、今通っている高校の名を書いた者はほとんどなく、大多数が中学校名を答えた。当該高校の教員である私が用紙を配ったので自明の高校名を挙げる選択が減る可能性を考慮して、旅先で知り合った人に母校を聞かれた場合は、と追加質問すると、高校名を書く者が少し増えて一割に近づいた。現実味の乏しい設定に過敏な反応をしただけかもしれない。国語の授業での教員の調査に何らかの違和感を感じながら答えたとしたら、言葉の勉強にはなったか。（「母校」の意味を書いてください、という質問は避けた。）

部活動に精を出している高校生が親に、今日の練習試合はどこでやるの、と聞かれて、母校、と答えることは想像できない。うちでとか、こっちでとか、学校名とかを答えるだろう。日常的な活動についての会話に母校という語はなじまない、と見ればよいだろうか。甲子園大会で優勝した野球部が「母校に帰還した・凱旋した」という新聞記事は時々目にする。学校を離れている所で、学校への愛着を深くする非日常の出来事があったので、卒業していなくても「母校」を使いたくなるのだろうか。

在校生が母校に帰る、がしっくりこないとすると、どういう語を使えばいいのか。自校、学舎、学庭、学堂は使えるか。郷校では意味が狭まる。学校、ではどうか。「母校」を使わない方針が感じられる記事もある。新聞記者と当事者で使い分けはあるか。当事者の発言の例としては「母校の名誉のために」が圧倒的に多い。

中村明氏の類語解説

中村明氏が、自国、本国、母国、故国、祖国の使われ方の違いを説明している。「「母国」「故国」「祖国」には、その語を使う人間の何らかの感情がこもっている。「母国」は、自国を離れて外国に暮らしているときに、自分の生まれ育った国を思い出して「母国のことを夢に見る」など、幅広く使われる」（朝日新聞２０１５年４月25日付「ことばの食感」）。この説明が「母校」にも援用できればすっきりする。

仮説

❸

流通している辞典の「母校」の語釈に「自分が通っている学校」が加わるのは、（在校生が歌う）校歌の歌詞に「母校」が使われることが流行したからではないか、と仮説を立ててみた。

雛人形の「内裏様」とは、天皇皇后の姿をかたどった一対の人形を表す言葉であるが、1936年にサトウハチローが「うれしいひなまつり」で「お内裏さまとおひなさま　二人ならんですまし顔」とした詞が人口に膾炙して以来、男雛一人の意味に取る人が多くなったと言われる。（誤用問題はさておき）反復される名曲が「内裏様」の数を減らす力を見せたのだ。一方、校歌は「母校」の意味を揺らして、拡げた、と考えてみたのである。

馬の激しい足並みを言う場合の「千鳥足」は、飛ぶ千鳥の羽音から生まれたという説がある。

校歌の「母校」

日本の校歌の起源は、文部省が1891年に告示した「小学校祝日大祭日儀式規定」と1893年の「祝日大祭日歌詞並楽譜」に端を発するようである。ただ、それ以前、東京女子師範学校（現・お茶の水女子大学）が明治天皇の后から下賜された和歌「みがかずば……」を1878年に校歌としたという記録があり、これが最古の校歌と言われる。「母校」は使われていない。19世紀末にまず小学校の校歌が多く作られ、上級学校の校歌制定へと進む。

1892年刊『長崎軍歌』（峨眉山房）には六校の小学校の校歌が載り、1896年刊『学校必用唱歌集　全』（村上書店）にも校歌が載るが、いずれも「母校」はない。1893年・東京の忍ケ岡小学校から1905年・麹町学園女子中学校まで十校ほどの校歌にも「母校」なし、と調べていたら、地域限定ながら「戦前・戦中に制定された小学校校歌七一編中に、「母校」という言葉を用いた校歌がまったく見られない」と書く本に出会った。折原明彦著、野島出版刊『校歌の風景――中越地区小中校歌論考―――増補版』である。そこには、「われらが母校」という歌詞を使った小学校校歌が、文部省から、「母校」は小学校唱歌に適当でないとクレームが付いて認可されなかった、という1931年の出来事も書かれている。そこで私は19世紀の校歌に「母校」を探すのを切り上げることにした。なぜ小学校の校歌に「母校」が不適切なのかを考えることは、拙稿の道連れとなった。

そもそも、校歌は学校にとってどういう意味を持つのか、期待されている役割は何か、制定現場における文部省の指導はどのようなものか、などの研究は、須田珠生著・人文書院2020年刊『校歌の誕生』等の学術書に委ねる。

「校歌」辞典の語釈

現代の国語辞典では「校歌」をどう説明しているか。

『日本国語大辞典』第二版は「その学校の理想、特長、精神などをもり込んで作詞、作曲され、学生、生徒、児童にうたわせる歌」。

「うたわせる」という使役形（目的）には『新明解国語辞典』を思わせる新鮮さがある。永井愛『歌わせたい男たち』の舞台に惹き込まれたことも甦る。（『新明解』にあたると「学生、生徒、児童がうたう歌」だった。）まれに在校生が作る校歌があったとしても、それを在校生に歌わせることに違いはない。

『広辞苑』第七版は「学校で、建学の理想をうたい、校風を発揚させるために制定した歌」。

「制定した」のは建学者。「発揚させる」に使役形（目的）がある。誰が歌うのか（誰に歌わせるのか）には触れていない。在校生に決まっているからか、卒業生も歌うことを想定しているからか。地域の人々が歌うことは現代では想定しないだろう。「学校で」が在校生の歌唱を示しているか。これらは、「母校」問題に取り憑かれている私が、葦の髄から見た感想である。

石川啄木の校歌・生徒目線

1906年に石川啄木が書いた処女小説『雲は天才である』に、校歌に関する一節がある。筑摩書房刊『啄木全集』第三巻より引く。

S——村尋常高等小学校の若い代用教員新田が作詞作曲した、校歌のごとき唱歌が生徒に広まり、それを校長が咎める場面。

（校長）『アレは、新田《あらた》さん、貴君が秘《ひそ》かに作つて生徒に歌はせたといふことですが、真実《ほんとう》ですか。』（新田）『嘘です、歌も曲も私の作つたには相違ありませぬが、秘かに作つたといふのは嘘です。蔭仕事は嫌ひですからナ。』〈略〉（古山）『其歌は校長さんの御認可を得たのですか。』〈略〉（新田）『此学校に校歌といふものがあるのですか。』（古山）『今迄さういふものは有りませんで御座んした。』（新田）『今では？』（校長）『現にさういふ貴君《あなた》が作つたではないか。』〈略〉（新田）『詰《つま》り、校歌としてお認め下さるのですな。』

と打打発止の議論が進む。同じく学校を舞台にした漱石の『坊つちやん』を彷彿とさせる。『坊つちやん』はこの作品が書かれる少し前、1906年4月に発表されている。あるいは書名から考えて『吾輩は猫である』の掛け合いを思い出すべきかもしれない。

漱石の影響はともかくとして、校歌を校長の許可なく新前の代用教員が作ってはいけない、という風潮が小説の学校現場に流れていることが伝わる。そして、「校歌」の「歌詞は六行一連の六連」と書く啄木は、「春まだ浅く月若き　生命《いのち》の森の夜の香に」と始めて、「自主」「愛」「自由」の「理想」と「故郷」とを歌う、生徒目線の詞を二十七行分、披露している。小説の流れで歌が途切れるのがリアルである。三十六行すべてを作っていたであろうと思わせる。「十三、十四、十五、十六といふ年齢《とし》」の生徒たちが歌う様子を「一隊の健児は、春の暁の鐘の様な冴え〴〵した声を張り上げて歌ひつゞけ」と描写する。

啄木の出身校である渋民尋常小学校は卒業後に高等小学校が併設されたので、啄木が代用教員として勤めた渋民尋常高等小学校は母校である。小説のS――村尋常高等小学校に重なるが、小説の「校歌」に「母校」はない。生徒目線の詞だからではないか。

❹ 「母校」登場・大人目線

１９０４年制定、土井晩翠作詞、群馬県立太田中学校校歌（甲）行軍歌より。

麓に集ふ九百の　子等よ努めよ朽ちせぬ名　常久に母校にとめん為

「母校」登場。「子等よ努めよ」「常久に」とあるので大人（将来）目線の言葉として。同時に制定された校歌（乙）式場歌にも「母校」があるので、土井晩翠はこの言葉を早くに血肉化していて、（生徒が歌う）校歌にも使ったのであろう。しかし1905年、自身の出身校である第二高等学校（現・東北大学）の校歌を作詞したときは「母校」を使っていない。「われ人生の朝ぼらけ」など学生目線が随所にあり、「母校」の入り込む余地がなかったのではないか。

『学校歌集』

1910年刊『学校歌集』（蘭汀書院編）に四十九の校歌・寮歌・応援歌などが収録されている。その中で「母校」が使われているのは次の三曲。

①1904年　東京高等商業学校　一橋会々歌
「母校の春の朝ぼらけ／梧桐の影に語らひし　その歓楽のあとかたや」
「思ひを馳せて一ツ橋　母校の姿君見ずや」

②1907年　早稲田大学校歌
「われらが母校」

③1909年　第一高等学校　東京帝国大学寄贈歌
「ほゝゑむ月を仰ぎては　母校の春を偲ぶ哉」

①の「一橋会」とは、学生、卒業生、教職員を一体とした共同体のことなので、「母校」が自然に使われたと思われる。会歌である。校歌は当時なく、校歌のように大切に歌われたと言うが、「語

らひし」「あとかた」「思ひを馳せて」など卒業生目線が多い。②は後述する。③は「母校の春を偲ぶ」が在校生の発する言葉と思えず、やはり卒業生目線である。（啄木も1906年、渋民尋常高等小学校生徒のために卒業生として作った「校友歌」では、「母校の友よ」と書いている。）

因みに、巻末近くに、1908年制定と推定される「千葉県立茂原農学校　校歌」が載り、「祖校《そかう》」の語が見える。清新な印象を持った。佐佐木信綱作詞。（佐佐木信綱は後述する相馬御風の師である。）

雄々しく立ちぬ我祖校《そかう》／祖校《そかう》をいづる数十名／祖校《そかう》の名をば世にあげん

ルビは現代仮名遣いなら「そこう」である。ところが1997年に茂原高校が出版した『茂農の歴史百年』には「ぼこう」と振られている。整備された楽譜にも「ぼこう」とある。この言葉を調べている私を悩ませる大著である。原譜を私は見ることができていない。

亀田帛子著『津田梅子とアナ・C・ハーツホン　二組の父娘の物語』（双文社出版）によれば、女子英学塾（現・津田塾大学）のカレッジソング「Alma Mater」（アルマ・マータ）が校歌として歌われたのは1905年4月の第三回卒業式であろう、と言う。恵みの母、育母、母校、校歌などと翻訳される言葉であるが、日本語ではないので、校歌の「母校」探索からはとりあえず外しておきたい。

杉沢盛二著『戦前の歌曲認可制度に関する研究』には、官報等により調査した中等学校認可済校歌の制定状況が載る。その中の1907年以前の校歌について歌詞を調べたが、「母校」はなかった。②と同じ1907年に、明治大学校歌「とよさか昇る……」が作られるが「母校」はない。明大の新しい校歌に「我等が母校」が入るのは1920年。他に、早い時期に「母校」が入る校歌を持つのは、高知高等学校、立教大学、法政大学などであるが、いずれも20年以降である。1904年に角田勤一郎作詞の慶應義塾塾歌「天にあふるる文明の」が発表されているが、「母校」はない。（1902年の一高寮歌「嗚呼玉杯に花うけて」にもない。）そこで、「母校」が学生目線でも使われたと感じられる最初の「校歌」は早稲田大学校歌ということにする。

早大校歌

この私的認定は、早大校歌研究会座長菊地哲榮氏が「早稲田大学校歌の由来」で語っている「早稲田大学校歌は校歌の嚆矢である」に心を捉えられたことのあらわれかもしれない。『早稲田大学百年史』には「二十五周年式典の時、提燈行列に際して学生によって高唱せられ、忽ち都鄙に拡がった。その速力は、その数年の後カチューシャの歌が全国を風靡したのにも勝るものであった。一高の寮歌は早くから田舎の小学校でも教えられていたが、「都の西北」は更に、軍隊の下士集合所でも日曜になるとそこのオルガンで奏でられたもので、その流布の速さ、広さには、まさに驚くべきものがあった」と記されている。（ちなみに「カチューシャの唄」の詞は、島村抱月と「都の西北」（通称）の作詞者相馬御風による共作である。）

2024年秋、早稲田大学卓球部が創部百周年を迎える。大学の体育部は試合場で校歌を歌って士気を鼓舞し、エールを交換する。校歌はスポーツの応援歌として始まったとも言われる。「母校」探索の拙稿は「都の西北早稲田の森」に踏み込む段となった。この歩みをもって百周年を寿ぎたい。

❺

早稲田大學校歌

相馬御風作
坪内逍遙閲

一

都の西北《せいほく》早稲田の森に、
聳ゆる甍はわれらが母校。
われらが日ごろの抱負を知るや？
進取の精神學の獨立、
現世を忘れぬ久遠《くをん》の理想。
かゞやくわれらが行手を見よや。
　わせだ！　わせだ！　わせだ！

二

東西古今の文化のうしほ
一つに渦巻く大島國《だいとうこく》の
大《だい》なる使命を擔《にな》ひて立てる
われらが行手は窮り知らず。

やがても久遠《くをん》の理想の影は
あまねく天下に輝き布かん。
　わせだ！　わせだ！
わせだ！　わせだ！　わせだ！

三

あれ見よ、あしこの常磐の森は
心のふるさと、われらが母校。
集り散じて人は變れど、
仰ぐは同じき理想の光！
いざ聲そろへて、空もとゞろに、
われらが母校の名をばたゝへん。
　わせだ！　わせだ！　わせだ！

この歌詞は、校歌制定の場となった大学創立二十五年祝典（１９０７年10月20日）で配布されたものから写した。大学が公にした最初の校歌なので文字の表記も、ルビを含めて、そのまま用いた。繰り返されるエールの活字の大きさは不揃いだったが揃えた。東儀鉄笛作曲の楽譜（数字譜）では、エールは現行通り、七回ずつ歌われている。
私が図書館でこの最初の印刷物を手に取ったときに目を引かれた二点について記す。

初出表記の特徴　1

まずは、句読点、疑問符、感嘆符があること。

一番の4・5行目の記号は、「抱負を知るや?」の問いの答えが二行に渡ることを示しているように取れる。しかし、5行目の「久遠」と6行目の「行手」の意味の密接度が強く、楽譜でも5行目p・6行目fで、この2行セットが自然で歌いやすい。二番と三番では、歌詞のその構成がはっきり読める。

「抱負」はいくつ答えられているのか。「進取」と「学の独立」は坪内逍遥が1902年の「開校式提灯行列行進歌」に使っている言葉なので、この二つを「抱負」と捉えると落ち着く。読点に従うと三つ目とも読めそうな「現世を忘れぬ久遠の理想」は、二つを束ねる言葉として歌うこともできる。そして、詩は句点があるからといって、そこで意味を分断することもできない。「久遠」から「行手」へのうつり、匂いを、感ずる必要がある。この二語は二番でも、句点を挟んで連続している。(現行歌詞に句読点等の記号は付いていない。)

早大混声合唱団員である若い知人は「現世を忘れぬ久遠の理想」について、「噛みしめるように、自分に言い聞かせるようなイメージで、二つの抱負を包括した早大生の志のようなものとして、歌っている」と語ってくれた。

なお、「学(問)の独立」の内実は、筑摩選書『東京10大学の150年史』所収の真辺将之著「早稲田大学の歴史」に教えられる。――――小野梓が開校式の演説で使った「学問の独立」には二つの意味がある。「外国の学問からの日本の学問の独立」と「(大隈重信の)立憲改進党はもちろん、それ以外のあらゆる」「政治権力からの学問の独立」。前者の具体的内容は、唯一の大学であった東京大学が外国語で授業を行っていたのに対し、東京専門学校（早大の前身）は日本語で行う、などである。（この問題、高等教育の大衆化、原著か翻訳語か、などの経緯・分析は苅谷剛彦著「思考の習性　――ニッポンの大学教育を読みとく」〈2023年からの『ちくま』連載〉に詳しい。）

そして、「（私立）学校の多くは、講師のほとんどを東京大学教員や官吏らの兼務に頼っていた。神田近辺に私立専門学校が集中していたのもこうした事情による。東京専門学校が都心から離れた場所で学校経営をなしえた」のは「一定数の専任教員を創設時から確保していた」ことが大きい。――「都の西北」という歌い出しを支える源である。

初出表記の特徴　2

もう一点の驚きは「西北」にルビ（ふりがな）があること。

なぜ振ったのか。読み間違えないようにだろう。どう間違える可能性があったのか。「せいぼく」と読むのは『日葡辞書』の研究者だけだろう。室町時代の『御伽草子』に「さいほく」と表記され、泉鏡花の作品にはルビに「さいほく」とある。校歌が「さい」ではなく「せい」となったのは、関西《かんせい》学院大学のように、新しい時代の進取・革新の気質のあらわれとして、呉音ではなく漢音で、という考えからだろうか。新しさなら今は「北西」であろうが、もはや「せいほく」に勝るものはない。

現実的には「にしきた」か「いぬゐ」と歌われる懸念があったのだろう。相馬御風は六年後の早稲田実業学校校歌を「都のいぬゐ早稲田なる」と始めている。現代のサイト〈ふりがな文庫〉にはこの二種のルビの例が多く、その用例採取の時代を考えると、私の推定を後押ししてくれているように思える。

難読字なら今では「聳ゆる甍」だが、これは読めない人がいても、別の読み方で間違えることはあまりないのでルビは不要だったと考える。（この句の出典について『早稲田大学百年史』は「当時愛誦されていた小学唱歌の、奈良の繁栄を謳った「甍は雲にそびえたり」の句」かもしれない、と書いている。探してみると1905年公開の『国定小学読本唱歌　高等科二学年』他に「奈良」という歌が載り、「いらか、雲井に、そびえたり」とあった。これをもって校歌にルビが不要とする根拠にしていいかどうかはわからない。なお、『百年史』も二十五年祝典で「印刷・配布されたもの」を「掲げて」いるが、なぜか「甍《いらか》」とルビがついている。勇み足か。『百年史』出版前に校正用として周到に出版された『早稲田大学百年史稿本』を繙くと、この稿本は全巻ルビなしの体裁だった。）「久遠」は漢音の「きうゑん」ではなく、呉音で仏教語の「くをん」を指定。以上、ルビに立ち止まったのは当時に身を置きたいからである。

なお、校歌制定に先立つ1907年4月刊『早稲田歌集』に載る三十一曲の詞に「西北」はなく、「城西」が二カ所に見られるばかりである。先述の逍遥の「行進歌」に「炬火は城西の天を燬《や》き」とあり、「明治三十七年運動会　政治科選手応援歌」に「ここ城西の丘のべに」とある。メロディーは既存の曲を借りた替え歌で、それが普通だったようである。因みに、やはり先述した1908年の千葉県立茂原農学校校歌も［「ああ玉杯」（一高寮歌）の曲で歌う」と書かれている。

私が1960年前後に通った小学校の運動会でも応援歌を歌った。赤組は「行け行けその意気だ　われら赤組応援団　力を振り絞り　進め赤赤進め」。白組は「力は湧き出る　白組がんばれ　がっちり行こうよ　団結だ　僕らの白組　ファインプレーで　思う存分戦うぞ」。のちに替え歌と知る。赤組の曲はビゼー作曲「アルルの女　～ファランドール」冒頭。白組はアメリカ民謡を原曲とする、すでに替え歌として流行していた「アルプス一万尺」。小字とはいえ、ここに歌詞を再現する必要があるか。ある。百二十年近く前の校歌について書くのだから六十年前に自分が歌った母校の応援歌ぐらい思い出せなくてはいけない。正確に思い出せたかどうか。拙稿を読んでいる方の中に、川崎市立井田小学校に通った方がいたら判定を。名曲を使い見事な替え歌を作った先生は何処にかいらっしゃる。

「都の西北」制定時、東儀鉄笛が学生を一堂に集めて熱血歌唱指導をしたとの記録が伝わっている。二十五年祝典の日の様子は『報知新聞』が詳しく伝えるが、『東京朝日新聞』1907年10月21日付は次のように書いている。（一文ごとの句点は付けない表記法のまま引く。）

「都の西北早稲田の森に、みーやこーの」と出来星ハイカラの校友共が寄つて今宵の歌を今習つてゐる真赤になつて教授してゐるのは其の歌の作者相馬御風で坪内逍遥氏は嬉しさうに笑つて見てゐた。

作詞者による教授も受けられたのならば、詞の理解も深まったであろう。曲については、当時の日本はファとシのないヨナ抜き音階が流布していたので、この新しい七音音階はなかなか歌えなかったという。作曲者の指導に熱が入るのが目に見えるようである。

❻ 表記の変遷

ところで、「都の西北」初出の表記・表現は、後年変わっていく。

よく話題になる三番の歌い出し。頭韻を踏んだ「あれ見よ、あしこの」は「かしこの」と書かれたものが早くからあり、1915年の卒業記念写真帖、1925年の入学案内（大学発行）などに見られる。１９２７年法律科卒業記念写真帖も「かしこ」であるが、二番では「ひとつにうづまくだいとうこくの」が「ひとつにあつまるだいとうごくの」となっている。詞の変現は記憶違いから始まるのか。あるいは「かしこ」でア音が消えたのを「あつまる」で補ったか。無意識のうちに、または御風の魂の神通力によって。いずれにしても「だいとうごく」では、大島国でなく大東国になってしまう。

相馬御風自筆

御風自身が「かしこ」と揮毫している書もある。例えば１９４０年の「高等師範部国語漢文科昭和十五年卒業生の需めによりて」書いたもの（早稲田大学図書館所蔵）。この頃には「かしこ」が主流になっていたか。１９７２年、大学の常任理事会によって「あしこ」は「かしこ」に統一された。それで、１９９７年に建てられた、早大正門近くの自筆歌碑も「かしこ」の書が選ばれたのであろう。原本は右記１９４０年の書で、落款の為書《ためがき》のくだりを省いている。

　早大図書館所蔵で、写真が大学の歴史館に展示されている御風自筆の興味深い校歌に出会った〈ネット検索WINEの画像参照〉。落款に「相馬御風作并書」の署名と「御風」の朱文の印影がある作品で、歴史館制作販売の２０２３年カレンダーにも写真が載る。他の自筆校歌と較べて特徴的なところを六点挙げてみる。

　まず何と言っても、三番の歌詞「いさ聲そろへて」が「いさ聲阿者せ天」（いざ声あはせて）となっていること。このことで、実は他筆かと疑いもした。揮毫年不詳だが「あしこ」と書いているので早い時期ではないか。「かしこ」が標準となっていく兆しを作者が感じたので、「あ」を生かした「あはせて」を書いて予防線を張った、とするのは私の妄想であるが、私はこのア音も好む。「都の西北」は各行の始まりに、口を大きく開けるア列音が特別多い歌で、二番は6行連続、三番はア音が三つ。「荘重雄渾を旨とせよとの仰せつけ」の中で、まずは「爽快にして明朗」な歌である。（校歌の本格的な分析については早混稲門会が2002年に出版した『久遠のハーモニー：早稲田大学混声合唱団の半世紀』などを参照されたい。）

以下は、『相馬御風遺墨集』（相馬御風遺墨集刊行委員会・2010年刊）の図版篇・資料研究篇を始めとして、御風書が載る十数冊の本の、のべ千点を越える図版を私が参照した結果を記す。

落款の「并」が珍しい。他の御風作品に見られない。自作小学校校歌の揮毫にも「併」を使っている。どちらも「あはせて」「ならびに」と読む字であるが、私が自詠の拙い漢詩を墨書する時は両字気儘に使うので、一例だけの「并」が気になった。

署名の「相」の木偏の（楷書でいう）第三画「ノ」の起筆が第一画と第二画の交差点近くにあることと、「風」の第二画が第一画から大きく離れていることも、大変珍しい。御風の書く「風」は、第二画が右上がりか水平に近いか右下がりかで年代がわかると言われるが、ここでは筆が飛んでいるのが目に留まる。敬愛した良寛禅師の風通しの良い書でも、第一画と第二画がこれほど離れている「風」は見当たらない。

早稲田大学図書館所蔵

印影も初見だった。朱文の雅号印。「御風」の「御《ぎょ》」は『説文解字』に異体として録されている「馭《ぎょ》」で、「馬」の古文に「手（又）」を加えたものであろう。「風」は説文古文そのままである。

この洒落た珍しい印影を『相馬御風遺墨集』図版篇に探すと三品にあった。図版番号33・34の二曲半双屏風の短歌二首それぞれに、三顆捺された印の一つとして。また、図版番号２９３の短歌作品に。

33「山にのぼり…」34「たけの子の…」は墨たっぷりの大筆で書き起こした、巧まざる書という趣。ほのぼのとした内容をほのぼのとした書風で表している。岡村鉄琴氏が他作品について言うように、「或いは揮毫の背景に酒席があったことによる」か。２９３「雪いまだ…」は潤渇に小字らしい変化があるが、やはり書く前の作意は見えず、筆に任せている感がある。うらやましい。

この三品と特別珍しい詞「いざ声あはせて」の校歌を並べると、朱文の雅号印は捺されるべくして捺されたと思えてくる。由緒正しい素朴な古文が踊っているように見える。二字は縦軸をずらして斜めに布置され、また、辺縁（縁取り）の線が不鮮明であるゆえに、柔らかさが感じられるので、漢詩文より仮名まじりの書に捺されるのが似つかわしい、と思う。この校歌は行立て（字詰め・字配り）が謀られず、下部で自在な融通が利いて納められている。これぞ、率意の書。現代の書家が展覧会用に何十枚も何百枚も推敲を重ねて書くものとは違う。

（御風の心持ち）

歌詞を間違えている、のではない。自作である。その場の新しい創作として楽しみたい。一般的に、文学者が自作揮毫の際、文言を新しく変えることがある。小説では、井伏鱒二が晩年、『山椒魚』を大幅にカットした時に批判もあったが、別の作品ができたのだと私は思った。小説の熟考した改変と校歌の率意の書は違うとしても、実際に歌う時に困るという問題は起きない。この揮毫は音楽ライブのアドリブのようなものだ。「日に日に新たに文化の華を」（1929年発表日本大学校歌）の実践と考えてはどうだろう。御風の心持ちの自由さがこの時ひときわ増大していた、と言えば納得されるか。御風短歌の代表作と言われる「大ぞらを静かにしろき雲はゆくしづかにわれも生くべくありけり」も異稿の揮毫がなされている。

校歌の「かしこ」も莞爾として改めたのかもしれない。

（最近、頼山陽の自作漢詩六曲屏風書（個人蔵）を川崎市内で観せていただいた。読むと、「詠史絶句十五首」の内の六首とわかったが、活字で出版されているものとは詩句が一部違っている。島根県で発見された六曲一双「詠史絶句十二首屏風」（俵家屏風）ともまた一部違っている。これも詩人の感興や推敲によって生まれる改作、新作なのであろう。）

エールの「わせだ」を一回多く揮毫した書もある。ここに採り上げた校歌は一回足りないことを記して、特徴六点とする。

7

讃辞

早大校歌への讃辞は、大学の『八十年誌』『百年史』『百五十年史』他、枚挙に暇がない。二つだけ挙げる。

まず、辰野隆《たつのゆたか》の言葉を木村毅《きむらき》の著書より。講談社刊『早稲田外史』に「『自分の創意で仕上げたという以上のものだ。つまずいて、偶然に拾いあてたのだ』と言ったのを私は聞いたことがある」。ベースボールマガジン社刊『都の西北』には、「感歎」の言葉として、「とても作ったなどという人間わざではない。つまずいて、ころんで、拾いあてたとでも評すべき天衣無縫の名作だ」。『百年史』にもほぼ同じ文言が載る。作詞者作曲者という人間の自己表現を超えて、どこか遠い所からやってきた詩、音楽、ということなのだろう。辰野隆と言えばフランス近代文学の先駆的研究者として知られる東大教授で、随筆家。早大でも教鞭を執っている。卓球の魅力に憑かれて熱中した人でもある。日本人最初の卓球プレーヤーと私が認定している夏目漱石を自らの結婚式に招待している、とここに書き加えれば、早大卓球部百周年を副題につけている拙稿に箔が付く。

もう一点は最近拝聴したこと。私は偶々、作曲家渡辺浦人氏の１９７４年の講話の録音を、練馬区立石神井公園ふるさと文化館の企画展で聴く機会を得た。練馬東中学校校歌の制定式の場で、作詞した草野心平氏に続いて作曲者として生徒に語り掛けた渡辺氏は、４分ほどの短い時間の中で草野氏に敬意を払い校歌の説明をしながら、「早稲田大学校歌のように、み・や・こ・の・せ・い・ほ・く、と一つ一つ力を込めて心で歌ってほしい」と、歌いながら語りかけていた。「都の西北」の好意的受容、評価を示す一端としたい。

都の西北　1

早大校歌は初め学生から募集した。選定者を満足させる作品がなく卒業生の相馬御風に白羽の矢が立つのだが、初めの募集条項には大学の希望として、作詞における留意点が記されていた。その一つに「簡浄・緊切を主とする」、「本大学の地形を叙し歴史を讃するに多くの語句を費すが如き」は「不利」（良くない）とある。その点でも「都」「の西北」「早稲田の森に」は見事である。「の西北」だけで学校の立つ地に着く。津軽海峡を目指す人が乗る上野発の夜行列車が雪の青森駅に着くよりも早い(歌詞の展開の速さのこと)。簡浄である。

児玉花外作詞、明治大学校歌の冒頭「白雲なびく駿河台」は、広大な気象の水平の動きと台地が展望されて、満目の勝景が立ち現れ、学生はそのスケールに抱かれる。「都の西北」は、まずは地図的で想像的俯瞰の視点。そこにたちまち「早稲田の森」。今の学生たちにとっては、豊饒なイメージとしての「森」が立ち現れ、「聳ゆる甍」が現前する。

「都の西北」「早稲田の森」は宮城に隣接していない場所。都心から12キロメートル離れた、市外の南豊島郡(のちの豊多摩郡)である。「都の中央、九段の上に」とか「千代田の宮居のほど近く」という常道の校歌とは違う距離感が、かえって進取の精神を育む開放感をもたらしたか。開校時は田畑と雑木林の寒村だったと言う。

校歌制定時もリアルの森だった。その日の提灯行列は、歌いながら東南の都(宮城)へ向けて、逆の道のりを体感する。「校門を出たる一隊は馬場下より榎町、天神町を経て矢来町に出で他の一隊は鶴巻町より矢来町に出で此処にて両隊合して神楽坂を下りけるが」と『早稲田学報』153号は記し、『東京朝日新聞』1907年10月21日付は「神楽坂から九段を下りて牛が淵を過り和田倉橋を入つて二重橋前に至る」。まるで古今亭志ん生「黄金餅」のクライマックスの語りである。「下谷の山崎町を出まして、あれから上野の山下へ出て、三枚橋から上野広小路……………麻布絶口釜無村の木蓮寺にきたときには、ずいぶんみんなくたびれた。あたしもくたびれた」の名調子を聞いているような記事だ。歩きながらの歌唱が調子を上げさせたに違いない。約六千人が二時間半とも三時間とも書かれている。ずいぶんみんなくたびれた、だろう。

以上、ここまでは「母校」問題解決への探り足。あとは刻み足でもいいから、瞬発力を蓄えて、飛びたい。

8 われらが母校

さて、本題。

「都の西北」と歌い始めた20世紀初頭の早大生が、「聳ゆる甍」を「われらが母校」と呼ぶことに違和感は持たなかっただろうか。「われらが母校」は卒業生の言葉、と感じなかったか。21世紀の私が「西北《せいほく》」のルビに違和感を持ったように。

続く「われらが日ごろの抱負」は学生のものであり、「かがやくわれらが行く手を見よや」も（卒業生が口にする自由はあるものの）学生の歌である。「抱負を知るや？」と先輩御風が問いかけるのではない。問いかけられる対象は誰か。

まど・みちお作詞、練馬区立旭町小学校校歌は「学校はどこ？　ときく人に　見せましょう」と、問いから始まる。詩人からの児童への呼び掛けと答えの贈り物が、児童の言葉になる。「風　うつくしい　この丘を」「まい日　げんきに　心をみがく　みんなのえがお　この明るさを」など、見せたいものが示される。まどさん（手紙を差し上げて返信を戴き、お会いしてお話したことがあるのでこう呼ばせていただく）は「ぞうさん」「やぎさんゆうびん」の童謡が特に有名だが、この二曲も問いと返事のやりとりが「うたう」言葉を生き生きとさせている。旭町小学校校歌は、見せたいものを自分たちが見る、歌。

「抱負を知るや？」と問いかけられる対象は、「われら」内部の集団的分身であろう。自問自答である。だから「かがやくわれら」「行く手を見よや」と歌えるのである。他者に向かってではない。（そもそも、校歌を他者に向かって歌うのはしっくりこない。応援歌であっても。ある高校の応接室で、扁額の校歌の見事な筆跡に見入ったことがある。そこに一字、誤りを見つけた。「誇れよいざ共に」が「いざ友に」となっていた。これぞ、弘法にも筆の誤り。こういう他者（友）の登場は校歌になじまない。「誇り」は他者に向けず、自分（たち）の中で「思う」こと。）

二番は「われらが行く手は窮り知らず」によって学生の歌である。二番に「母校」はない。（これも卒業生が歌うことはできる。）

三番は卒業生のまなざしに満ちた、卒業生の歌である。一番二番にある「われらが行く手」が三番にない。「あれ見よ、あしこの」と指さす姿に現前性があり、臨場感豊かに歌い始めるとき、歌い手は「常磐の森」から、空間的にも時間的にも少し離れた所にいる。現行の「あれ見よかしこの」でも同じである。――――という読み方はどうだろう。

「あれ」は、指示代名詞「こそあど言葉」で指示領域の説明をするまでもないであろう。2023年の「アレ（ARE）」はプロ野球日本一になった阪神タイガースの岡田彰布監督が、目指す優勝を〈遠くに〉表現して成功した言葉。とここに説明するのは、流行語大賞とやらの人気にあやかって拙稿を補強しようとするたくらみにすぎない。岡田氏は早大野球部だったから「アレ見よかしこの」になじんでいたに違いない、と付け加えることもできる。

「あれ見よ」という呼び掛けは、対話的立体的演劇的で印象深い。「常磐の森」には長久の時間が内包されていて、人もその中で学び、生きる。「心のふるさと」である。在校生の言葉としては背伸びをしている。若い学生が常にいる森を、見届ける時間の経過が必要である。学生が恒久不変を期待して名づけ、歌う、というのではないような気がする。「集り散じて人は変れど」も同様である。過去の経緯を大事にして「われらが母校の名をばたたへん」と続くのではないか。この「われら」は、まず卒業生。学生をも巻き込む、か。その場合、学生は卒業生の視点も持って歌うことになる。

都の西北　2

❼章で私は、都の「西北」に意識を向けてきたが、続く「抱負」を歌えば、その「理想」は「都」（首府）を、国を、背負っている。「都」の西北、である。「都」は首府東京市であるか宮城であるかを、限定する意味はあまりないだろうと思いながら、私は主に宮城として書いてきた。

ところが、『早稲田大学新聞』１９２７年６月23日号で早大教授帆足理一郎による校歌の英訳「ALMA MATER（Waseda University）」に出会うと、歌い出しは「Not far from Metropolis there」で、Palaceではなかった。だから、宮城からの遠さを述べてきた私と逆の「Not far」だった。そして、そもそも「西北」がない。

私は古代の方術にいう鬼門「東北《うしとら》」ではないことで、「西北」が晴れやかに使われたという思い入れがあったので、拍子抜けしたことは確かである。しかしこれは帆足教授が特に意識して言葉を選んだ結果であったことが、英訳に付記されている所懐でわかる。「平仄と押韻に大部苦心した」「原詩その儘に英訳すれば、曲譜に合はず、曲譜に合せようとすれば、言葉を補充せねばならぬ」「都の西北即ちノウスウエストは詩語として面白くない」という翻訳者ならではの具体的な説明に加えて、英訳全体について「学生や先輩諸家の校閲によって、これを完成したいといふ希望を持つてゐる」という謙辞、いや、どこまでも真摯な姿勢を示していることに敬服する。原詩に立ち返ると、ことさら「西北」に事実以上の意味は持たせていないし、遠方を強調してもいない、と読めてくる。

校歌が誕生して早い時期の受容に足を止めたい。

（「母校」英訳）

「母校」は、三種の英訳によって違いが伝わり、理解が深まる。一番の「（聳ゆる甍は）われらが母校」は「Stand our college domes and tow'r」で、〈校舎〉だから在校生も卒業生も隔てなし。これなら在校生も違和感なく歌える。三番の「（心のふるさと、）われらが母校」は「Our old school with moth'rly care!」で、卒業生目線が色濃い。「われらが母校の（名をばた、へん）」は「Of our Alma Mater deer!」（deerはdearの誤植か）で、拙稿主題の〈母校〉と考える。題名の「Alma Mater」は〈（母校の）校歌〉の意であろう。私は帆足訳以後の翻訳を、不勉強で目にしていない。

「都」問題には、逃げの一手を打つ。蜘蛛の子を散らす千鳥がいるかどうか知らない。

「東京より日本は広い」「日本より頭の中の方が広いでせう」と広田先生が三四郎に語る漱石の小説が、校歌制定の翌年発表されている。私の狭い頭の中では、いつもこの小説とこの校歌が結びつく。都で何かが始まる。と煙幕を張ることしかできない。

心の故郷

「心のふるさと」に関して二点。

有本芳水著『笛鳴りやまず　ある日の作家たち』（中公文庫）に、三木露風が「心のふるさと」という詞を提示して御風が喜色を表して喜んだ、とある。その呼び水は「早稲田から校歌をたのまれて（略）早稲田が母校であるということを表現するのに、何かいい文句がないだろうか」との御風の相談（1907年）。卒業生御風の「母校」と読める。学生をも巻き込むか。（この会話エピソードは露風の自筆年譜にも所載。）後年御風は、校歌を聞き、また歌う時、「ひたすら母校への思慕と讃美とに燃えてゐる」と書いている。

もう一点は１９１０年６月発行の『学生』に載った、坪内逍遥著「心の故郷を択べ」より。「人間には肉体の生《うま》れ故郷《こきょう》の外に「心の生れ故郷《こきょう》」――其思想や心の癖やを育て、貫つた故郷《こきょう》――といふものがある」「外国で其人の出世前の学校をalma mater（保母）と呼ぶのは理に合つてゐる。最終の学校は其人の「心《こころ》の故郷《こきょう》」である」。

本文の「故郷」にはすべて「こきやう」のルビが付いている。「最終の学校」の強調記号も原文通り。「天分を大成してくれる「心の母」、心の一生の方針を定めてくれる「心の故郷《こきょう》」を択《えら》ぶこと」、さらに「師を、友を」「書を選択する」、「校外の師を求めることも容易《たやす》い」と続く。校歌に歌われるときの言葉の意味をほどいている。

掛け合い

私の解釈に沿うならば、一番は卒業生が２行歌い、引き継ぐように、引き取るように、学生が第３行から歌うことになる。掛け合いのようで楽しい。卒業生がすべてを歌うときは、学生の気分になって若やいで、あるいは勢いで歌うことになる。（英訳の「校舎」ならば学生の歌。）二番は学生に任せ、三番は卒業生が歌う、という方法もあるか。

相馬御風は『万葉集』研究家でもあったので、和する歌（和歌）、とりわけ旋頭歌・片歌問答の唱和体が、作詞にも自然と現れたのかもしれない

早稲田中学校校歌

早稲田中学校校歌は１９２１年に創始者の坪内逍遥が作詞している。現在、早稲田中・高等学校第一校歌と呼ばれている歌である。春陽堂刊『逍遥選集』別冊第三より引く。

一

ああ、わが中学　早稲田の子らよ。
中外古今に　悖らぬをしへ
愛国、博愛、正義を主とす。
君らもそれらを標語とするや？
　問はな！　問はな！　問はな！

二

おお、われもとより　国家を愛す。
博愛、正義も　われらが標語。
さもあれ　心に誠しなくば、
根のなき浮草、故《かれ》まづ唱ふ、
　誠！　誠！　誠！

一番は「ああ・・子らよ」「君らも・・するや」「問はな」（問いかけよう）と、生徒に対して先生からなされる問い掛け。二番は生徒の答えで「おお、われ」「われらが」「まづ唱《との》ふ、誠」。学校のHPもそのように説明している。三番四番も問い掛けと答え。五番は微妙。実際には掛け合いで歌うことはないそうである。

卒業式で「仰げば尊し」を歌う時、一番の「仰げば尊し我が師の恩」は卒業してゆく生徒が歌い、二番の「身を立て名を挙げやよ励めよ」は教師が歌うものであろう。この歌が21世紀の卒業式に復活したとき、一番を生徒のだれよりも大きな声で歌っている同僚教員を見た。私は気持ちがわからないでもない。（教員が歌わなければだれが歌ってくれるというのだ。あるいは、自分の卒業式を思い出しているのかもしれない。）しかし、違う。（一番の静寂に耐えなければいけない。）

いやいや、「都の西北」はすべて学生の歌である。
いやいや、卒業生の歌でもある。

「母校」学生目線？

「母校」は一橋会の会歌とは違う校歌「都の西北」に歌われることによって「今通っている学校」をも包摂する言葉になった、名曲が言葉の意味を揺らして拡げた、と考えてよいのか。「母校」の採用は、会歌の影響ではなく、作詞者相馬御風が早大の卒業生であったことを重く見た方がよいか。いやいや、御風は初めから在校生の言葉として「母校」を使っている、か。

もし、当時在学中であった北原白秋、若山牧水、土岐善麿らが作詞したならば、「母校」を使っただろうか。「都の西北」は「母校」によって在校生目線と卒業生目線が溶け合って、両者が歌える校歌ができた、とひとまず拙稿を収めておきたい。

小説では、登場人物二人の視点が溶け合った文章が書かれることがあり、読者もその深みに到達できることがある。自分が歌い手である、直接話法、一人称語りの、校歌の詞の視点は小説と違うであろうが、視点の融合が、作詞と歌唱をつないでいる気もする。

めくるめく「母校」めぐり。ここまであてどころなく歩いてきて、素面の千鳥足の心もとなさに、千鳥の鳴く声に、幾夜寝覚めたことか。さて、次に千鳥のおとなう先は。

❾

北原白秋の「母校」

北原白秋の名を挙げたが、白秋が新潟県の小出町立伊米ヶ崎小学校から校歌を依頼され、「われらが母校　伊米ヶ崎」と作詞していることを、私は思い出さなければいけない。❸章に書いた、1931年に文部省に申請書を出したものの認可されなかった校歌のことである。その年に作曲者山田耕筰とのゴールデンコンビで制定されてはいるが、戦前には一度も歌われなかった「幻の校歌」と言われる。

その経緯を記す、折原明彦著『校歌の風景　――中越地区小中校歌論考――　増補版』を繙く。次の引用は小出町教育委員会教育次長、山田猛夫氏の1991年の文章。

文部大臣から、歌詞中の「母校」が小学校唱歌に適当でないと認可されず、作詞者に歌詞の変更を依頼したが、白秋先生は、「母なる大地」、「母なる川」とかあり、小学校でも「母校」でさしつかえなしとの返答で作詞の変更は結局されず、〈伊米ヶ崎小PTAだより『朝霧』1991・10・11〉

次は文部省のクレームについての折原氏の解釈。

「それは卒業生ならいざ知らず、在籍中の児童が用いるべき言葉ではない」ということであったろうか。

前者は、大学校歌の「母校」を知っている白秋の、大学に限る言葉ではないという考え。後者は、在学生が使うか卒業生が使うかの視点を問題にしている。

御風の「母校」

『校歌の風景』から、もう一曲。大和町立浦佐小学校校歌のこと。

これは相馬御風の作詞で、「貴き我が母校」「汚れあらせじ我が母校」としたものを「・・我が校舎」「・・我が校は」に改めた、と伝わる。「文部省指導があったとすれば、御風や晋平による、詞・曲の一部修正がなされた結果の認可であったと考えられる」。１９２９年認可。「物置にしまってある校歌額に「母校」となっているにもかかわらず、学校の印刷物ではそうなっていない」。そして近年、「我が母校」復活。その復活のきっかけとなったのは、１９８４年に浦佐小学校卒業生から宮田校長に届いた匿名の手紙。一部を引く。

知り合いに校歌のことを問い合わせましたところ、私が在学中教えていただいた校歌と現在の校歌では歌詞が違っていることを知りました。（中略）「母校」という言葉は、卒業生が出身校を呼ぶ言葉であって、在校生が呼ぶ言葉ではないという理由だそうです。（中略）私はこの「母校」は、「母なるナイル」「母なるヴォルガ」と言うが如く、母の如き慈愛溢れる学校という意味ではないかと考えるものです。

「母校」の意味の説明が白秋に親しい。手紙はさらに、早稲田大学校歌（と明治大学校歌）を引用して「碩学相馬御風作詞の校歌の語句を変えるという暴挙」を強く批判しているという。

拙稿での「母校」はここまでどちらかと言うと「出身校」の意味の肩を持っているので、この批判の対象になるかもしれない。いや、歌う在学生の感覚、違和感があるかを問題にしているのだから、批判は免れるか。

⑩

「母校」新聞初出

20世紀初頭に戻って新聞記事に「母校」を探す。朝日新聞に新聞初出と見られる「母校」三点。①②は高等商業学校（現・一橋大学）の申酉事件の記事。③は広告。

① 1909年4月24日　敢て江湖に訴ふ
余は一ツ橋校の一学生なり、今や母校の危機迫れるを知り、

② 1909年5月12日　高商生の総退学
帽章を拗つて退学を盟ふ　万歳を唱へて母校に別る

③ 1909年11月9日
日本中学校同窓大会を母校に開く

①は投稿した学生自身が、通う学校を「母校」と書いている。学校に危機が迫る状況で、学校を

離れることも視野に入れて先取りしているようにも見える。ぎりぎりの母校。いや、ぎりぎりは不適切。濃い母校だ。母なる学校、の意識が強い状況から生まれた、全うな言葉と見るべきだろう。前述の一橋会々歌の影響かもしれない。一般的に呼ぶ言葉ではないとしても。②は①の学生の気持ちに寄り添って、記者も「母校」を使ったか。③は「出身校」。新聞初出は、語義考察に注目すべき実例であった。「母校」が生まれる原点の奔流を見たように思う。

1914年11月14日付読売新聞には水産講習所生徒一同の退学決議の記事が載り、「涙を揮《ふる》て母校を去る」の見出しを掲げる。この「母校」にも私はもはや違和感は持たない。

現在の長崎県立奈留高校校歌には「奈留高校は　みんなの母校」とある。「みんなの」には〈私のこだわりを突き抜けた〉清々しさを感ずる。作詞、石本美由起。

アンケートふりかえり

❷章の、高校での調査を省みる。

素人のアンケート作りはあてにならない。そもそも、「あなたの母校」はどこですか、という日本語の問いが発せられる場はまずない。修学旅行中でも、教室でも。この点をこそ探るべきなのだろう。あなたの母校の名を書いて、という調査には、あなたには母校と呼べる学校がありますか、と問う段階の意識がない。母校があるという前提に立っていて、個人の心情を無視した不躾な調査だ。私には母校と呼べる学校はありません、という回答の可能性に思いが及んでいない気がしてきた。自分の目的に目がくらんでいた。「私の母校」について語ることは自由にできるが、「あなたの母校」を尋ねるのはがさつで、やや乱暴だ。アンケートにそぐわない。

辞典風語釈試作

卒業した出身校は、必ずしも母校ではない。退学した学校は、出身校とは言い難いが、(退学を意識した時から思いが募り)母校と言うことがある。この二点から見ると、母校は卒業学歴で決まる(決める)ものではない。母校の内実は個人の思いが主。母校という幸福感を纏う言葉によって、学んだ(学んでいる)学校を母校と思う回路が開かれて、日本語人の内に幸せな感覚が醸成されるのだ。ある残念な出来事があって「もう母校とは思えなくなった」と書いた作家がいる。母校とはそういう言葉だ。中村明氏の説明を思い出す。

辞典風の語釈を作ってみる。母校は「自分が学んだ(学んでいる)学校(施設や人のはたらき)を、親しみや誇りや感謝の気持ちを持って呼ぶ語」ではどうか。典型的一般的語釈を簡潔に示すことを旨とする辞典にはふさわしくないか。「出身」や「卒業」は用いていないので、退学した場合に使うこともカバーしているつもりである。「出身」に「身」があるが、語の熱量は「身」を生む「母」には及ばないということになろうか。

⓫ 「母校」ありのままに

私は御風の故郷に遊び、糸魚川歴史民俗資料館(相馬御風記念館)では、小嶋一雄編、(有)教材社山田商会刊『相馬御風作詞による　県内小・中・高等学校校歌集』を閲覧させていただき、地元新潟県の校歌に「母校」を探した。百校を超える校歌のうち、3曲にあった。

1922年制定、新潟商業高校に「岡辺に輝く　我等が母校」。1923年、湊小学校に「尊き我が母校」。1924年、青海小学校に「あはれたふときわが母校」。（いずれも御風の出身校ではない。）

また、折口信夫の作詞した校歌に「母校」を探した。中央公論社刊『折口信夫全集27』（97年版）に一例見つけた。1950年制定の宮城県塩竈高校の三番に「たかし高し　わが母校」。（折口の出身校ではない。）

全集の解題によると、折口は校歌の制作にあたって「徳目を並べた様なものはいけない。いつまでも生徒が口ずさめるやうな、楽しいものでなくてはならぬ」という信条を持っていたという。「いつでも」ではなく「いつまでも」なので卒業生目線の「母校」を一度は使った、と私はもう言うべきでない。

室生犀星作詞、東京都北区立田端中学校校歌は、歌い出しが「母校」と、珍しい。一番の歌詞。

母校の土をよく見れば
親しきかなや土さえも
はなやぎにつつ静まれる
母校の土は美しきかな

「母校の土」のことのみ歌っている。〈親しき、はなやぐ、静まれる、美しき〉土。母なる大地の恵み。ここで「母校」と呼ぶ視座・目線は溶け合い、統合されている。在校生も卒業生も隔てない。

なつかし

〈在校生の「母校」〉が腑に落ちるようになって、私は、市原三郎作詞、千葉市立千城小学校校歌に出会った。１９４６年制定。一・二番を記す。

一

常盤の緑に　包まれて
光に映ゆる　学舎は
これこそなつかし　我が母校
学びの窓を　吹く風に
千草の花も　香るなり
千城　千城　我等の学舎

二

豊けき　稔りにかこまれて
真広き庭の　学舎は
楽しきゆりかご　我が母校
時代に巣立つ　鵬の
力をここに　鍛えなん
千城　千城　我等の学舎

一番の「なつかし」は、卒業生目線ならば、過去の思い出に心がひかれて慕わしい、の意だが、〈在校生の「母校」〉を手に入れた私は、〈思い出・懐旧ではなく、現在進行形の体験による気持ちとして〉慕わしい、そばについていて馴れ親しみたい、しっくりとして心がひかれる、という、本来の意味で受け取ることができる。「学びの窓を吹く風」は小学生の今。小学生が古語の意味を胸に歌えば、素晴らしさが弥増す。

千鳥足のおかげで聞こえる千鳥の鳴く声には、しみじみとした気分に誘われることもある。古おもほゆ。

必ずしも古語ではない。村上春樹氏の小説「めくらやなぎと、眠る女」（新版・文春文庫所収）の末尾にある「吹き過ぎてゆく五月の懐かしい風」も、今の風である。

贈り物とまなざし

それでも、千城小校歌二番の「ゆりかご」は、「心のふるさと」に似て大人目線を感じる言葉なので、「鍛えなん」の「なん」は他への願望の助詞として「鍛えてほしい」と取る余地もあるが、いずれにしても作詞者から小学生への、慈しみに満ちたまなざしを、まず第一に感じられるようになった。大人の視座とか目線とか言うより、おおらかな、慈愛のまなざしという言葉がふさわしいのだろう。校歌は作者から在校生への贈り物である。

「贈り物」と「まなざし」という言葉は❽章で一度だけ使っていた。その捉え方が芽生えていたか。大人目線にこだわらず〈在校生の「母校」〉を初めから私が受け入れていれば、いろいろな校歌の歌詞の良さがもっと心広く感じ取れたかもしれない。今から拙稿を振り返ることはできる。書き直すことはしない。歩いた道のりだから。

私の住む川崎市にも好きな小学校校歌がある。❽章に因むことになるが、謦咳に接したことのある、まど・みちおさんの作詞、南菅小学校校歌。「しょうがくせいだ　にんげんの　こだ　いきもの　みんなの　にいさんの…　やっほー　みんな　こい　こい　なかよく　いこう　おとなを　めざし　しあわせ　めざし　ああ　たいようが　みている／しょうがくせいだ　かわさきのこだ　ちきゅうの　このへん　にっぽんの…　やっほー　くもも　いく　いく　げんきに　いこう　ふしぎを　めざし　ほんとを　めざし　ああ　うちゅうが　みている」。まぎれもない、小学生のまなざしの、贈り物。

１９８５年、校歌発表の開校式典に（音楽の長尾教諭の導きで）参列して、まど・みちおさんとお話ができた。白髪のまどさん、七十五歳。その日帰宅すると、数日前に差し上げた手紙の返信、玉簡が届いていた。白ヤギさんからお手紙着いた。食べずに読んだ。

大人のまなざしの贈り物では、１９８０年に興味深い校歌ができていた。阿久悠作詞、熱海市立初島小中学校校歌「地球の丸さを知る子供たち」。

空にも道がある　海にも道がある
流れる風にも道がある
歩けよたずねよ　自然の子らよ
太陽と語れよ　おおらかに

君らには　あり余る光があり
君らには　あり余る愛がある
……………

2020年5月28日放送のNHK・BSプレミアム「鉄道旅選」によれば、この校歌には作詞者阿久悠氏からの伝言が付記されていたという。

自分たちの歌になったら「君らには」を変えて歌ってください。

例を見ない伝言であろう。20年経った2000年から、「僕らには」と歌っているそうだ。子どもたちを慈しんで呼び掛けた言葉が、つないでゆく子どもたちの言葉に育つ時間を、作者が頼もしく思い描いた。風の流れる空の道を、千鳥、飛ぶ。

⓬

母本

母本《ぼほん》という言葉があるそうだ。「（種を採るための）親として育てる野菜」のこと。国語・漢和辞典には採られていない。朝日新聞「牟田郁子の落ち穂拾い」で知り、岩崎政利著、亜紀書房刊『種をあやす　在来種野菜と暮らした40年のことば』を手に取った。母本が種を生み、その種が野菜に育つ。書名の「種をあやす」が母性を弥が上にもかき立たせ、母校が含み持つ語感を呼び覚ます。

種を採る（莢《さや》からふるい落とす）ときの所作が、腕の中で赤ん坊をさすり、あやす所作に似ていると、気づいたという。

スポーツ星人

学生スポーツの選手は一人一人がスポーツに親愛の情を抱いている。日常は愛校心を意識しなくとも、試合場で「われらが母校」と歌うと高揚感が湧き、緊張感が押し寄せる。たたかいのゲームを楽しむために歌う。相手校の校歌も非日常の場でじっくり聴くと、心が澄んだり、血が躍ったりする。校歌でなく、円陣を組んで自校と相手校の名を発してエールを交換するだけでもいい。

そういう場で触発されて育つそれぞれの母校愛の精神、言い換えればつまり、ひとりひとりの楽しみ方の経験（学校を離れた「チーム」でもできる）は、偏狭にならず、母国愛を超えて、母星愛（母球愛）に直結すると、私は感じている。何かのはじまり（母本）になるといい。母星なつかし。〈了〉

【要約・・・「母校」という言葉をめぐって】

「母校」が国語辞典の見出し語になったのは１９１４年、語釈は初め「出身校」で、１９６３年に「自分が通っている学校」が加わる。その新しい意味が加わるのは、校歌で「母校」と歌うことが流行したからではないか。１９０７年制定の早稲田大学校歌が嚆矢である。大人（卒業生）目線で作詞された可能性もあるが、その場合は贈り物として学生が受け取り、自分の言葉として歌うことになる。また、卒業後を先取りして「出身校」の意味で歌う学生もいるかもしれないが、その場合は、

「母校」への思いに時間的な厚みが増す。学生が「母校」と歌えばまずは在校中の今、学生の通う「母校」なのである。

国語辞典の語釈は「出身校」で始まったが、新聞の初期語例に目を向けると1909年に、高等商業学校の学生が書いた「母校の危機」という言葉が載っていた。「母校」は初めから在校生の言葉でもあったのだ。この学生は学校への憂慮を持ち、退学を念頭に書いているので、卒業後の「母校」と同じ意識になるのは当然と言っていいだろう。それは愛着度が増す状況とも言えるし、学校を離れた時の距離感を反映しているとも言える。現代の甲子園野球大会出場選手が「母校の名誉のために」とか「母校に帰る」とか言う時の状況も似る。

辞典風の語釈を作ってみる。「母校」は「自分が学んだ（学んでいる）学校（施設や人のはたらき）を、親しみや誇りや感謝の気持ちを持って呼ぶ語」ではどうか。

こうして在校生のまなざしによる「母校」が受け入れられると、校歌における他の語との関係や文意が在校生にとって深まる。「これこそなつかし　我が母校」とは、卒業生が思い出すなつかしさ、懐旧の情と捉えることもできるが、在校生が今、学校に親しみを感じる、という本来の（古語の）意味に受け取りたい。大人からの贈り物が言葉の歴史的な豊かさを見せてくれる。

学生スポーツの選手たちは、スポーツをより楽しむ装置として校歌を歌い、母校愛を培う。その経験は何かのはじまり（母本）を生み、母校愛、母国愛を超えて、今この星を「なつかし」と思うところへ導いてくれるはずである。

（乱れた足跡は、要約しても整うものではなかった。この要約に登場しない内容にこそ熱を入れて書いている、と読まれるのは嬉しいことである。私のささいな疑問がほんのささやかなものを私自身にもたらしたことだけは確かである。）

追記

〈「母校」めぐり〉は卓球そのものを扱ってはいませんが、学生スポーツのありようを考えて、世界とのつながりに広げました。ここでは歌に使われている「母校」という語をきっかけにその普通名詞や他の形容詞の意味の奥行きに触れることができたのですが、歌に使われた「君」という人称代名詞について私が持っている疑問はまだ宙に浮いたままです。全く別の事例ながら私にとって類似の課題です。

それは、「君とよくこの店に来たものさ」という詞のことです(山上路夫作詞「学生街の喫茶店」)。思い出の中の「君」としても二人称です。二人称ですから語り掛けている相手は「君」です。「・・たものさ」は語られる出来事を知らない人に話す時の言葉と私は考えています。孫に対して祖父が「おじいちゃんは昔ここに彼女とよく来たものさ」というように。

「君」と来たのなら「君」は「知ってるわよ、他人事みたいに何?」と(思い出の中でも)返したくなるでしょう。記憶喪失でなければ。三人称の「主君」の意味ならすっきりしますが、歌全体としては昔の恋人あるいは友人と受け取れますので、日本語の人称代名詞とは何だろうかと悩みます。名曲の力が働いている、では落ち着きません。

普通名詞「母校」に感じられるようになった、つながり・まなざしが、人称代名詞「君」には生かされません。私の課題です。どう考えたらよいのでしょう。日本語の人称代名詞(?)に日本人の思考法が表れているのでしょうか。

〈完〉

第四部

『卓球アンソロジー』正・続　資料年表

この年表は、正・続『卓球アンソロジー』で紹介した作品・記録の**引用内容を編年**したものです。すべてではありません。厳密でないものもあります。特定できない場合は、推定したり作品の発表年で示したりしました。それらの区別は表示していません。書物に従っているため、年など記録が誤っていると思われるものも含みます。**新聞等の日付は掲載日・発行日で、行事等の開催日は記事中**にあります。漢字の新旧字体は統一していません。ゴシック体は続編（本書）に主に登場するものです。

	主に海外に関わるもの
1592～	**『西遊記』の「乒・乓」**
1874	（～1883）**『マンガで読む　卓球ものがたり　1』**
1876	（～1900）『国際卓球連盟ハンドブック』（『卓球物語』）（70年代）『ビジュアル博物館第13巻』（80年代）『スポーツ学選書8』
	主に日本に関わるもの
1814～	**『南総里見八犬伝』の「乒乓」**
1887	『卓球』今孝　『小田原のスポーツ史』『神奈川県体育史』

『近代体育スポーツ年表』『日本スポーツ百年の歩み』『横浜スポーツ百年の歩み』『神奈川県卓球協会90年史』

1895　『卓球』松井禮七

1897　『横浜・ハマことば辞典』

1900　『岩手県体育史』『ブリタニカ国際大百科事典』『最新スポーツ大事典』

1901　（5月？）『自伝　若き日の狂詩曲』山田耕筰

1902　（6月）坪井玄道帰国

（6月）「卓球初期の思出話」中井猛之進

（10月25日）『體育』所収「広告文」

（11月21日）『ピンポン』伊東卓夫

（11月25日）『體育』所収「新輸入の遊戯「ピンポン」Ping－Pong」

「卓球昔ばなし」小泉信三（『慶應義塾大学卓球部史』所収）

1900　『ピンポン　ゲームと遊び方』『卓球　遊戯のパイオニア』『絵はがきの時代』『絵はがきとコレクター』

1901　（3月28日）「滞英日記」夏目漱石ロンドンでピンポンをする

ピンポン流行（03年『中學世界』記述）

「伯林百談」巌谷小波　ドイツでピンポンをする

1902　**（4月）下田次郎と坪井玄道がロンドンでピンポンをする**

『ピンポンの熱狂：1902年のアメリカに吹き荒れた狂気』

「ピンポン狂」

（3月～4月）「卓球の思ひ出」下田次郎（『東京歯科醫學專門學校學生會卓球部　創立二十年史』所収）

1902

『明治文化史10』『スポーツ八十年史』『スポーツの近代日本史』『早稲田大学卓球部五十年史』『筑波大学卓球部五十周年記念誌』『日本卓球史年表』『東卓60年史』『日本学生卓球史』『財団法人日本卓球協会創立八十周年記念誌』『卓球　過去から未来へ』『戦前卓球史』『21世紀スポーツ大事典』

1903

（2月）『中學世界』所収「卓上テニス」

（4月）『日本之體育』

（5月）『新撰遊戯法』

第六回内国勧業博覧会・実技

1904

（11月）『ピンポン演技法』

「新遊戯ピンポン」カタログ

東京の青年会館で学生のピンポン大会

（『神奈川県卓球協会90年史』）

1905

（8月）『風俗畫報』「堺の海水浴」

（11月）東京朝日新聞「無言の教育（遊戯の趣味）」

1906

東京で惟一クラブ主催、大阪で土佐堀青年会館主催のトーナメント大会

（4月）東京朝日新聞「外国語学校端艇競漕会」

1902

（11月5日）『新小説』所収「ピンポン」島村抱月

『ピンポン外交の陰にいたスパイ』

1904

デイリー・ミラー

日露戦争

1907	（5月）東京朝日新聞「戸外運動の不振」 （7月）読売新聞「川柳」 （11月）『遊藝博士』 「ピンポン試合」「ピンポン大会」 萬朝報（2月2日、4月8日、4月10日） 読売新聞（4月28日）　美術対早稲田 横濱貿易新報（6月11日）第一銀行対Y校 （7月22日）第一銀行対三井物産艀部 東京朝日新聞（10月6日）美術対横商 読売新聞（11月24日）美校対慶應 （12月）『世界遊戯法大全』
1908	読売新聞（1月14日）ピンポンソサイエチイ 横濱貿易新報（6月24日）慶應対横商
1909	東京朝日新聞（2月20日）第一回東京（連合） ピンポン大会 読売新聞（4月17日）慶・早・外・美、ピ ンポン競技会 東京日日新聞（5月3日）丹渓会ピンポン 大会
1910	萬朝報（1月31日）東京ピンポン大会 読売新聞（2月14日）早慶ピンポン試合 「水狂日記」

1910		8月　韓国併合
1912	『黄昏に』	
1918	**東京日日新聞（11月3日）「卓球《ピンポン》大競技」**	
1919	『友情』（大阪毎日新聞連載）『近代日本体育史』「卓球界の恩人　松井禮七」 『斉藤一郎回想録』	
1920	**「原稿とタラコン湯」**	
1921	『庭球の研究　附・卓球 Ping-Pong』 「大杉栄 鵠沼とパリ」 『ゆめはるか吉屋信子』	
1923	『孤高の人』『單獨行』	
1924	『卓球術 how to play pingpong』	
1925	『文章倶樂部』芥川龍之介と川端康成の卓球 **東京朝日新聞（6月14日）上海へ**	
1926	『高原』	
1927	全関東学生卓球連盟創設声明（『関東学生卓球連盟創立五十周年記念誌』所収） **（9月1日）第八回極東選手権競技大会**	
1928	「黒石卓球50年史」（『津軽新報』連載）	

1915	**『中年のひとり者ブルームフェルト』**
1925	『フランス文学とスポーツ 1870-1970』所収「思い出」 **『東京農業大学卓球部主将記録簿』** **（8月10日〜28日）「満鮮遠征ノ記」**
1926	**第一回世界卓球（ザ・タイムズ）**

1931	9月18日　柳条湖事件（満州事変） 『運動競技三十種：最近スポーツの解説』 『フランス文学者の誕生』「スポオツと勉学」 **手ぬぐい「さあ一本！」（のちに復刻）**
1932	『オリムポスの果実』 「ピンポン」（『面白半分』73年6月号所収）
1933	「今孝物語」（1954年ラジオ放送） 「私の履歴書　北杜夫」（日本経済新聞2006年連載） 「待つ宵」 **ピンポンに興じる菊池寛（写真）**
1934	**「ピンポン玉と小猫」** **読売新聞（5月9日）日支対抗卓球** **横浜ＹＭＣＡ卓球部対中華留日乒乓球隊**
1937	7月7日　盧溝橋事件（支那事変） **『マンガで読む　卓球ものがたり　2』** 国際式採用
1938	**（1月）日洪交驩國際卓球戰** **（12月）関東学生卓球連盟主催早慶対帝立文歓卓球戦**

1934	**読売新聞（5月9日）日支対抗卓球**
1935	〜36　**全日本学生選抜軍が満州朝鮮遠征**
1936	**『軍隊とスポーツの近代』**
1937	**フィンガースピンサービス** 『切手でつなぐ卓球の輪』

1938	「ピンポン放談」 『昭和十三年海軍兵学校卒業写真帖』
1940	「〝世界の脅威〟今孝君」 『昭和十五年海軍兵学校卒業写真帖』
1941	12月8日　真珠湾奇襲　太平洋戦争勃発 『敵国人抑留　戦時下の外国民間人』 『青山学院と平和へのメッセージ』
1942	～43『運動年鑑』卓球規則 ～45「脾肉の嘆・大会すべて休業中」 43年12月・学徒出陣　44年4月・学徒動員
1944	「小兎ピンポン」
1945	8月15日　敗戦
1946	『どくとるマンボウ青春記』(『婦人公論』67年連載) 「お粗末な卓球戦」(『小説現代』64年) 「エリーゼの為に」(『テーブルテニス(卓球界)』48年～連載) 神奈川新聞(2月24日・26日、11月20日) 戦後初めての卓球大会ほか
1948	『卓球・勉強・卓球』
1949	「卓球三段跳の彼女」

1942	『アンネの日記』
1943	『ナチを欺いた死体』
1944	『スポーツを読む』
1945	『俘虜記』
1948	『スポーツが世界をつなぐ』

1950	『卓球やらせて!』 『舞踏』『卓球マンスリー』 「卓球のラジオ実況放送」 「武蔵野のローレライ」(『Number』99年)
1951	『女王蜂』
1952	**『荒れた海辺』** **『汀子句集』**
1953	「早春賦」(『卓球スポーツ』)
1955	『ピンポンをする女』(『新潮』)
1956	「テーブルテニス」(『週刊朝日』) 「バーグマンの選球」(『卓球人』) **「バーグマンの球選び」(朝日新聞)** **世界卓球東京　大川とみ選手** **朝日新聞社主催　日本代表選手座談会**
1957	「栄冠母と共に(富田芳雄選手の巻)」
1960	「画室の井伏さん」
1962	**日中対抗**
1963	**世界卓球　木村興治選手** 「卓球のテレビ中継を」(日刊スポーツ)
1964	『たんぽぽ』

1950	『荻村伊智朗 スポーツ界伝説の人物とその世界的使命』『ピンポンさん』 **『四月馬鹿』** 『イースト・ミーツ・ウエスト』 『戦争の教室』所収「ひとりピンポン外交」
1951	「Cat Plays Ping Pong!」

1965	『谷川俊太郎詩集』所収「ピンポン」 **世界卓球　深津尚子選手　促進ルール** 「世界選手権に参加して」
1966	「卓球雑論」 『オトナも子供も大嫌い』
1969	「防空壕の卓球」 **国際オープンプロ卓球　河原智選手**
1971	「長谷川信彦さんのこと」
1972	「聴くということ・ピンポンの思い出」
1974	**『ガロ』11月号「ひきしおの頃」**
1978	『白球を叩け！』 **プロ制度はじまる**

1965	『国際友好の歌』
1966	『文豪夫人の悪夢」 『ヘンリー・ミラーのラブレター」
1967	『クーベルタンとモンテルラン』 『若きスポーツマンへの手紙』
1971	世界卓球名古屋　ピンポン外交 『米中外交秘録』1988刊 『時代の疾走者たち』1995刊 『フォレスト・ガンプ』1999刊 『キッシンジャー回想録中国』2012刊 『ピンポン外交の軌跡』2015刊
1974	**プラハからの手紙**
1977	**『旅の絵本』中部ヨーロッパ編**
1978	『パリと卓球』「北極圏卓球大会」
1979	『拉致と決断』 「キングコングチーム中国遠征」

1980	『白球よ輝け!』『きらめきの季節《とき》』映画
1981	「マンボウ・スポーツ記」(『週刊プレイボーイ』)
	『吉里吉里人』
	『ガロ』7月号表紙
1982	「腎臓病と闘うチャンピオン」(『文藝春秋』)
	安西水丸の卓球姿『卓球日本』表紙
1983	「白い風」
1987	**『青の時代』表紙**
1989	「卓球選手糠塚重造」
1991	世界卓球千葉
	「ピンといえばポン。タッといえばキュウどすえ。」糸井重里
1993	『卓球戦隊ぴんぽん5』
1994	『おぱらばん』
1995	『やさしい神様』
	『東京大学物語』第8巻
1996	『卓球とハードロックと僕。』

1986	『グレート・ウォール』アメリカ映画
1987	『越境スポーツ大コラム』所収「私は球になりたい」
1988	**ソウルオリンピック(ザ・タイムズ)**
	一〇〇メートル競走とブリッジ
1991	第二のピンポン外交　統一コリア
	「メッセから」
	『ハナ 奇跡の46日間』韓国映画
1994	**地球ユース選手権　選手宣誓**

1996	「ピンポン」松本大洋（2001年映画化）
1997	『必殺卓球人』 『燃えよピンポン』日本映画
1998	『卓球温泉』日本映画 『球魂』
1999	「白い猫」（『CAT』）
2000	「身障者国体を手伝って」
2001	『よしもとばななドットコム見参！』 世界卓球大阪「嵐を呼ぶぜ、世界卓球。」 真木準
2002	『ミルクチャンのような日々、そして妊娠！』 『HOWAN』
2003	『スポーツマンガの身体』 「卓球のおもしろさ」 『日本語を生きる』
2004	『スポーツ批評宣言　あるいは運動の擁護』
2005	『少しは、恩返しができたかな』
2006	「卓球のラケット」「ためしてガッテン」 『真鶴』

1998	『北朝鮮にスマッシュ。』 **「Ping-Pond Table」**
1999	（3月18日午前8時）「死海卓球」 『IRON《アイアン》』演劇 『TABLE TENNIS FASCINATION』
2005	『モンゴリアン・ピンポン』中国映画 『ピンポン』ドイツ映画
2006	**『ピンポン』韓国小説**

2007	「アインシュタインの眼」『チームふたり』『**リボン**』
2008	『ピンポンはねる』『ピンポンひかる』『チームあした』
2009	『自問自答』「卓球による脳の活性化」『ピンポン空へ』『チームひとり』
2010	「モスクワ世界卓球・実況放送のことば」『チームあかり』
2011	『ふぁいと！　卓球部』『どんまい！　卓球部』『チームみらい』『がんばっ！　卓球部』『もえろっ！　卓球部』『疲れにくい心をつくる　すすっと瞑想スイッチ』
2012	『ぎおんご　ぎたいご　じしょ（新装版）』『あこがれ　卓球部！』『卓球台の上で書かれた5つの詩片』
20XX	『ピンポン接待術』
2013	『泡沫日記』『ホップ、ステップ！　卓球部』『チームつばさ』『ハートにプライド！　卓球部』

2007	『燃えよ！　ピンポン』アメリカ映画
2008	**胡錦濤主席の卓球**　早大にて 『**MOMENTS――クリスティアーノ・ロナウド自伝**』
2009	『**旅の絵本**』**中国編** 『**4時48分サイコシス**』**（演劇日本上演）**
2011	『サラダ好きのライオン』所収「僕の好きな靴」（『an・an』）
2012	～16　『**TTP**』

2014	『あしたへジャンプ！　卓球部』 「観戦を楽しむ　世界卓球東京大会」 『0円で空き家をもらって東京脱出！』 『人体欠視症治療薬』
2015	『日本卓球ルールブック2015』 「村上さんのところ」「朝日俳壇」
2017	『ミックス。』映画
2019	手ぬぐい「鳥獣戯画卓球」 孫悟空サービス
2020	『見えないスポーツ図鑑』
2021	『からだの美』 東京オリンピック 対談　羽生善治・水谷隼 『卓球語辞典』
2022	『さがす』映画 『哲学の門前』 手ぬぐい「舞妓さんの卓球」
2023	『スポーツの日本史　遊戯・芸能・武術』
2024	全日本卓球 パリオリンピック

2015	「Ping-Pong Go Round」
2016	『つるとはな』
2019	ティファニーブルーの卓球ラケット

あとがき

２０１８年の元日、三谷幸喜脚本のテレビドラマ〈風雲児たち〉を観た。日本初の西洋解剖書の訳本を18世紀に作った人たちの物語。蘭書『ターヘル・アナトミア』を前野良沢が主幹翻訳者として杉田玄白らと共訳するが、オランダ語の邦訳に憑りつかれた前野良沢は訳に納得できず、『解体新書』の訳者名から自分の名を外してしまう。杉田玄白の独白が特に印象的だった。

「あの人は、もはや医術よりも言葉の世界に心を奪われている」

私が月刊誌などで卓球表現を紹介する文章を書いていると、そんなことを書いているより卓球やった方が健康にいいんじゃない、と我が娘に言われたことを、前著に書いた。私は自分なりのレベルで、よりよく卓球を知り、卓球を発見し、自身のプレーを楽しむために書いている、と思う。画家が、ものを見るために絵を描くように。

レスリングのアレクサンダー・カレリン選手（ソ連、ロシア）は、オリンピック３連覇などの大記録を残し、「霊長類最強」と呼ばれた。詩や哲学書などを好む読書家としても知られ、体育アカデミーの博士号を持つ。「本番の試合中にこそ、まさに言葉の能力が決め手となる」というカレリンの言葉を、藤島大氏が文藝春秋刊『Number』７７３号で紹介し、それを「身体活動の言語化のさらなる身体化（体を動かす行為を言葉によって表わし、それをもういっぺん深く体に定着させること）」と読み解いている。

藤島氏はラグビー出身のスポーツライター、小説家。私は今回、スクラムは言葉で強くなる、多国籍の選手に「間合い」や「塩梅」の浸透を図る、というラグビー日本チームのスクラムコーチ長谷川慎氏の指導法を紹介した。陸上競技選手の探求も興味深い。末續慎吾選手のスポーツの魅力に関する発言は見逃せないし、朝原宣治選手が練習後に「今日の感覚メモ」を書いていたなど、スポーツマンの言葉の重要さを知る例は枚挙にいとまがない。書いたものだけが言葉ではない。言葉にするとそのものから離れてしまう気もするけれど、仕方がない。言葉以前がいいと言う人もいる。言葉は滅びるとも言われる。滅びるまでは頼り、守りたい。

『源氏物語』「野分《のわき》」の巻で（光源氏と葵上《あおいのうえ》の子）夕霧《ゆうぎり》が野分（台風）見舞いに六条院を訪れ、光源氏最愛の妻紫上《むらさきのうえ》の気高く清らな姿を垣間見る。翌日、几帳《きちょう》の陰から紫上の袖口がこぼれて見えると、「つぶ、つぶ、つぶ」と胸が高鳴る。現代語にすれば、どき、どき、どきであろう。

先日久しぶりに高校生の団体戦のベンチに入ったら、試合を始めた選手がベンチの方に球を拾いに来て「つぶ、つぶ、つぶ」とつぶやいて戻って行った。夕霧の道ならぬ恋と光源氏の不安について講義する場ではないので、ツブ高ラバー特有のナックルボールの打ち方のアドバイスを考えることにした。授業中や会議中にやって叱られるのはツムツムらしい。

１９７０年代、日本にセブン‐イレブンという響きの良い名前のコンビニエンスストアが生まれたとき、すでに卓球（のポイントコール）をやっていた世代は、卓球ゆかりの店ができたように思った。それ以後に生まれた人たちは、卓球の審判をしたときにコンビニの名を初めて重ねることになる。セブン‐イレブンカップという大会名ができたときは嬉しかった。大会協賛がありがたい。ただ、20世紀の終わりごろには、正式の審判以外はほとんど声を出さなくなっていた。２００１年に1ゲーム11点制になって、正式審判のコールからもセブンイレブンが消えた。なぜ、そう言えるのでしょう――クイズ☆19。〈7―10、10―7のあと勝負が決まると、審判は勝者のポイントからコールするから。〉

２０１８年Tリーグ開幕戦では東京ばな奈のお土産をもらってうれしかった。チキータ技術の隆盛のおかげか。名著の誉れが高い吉野源三郎著『君たちはどう生きるか』がまた評判になっているので読んでみると、ピンポンで遊ぶことが出てくる。なんと、水谷君の家で。・・・『源氏物語』から始まったこの一節はどこでやめるべきだったのだろう。言葉の滅亡が早まってしまうかもしれない。

２０１６年に拙著『卓球アンソロジー』（現在アマゾン通販）を出版すると、新聞や雑誌・ネット等で驚くほどたくさんの反響を戴いた。まさに望外の出来事。想定外の範囲内、と戯れたい。書評が各紙に載ると、知り合いが送ってくれたので地方版も読めた。戸惑いつつ嬉しかったが、テレビ局から声が掛かって、うろたえた。丁寧かつ急ぎの電話インタビューだった。2回目の時だったか、日本人にとって卓球とは何ですか、と質問された。そんな立派なことは書いていないので、それに答えるには論文で本一冊書く必要がありますねと言って、先送りしようとしたけれど、許されない。そこで思いついて、１９５４年には、世界卓球から凱旋した荻村選手たちを迎えようと、羽田空港が開港以来の人出で埋まったんです、とその場にいたように答えた。戦後の日本人を勇気づけたことは確かなようです、と付け加えた。すると放送本番（私は声だけの出演）でそのことを扱ってくれて、年配の出演者が、私は荻村のフォームを『卓球レポート』のパラパラ漫画で見て研究しましたよと、フォアハンドの素振りを、動く絵のようにやって見せた。放送では拙著の紹介までしてくれて、良い番組だった。大きな質問の答えはまだ発見できていない。

続編のために国会図書館で資料を探していたら、朝倉書店刊行の全10巻『郷土史大系』の「観光・娯楽・スポーツ」の巻に、拙著の書名とともに夏目漱石のピンポンが取り上げられていて驚いた。伊藤条太氏も卓球王国刊『マンガで読む卓球ものがたり』や誠文堂新光社刊『卓球語辞典』で漱石を取り上げてくれた。責任が出てきた、と感じなければいけない。

少し注目してもらえたのは、卓球表現ばかりをたくさん集めた珍しい本だったから。それだけである。美術品コレクター山本發次郎が「蒐集《しゅうしゅう》も亦《また》創作なり」と言っていることを知ったときは、頼りにできる、すがれる言葉が増えた思いがした。今回拙著が成立したのは、多くの記事・表現を、史料として芸術として記録し紹介する文体で蒐集する、という拙稿に協力してくださった方々の、温かいまなざしのおかげである。秋田魁新報社の格別のご高配をはじめとして、たくさんの表現者、研究者、出版関係者に感謝したい。

今回の資料で私が初めて得た知見の一つを、高嶋航著『軍隊とスポーツの近代』にさらう。戦前、「明治神宮競技大会」の名称が「明治神宮大会」に変わった理由は何だったでしょう――クイズ☆20。〈大会種目に入っている柔道・剣道・弓道などの「武道」が、勝負を争う・競うことを本旨としないから。〉武道はスポーツか、という問題は今につながる。思想家で武道家の内田樹氏は講演時もその両面が人間性の魅力としてほとばしる人で、瞑想の世界一を競うなんてないでしょう、と武道とスポーツの違いを明快に示してくれる。スポーツが人の可能性を開発する点に敬意を持つ。私たち球技愛好者はどういうふうに勝負を競うのがいいか。どのような技術レベルでも勝負にこだわりすぎることでスポーツの楽しみを失ってしまうことがある。競技性が向上している（地域の）パラスポーツにおいてもしかり。そんな時、武道の「修行」の精神性・境地が頼りになりそうな気がする。（内田氏には個人的つながりで、御著書にサインをねだって送っていただいたりもしている。）

卓球の試合における臨機応変については何カ所かに書いた。「ピン＝ポンド・テーブル」の項では、ピカソの陶芸作品の作られ方と並べてみた。私は障害者チームの練習によく呼ばれるが、一つ一つの技術、一人一人の動きや心理がすべて大きく違う。練習する人も、基本を教えようとする指導者も、スタートから実に多様な臨機応変の渦中にいる。福岡伸一氏なら「生命本来の風まかせ主義」を大切にと言うかもしれない。生物学の知見は身に沁みる。（福岡氏にはフェルメールについての手紙に返信を戴いたり、講演会の後にツーショットの写真を撮っていただいたり、という頼り方もしている。）

今回集まった資料を並べていると、日本が関わった戦争の影が見えてきた。第二部に忍び込ませた。世界のスポーツの現状を経済や社会環境にからめて提示してくれる人がいたらありがたい。私の今の、風まかせの興味は、卓球の試合でタイムアウトが終わった時にコートに走って戻る選手が好きなんだけどなあとか、ベンチコーチの際の人間模様とか、ヒーローインタビューのあり方とか、である。興味は明日また新しくなる。

教員をしていると各学校で興味深い若者にたくさん出会う。部活動顧問としても無数の個性と出会ってきた。卒業してから広く世に個性を知らしめる人もいる。その一人に拙稿『監督』私感」で触れた。鴻上尚史主宰の劇団「第三舞台」で活躍した俳優、長野里美である。泣く子も黙る（笑う？）小劇場の女王と呼ばれた。高校時代の授業や部活動での強烈なエピソードもある。舞台の他、映画やテレビドラマにも出演し、近年はＮＨＫの大河ドラマや朝ドラでも人気を得た。このあとがき冒頭の〈風雲児たち〉にも出演した。長年、舞台を中心に楽しませてもらっている。「第三舞台」の初期、私が舞台上のセリフの中にいわゆる楽屋落ちがあったのを見抜いたことがある。卓球部の筋トレを劇団員の前でも続けていたことにからむツッコミだった。楽屋落ちだから役者・スタッフにだけわかり、観客には分からないのが普通であるが、客席で独り笑った。ひそやかな笑いなのに、なぜか優越感を持った記憶がある。

ＮＨＫテレビのトーク番組に出演すると知って、生放送中に応援ファックスを出先から送り飲食店でテレビを見ていたら、終了間際に読まれた。スタッフがよく拾ってくれた。手書きの縦書きが奏功したかもしれない。読まれたこちらがびっくり。恩返しができた。女優もびっくり。とっさのリアクションが微笑ましかった。卓球部ＯＢＯＧ会では芸をやってもらう。そのためかこのごろ出席者が多い。

中学校高校の多忙な先生方、こういう将来の楽しみの可能性も無限にあるので、無理のない範囲で、部活動の生徒に少しだけでも近づいてほしい。勘違いの優越感にも浸れる。（優越感は勘違いに限る、と知る。）

卓球王国社長の今野昇さんには月刊誌連載のときからお世話になっている。今回編集を担当してくれた野中陽子さんには実に面倒な文章を本として整えていただいた。多岐にわたると言えば聞こえはいいが、ただ雑多な内容・文体の拙稿に、温和な表情と言葉で、厳しく道筋を示してくださった。

〈ボールを打つ身体運動を通して経験する卓球〉と〈言語・造形芸術・写真・映像・演劇などにより表現される卓球〉との間に豊かな交流が生まれることを願いつつ、筆を擱く。

田辺武夫

2024年11月1日

著 者

田辺 武夫 たなべ たけお

1951年神奈川県生まれ
早稲田大学卓球部主将　第一文学部卒業
神奈川県立高等学校教諭、2015年退職
著書『卓球アンソロジー』（2016年近代文藝社）
現在、川崎卓球協会理事

カバー画：
永楽屋 手ぬぐい「舞妓さんの卓球」より
Steve Grant著『PING PONG FEVER』より

題字：田辺談窓（武夫）

カバーデザイン：G's

田辺武夫

卓球アンソロジー 続

2024年11月30日 初版発行

著　者　田辺武夫
発行者　今野　昇
発行所　株式会社卓球王国
〒151-0072　東京都渋谷区幡ヶ谷1-1-1
TEL.03-5365-1771
https://world-tt.com
印刷所　シナノ書籍印刷株式会社

JASRAC 出　2407801-401

ISBN978-4-901638-62-3